高等职业教育学前教育专业系列教材

学前儿童语言教育

主　编　欧阳新梅

副主编　程妍涛　曹思敏

参　编　（按姓氏笔画排序）

马建宁　王　娟　李贵希

刘丽玲　金　晔　赵文静

蔡春燕

东南大学出版社

·南京·

图书在版编目(CIP)数据

学前儿童语言教育 / 欧阳新梅主编. —南京:东
南大学出版社,2014.10
高等职业教育学前教育专业系列教材
ISBN 978-7-5641-5256-7

Ⅰ.①学… Ⅱ.①欧… Ⅲ.①学前儿童—语言教学—
高等职业教育—教材 Ⅳ.①G613.2

中国版本图书馆 CIP 数据核字(2014)第 234149 号

学前儿童语言教育

出版发行	东南大学出版社
社　　址	南京市四牌楼 2 号　　**邮编**　210096
出 版 人	江建中
网　　址	http://www.seupress.com
电子邮箱	press@seupress.com
经　　销	全国各地新华书店
印　　刷	南京京新印刷厂
开　　本	787mm×1092mm　1/16
印　　张	16
字　　数	369 千
版　　次	2014 年 10 月第 1 版
印　　次	2014 年 10 月第 1 次印刷
书　　号	ISBN 978-7-5641-5256-7
定　　价	35.00 元

前　言

本教材立足幼儿园语言教育的教学实践,根据《幼儿园教育指导纲要(试行)》和《3~6岁儿童学习与发展指南》的精神,体现学前儿童语言教育领域的相关理论和研究成果,具体论述了幼儿园语言教育活动的设计与组织,呈现了不同类型幼儿园语言教育活动详尽的案例。本教材既适合高职院校学前教育专业,同时也可以作为在职幼儿园教师继续教育的培训教材及幼儿教育工作者的参考用书。本教材具有如下编写特点:

1. 注重操作,突出实践

本教材以"项目"、"模块"、"案例"、"实训"等实践操作的形式来组织呈现学习内容,引导学生主动地思考学习。力求抓住每种类型的语言教育活动设计与组织的重点,与幼儿园语言教学的实践相联系,突出幼儿园语言教育的特点。同时在编写过程中,尽量减少学术性的理论阐述,使理论简洁、可读、易懂、够用。

2. 重视"案例"

本教材精心选择了在幼儿园语言教育中的典型案例,以帮助初学者在学习每一种类型语言教育活动的过程中,能够根据案例了解和理解幼儿园语言教育活动的设计,并能够通过案例学习掌握如何组织和实施幼儿园语言教育活动。

3. 从新手教师的需要组织内容

在幼儿园语言教育过程中,一个新手教师会面临哪些问题?怎样解决这些问题?在编写过程中编者主要从新手教师需要的角度来思考和组织教材内容,帮助新手教师能够在较短的时间内熟悉幼儿园语言教育的主要内容,并胜任幼儿园语言教育的教学工作。

　　本教材内容包括八个项目:学前儿童语言教育概述;幼儿园谈话活动;幼儿园讲述活动;幼儿园听说游戏活动;幼儿园文学作品学习活动;幼儿园早期阅读活动;幼儿园英语教育活动;幼儿园语言教育活动的说课和评课。

　　本教材由南京特殊教育职业技术学院欧阳新梅担任主编,负责制定全书的大纲与统稿工作;常州工学院程妍涛和许昌学院曹思敏担任副主编,分别负责项目一、项目四和项目三、项目五的编写;南京特殊教育职业技术学院李贵希负责项目七的编写;南京特殊教育职业技术学院欧阳新梅负责项目二的编写;上海冰厂田幼儿园金晔、蔡春燕负责项目六的编写;南京市第一幼儿园马建宁、王娟负责项目八的编写;此外,赵文静、刘丽玲给本教材提供了相关活动案例,拓宽了教材的思路。

　　由于编写时间仓促,编者的学识和能力有限,书中的疏漏和不足之处敬请各位读者批评指正!

目　　录

学前儿童语言教育概述

- 明确学前儿童语言教育的研究对象与意义
- 掌握学前儿童语言教育的目标与内容
- 了解学前儿童语言教育的方法与途径
- 理解学前儿童语言教育的基本观念
- 了解学前儿童语言发展特点及各年龄段的教育要点

　　学前儿童语言教育是研究如何根据0～6岁幼儿语言发展的规律和特点来有效教学,从而促进其语言发展的一门学科。学前儿童语言教育不仅可以帮助幼儿学习语言,而且还可以促进他们在认知、情绪情感、社会性交往等方面的发展。本项目主要介绍了学前儿童语言教育的研究对象与意义,帮助学习者在一定思想观念的指导下制定幼儿园语言教育目标,选择合适的幼儿园语言教育内容,树立良好的语言教育观念,掌握幼儿园语言教育实施的途径和方法。此外,为了把学前儿童语言教育真正落实到实处,学习者还需了解不同的语言获得理论,在理解理论的基础上根据0～6岁幼儿的语言发展特点实施相应的教育策略,促进学前儿童语言的发展。

模块一　学前儿童语言教育认知

引导案例

　　这段时间乐乐放学回家经常给妈妈讲故事。妈妈很奇怪,问乐乐:"为什么知道这么多故事啊?"乐乐答:"老师在午睡前和午睡后,下午放学的时候放给小朋友听的!"过了一段时间,乐乐又不讲故事了。妈妈问:"为什么不讲故事了?"乐乐答:"老师不放故事了。"妈妈去问老师:"为什么这段时间不放故事给小朋友听了呢?"老师答:"因为大部分孩子都不听!"

思考:如果您是幼儿园教师,会怎么做? 为什么这么做?

语言是人类最重要的交际工具。儿童只有学好语言,才能有效地把握世界,才可能有效地进入人类文化的"思想库",才可能运用语言工具进行心智的操作和精神的创造。离开了语言,作为人类独有的文化传递活动——教育便无从发生。因而,语言、儿童的语言以及学前儿童语言教育应当成为学前教育领域关注的最主要的课题之一。

一、学前儿童语言教育的研究对象与意义

(一) 学前儿童语言教育的研究对象

学前儿童语言教育是研究儿童语言发生发展的现象、规律及其教育的一门学科,是师范院校学前教育专业培训教师的一门应用性科目。近年来,学前儿童语言教育获得了突飞猛进的发展,成为学前教育专业的支柱学科之一。学前教育理论界对学前儿童语言教育的理解有广义和狭义之分。

1. 狭义的学前儿童语言教育

狭义的学前儿童语言教育只把 3～6 岁儿童掌握母语口语的过程,尤其是把 3～6 岁儿童早期掌握母语的听说训练和教育作为主要的研究对象,并对 3～6 岁儿童加强口语听说训练。之所以把学前儿童语言教育的对象限定为 3～6 岁儿童,是因为传统上认为学前教育就是指幼儿园阶段的教育,是针对 3～6 岁儿童的教育。另外,人们普遍认为母语的学习方式是自然习得的,教育并不起很大作用。所以就把 0～3 岁儿童的语言教育排除在外了。但是事实上,狭义的学前儿童语言教育无论在研究对象上还是对学前儿童语言学习的看法上,都是有所偏颇的。对学前儿童语言教育的狭义限定不仅不利于儿童早期 0～6 岁阶段语言一体化研究与教育,而且也不利于学前儿童语言的健康发展,更不利于在实际教育工作中对学前儿童语言的具体指导。

2. 广义的学前儿童语言教育

广义的学前儿童语言教育把 0～6 岁学前儿童的所有语言获得和学习现象、规律及其训练和教育作为主要的研究对象,并对 0～6 岁儿童加强听、说、读、写的训练。随着科学技术的发展和社会教育观念的进步,即使有学习障碍的儿童也将不同程度地得到语言康复教育。广义的学前儿童语言教育正视了 3 岁前儿童语言发生发展的事实,更有利于系统地研究儿童语言发生发展的规律。

(二) 学前儿童语言教育的意义

学前期是语言发展的重要时期。人们往往认为说话能力是天生的。其实婴幼儿语言的发生和发展,必须具备幼儿自身的物质基础和所处社会的客观需要。学前期是人的一生中掌握语言最迅速的时期,也是最关键的时期。学前儿童语言教育不仅可以帮助幼

儿学习语言,而且还可以促进幼儿认知、情感等方面的发展。

1. 学前儿童语言教育可促进学前儿童认知能力的发展

心理学家普遍认为,儿童早期语言能力的发展是他们认知发展的标志。语言不仅是人们交际的工具,而且是人们进行思维的工具,没有语言就不可能进行抽象的思维。儿童在掌握语言之前,要认识一个物体的特征,必须通过看看、闻闻、摸摸对该物体的各个部分和各个特征进行直接的感知。儿童掌握语言之后,就能间接地、概括地认识事物。教师借助语言,可以帮助儿童观察事物,认识事物的名称、形态、习性、特征,帮助幼儿区别相类似的事物,等等。在由直接感知、表象进入分析、综合、判断、概括等抽象思维的过程中,语言起着特别重要的作用。教师在带领幼儿认识周围的事物、传授知识技能、解释行为规则时,在引导幼儿观察、比较、抽象、概括形成概念时,都必须伴以语言。幼儿理解了这些语言,同时也锻炼和发展了思维能力。

在语言输出的加工过程中,儿童要把话语表达得正确、清楚、完整和连贯,也需要有感知、记忆、想象过程的积极参与。随着儿童语言水平的提高,语言和认知能力的结合也逐渐密切。

2. 学前儿童语言教育可促进儿童社会交往能力的发展

学前儿童语言教育给儿童创造了学习社会交往规则的机会,提供了各种可以学习和运用语言的范例。例如,儿童在学习"对不起"、"没关系"、"谢谢"等礼貌用语的同时也了解了这些礼貌用语的意义和使用场合。许多儿童文学作品都含有社会领域的内容,儿童在学习这些儿歌或故事的过程中,也懂得了其中蕴含的做人做事的道理。

学前儿童语言教育还可以提升儿童运用语言进行交往的意愿,更加积极地参加社会交往活动。例如,儿童在学习了一定数量的儿歌或故事后,就会很愿意接受成人的邀请给客人进行表演,获得交往过程中的成就感。

学前儿童语言教育可以帮助儿童学习使用语言与他人交流思想、信息和情感,分享他人对周围世界的理解和看法。在成人的指导下,幼儿开始理解他人的语言,并从他人的言语中获取自己需要的信息;他们开始学习使用合适的语言表达自己的要求、想法以及表露自己的情绪和情感,从而逐步掌握社会对个体行为的期待,以社会或群体的行为规范来指导和调节自己的行为,加速社会化进程。

3. 学前儿童语言教育可以促进学前儿童情绪情感的发展

语言发展是幼儿社会交往发展的基础,而交往能力的提高则有利于幼儿形成与成人、同伴之间的亲密关系,使幼儿获得积极的情感体验,促进其情绪情感的健康发展。作为语言教育的一项重要内容,文学作品通常是充满情感色彩的,在学习文学作品的过程中,幼儿可以通过移情、表演等方式获得关爱、快乐、悲伤等多种情感体验,文学作品中蕴含的价值观念和优美的语言还能够陶冶幼儿的道德。

4. 学前儿童语言教育可为学前儿童学习书面语言打好基础

儿童语言的学习是一个连续的过程,这一过程经历了三个阶段:非语言交际——口头语言的使用——书面语言的使用。而学前期语言教育主要指口头语言的教育,包括听和说。在学前阶段,成人如果能有意识地训练儿童的口头组词、组句和口语表达能力,让儿童想到就说,有条有理地说,就可以帮助儿童掌握和理解大量的词汇,使其具有一定的口语表达能力,从而促进儿童思维的敏捷性、灵活性和逻辑性的发展。因此,进行学前语言教育、发展口语表达能力,可以为儿童学习书面语言打下良好的基础。

二、学前儿童语言教育的目标与内容

(一)学前儿童语言教育的目标

学前儿童语言教育目标是学前儿童教育总目标在语言领域的具体化,又是学前儿童语言教育的特殊要求,是幼儿教师实施语言教育的方向和准则。有了明确的目标,幼儿教师才能在语言教育过程中有的放矢地选择适合学前儿童学习的内容,采用适当的组织活动方式,并能恰当而有依据地评价语言教育的效果。

1. 学前儿童语言教育目标制定的依据

任何教育目标的确定都必须有一定的客观依据。学前儿童语言教育目标是根据学前儿童保育和教育的总体要求确定的,它是学前儿童教育总目标的重要组成部分。我国学前儿童语言教育目标制定的主要依据有以下几个方面:

(1)社会的要求

教育的本质就是教育者对受教育者实施的一种有目的、有计划、有系统的影响,以便把受教育者培养成社会政治、经济、文化发展所需要的人。因此,学前儿童语言教育目标的制定一定要符合一定社会的要求,否则便有可能在本质上违背了教育的规律。同时学前儿童语言教育目标还要具有一定的针对性和前瞻性。即语言教育目标既要针对学前儿童自身发展的需要,又要充分考虑未来社会对人才的需求。

(2)依据学前儿童语言发展的特点和规律

学前儿童语言教育是以促进儿童语言发展为根本目的,因此我们必须尊重学前儿童的身心发展规律,特别是他们语言发展的特点和需求,根据他们的实际状况来确立促进他们语言发展的方向。

(3)依据学前儿童语言学科的性质

任何一门独立学科的本质属性都在理论上制约着该学科的研究对象、目的和任务,也在实践中制约着该学科的教学目标和评价标准的制定以及教学原则和方法的选择。学前儿童语言教育作为幼儿教育课程的一个重要组成部分,同样具有自己的学科特性,有其独特的教育功能和逻辑结构。依据学前儿童语言教育的学科特点来制定教育目标时,应该注意把儿童语言运用能力的发展作为根本目标;注意语言教育目标的整体性;还应充分考虑语言的学科性质及其对学前儿童的教育功能和价值,在教育目标中充分体现语言学科的逻辑结构和学前儿童学习语言的心理顺序,把二者有机地结合起来。

（4）依据学前教育机构保育和教育的主要目标

《幼儿园工作规程》中规定了"培养幼儿运用语言进行交际的基本能力"作为幼儿园保育和教育在语言发展方面的目标。这实际上是对学前儿童语言教育目标的概括。因此，学前儿童语言教育目标中不仅要包括最基本的儿童倾听和表述能力的培养，还要包括提高儿童口语表达能力以及为入学后的书面语言学习做准备等方面的目标。

2. 学前儿童语言教育目标的结构

学前儿童语言教育的目标从纵向和横向的角度可分为层次结构和分类结构。层次结构具体包括语言教育总目标、年龄阶段目标和具体活动目标三个层次，分类结构具体包括倾听行为培养和表述行为培养两大类别。

（1）学前儿童语言教育目标的层次结构

第一，学前儿童语言教育的总目标。学前儿童语言教育总目标有时也称为学前儿童语言教育终期目标，属于第一层次的目标。它是学前儿童语言教育总的任务要求，它与幼儿园教育总目标之间存在密切的关系。一般所说的"体、智、德、美全面发展"的任务在幼儿园教育总目标制定时被转换为对幼儿认知、语言、动作、社会性和道德、艺术审美以及创造性、个性情感等方面的发展要求，而对幼儿语言方面的发展要求则被转化为学前儿童语言教育的目标。因此可以认为，学前儿童语言教育目标是幼儿园教育总目标的一个部分，它与总目标是一致的、相辅相成的。学前儿童语言教育目标是对幼儿语言发展的任务要求，是语言教育所期望的最终结果，因而具有较强的特殊性和相对独立性。

第二，学前儿童语言教育的年龄阶段目标。年龄阶段目标是学前儿童某一年龄的教育目标，是总目标在各年龄阶段上的具体体现，属于第二层次的目标。尽管在整个学前阶段，儿童语言发展表现出一定的共性和连续性，但是对幼儿所要达到的语言培养总目标总是需要一步一步地落实到不同年龄儿童的身上，形成对每一个年龄阶段儿童逐步提高要求的具体目标。所以总目标中的内容，在不同年龄的幼儿身上应当有不同的体现，这样才能在教育实践中循序渐进地促进儿童的语言发展。每一个年龄阶段的具体目标都是建立在上一个阶段语言发展的基础上，同时又对这个阶段的儿童构成一定的挑战。就培养学前儿童口语表达能力而言，虽然每个年龄段的儿童都已具备一定的表述能力，但是不同年龄儿童的发展需要是不同的。对于0~1.5岁幼儿的要求是能够说出几个常见物品的名称；对1.5~3岁的幼儿的要求是能说出自己的姓名和年龄，能用简短的句子回答别人的问题；对3~4岁儿童则要求能用简短的语言表达自己的请求和愿望，能在集体面前讲述自己感兴趣的事；4~5岁的儿童应能用完整的句子较连贯地讲述自己的经历，会有表情地朗诵和复述，能大胆、清楚地用准确的语音说话；5~6岁儿童则应能用适度的音高、音量和准确的语音说话，在适当的场合主动与人交谈，主动表达自己的意思，连贯讲述一件事或图片，有表情地朗诵或表演等。

第三,学前儿童语言教育活动目标。学前儿童语言教育活动目标是为语言教育总目标和语言教育年龄阶段目标服务的,是总目标和年龄阶段目标的最终分解和具体化,属于第三层次的目标。它一般是由教师自己制定的,既可以指在某一具体的教育活动中要达到的目标,也有可能是一组相近的活动或一个主题系列活动的目标,它们使具体的教育内容紧密地联系在一起。无论哪一种活动,都含有一定的要求并通过教师的活动计划和教育实践得以体现。以早期阅读活动《我砍倒了一棵山樱花》为例,这个绘本内容适合5~6岁幼儿,因此我们根据这个年龄阶段幼儿的年龄特点、早期阅读的目标以及这本书的内容,制定了以下活动目标:①有兴趣阅读并理解"我小时候"的故事;②在讨论中了解"我砍倒山樱花树的原因";③知道在一本书中可以读到很多东西。

具体活动目标与语言教育的总目标、年龄阶段目标应是一致的。语言教育正是通过每一个具体活动落实到幼儿身上。每一次具体活动目标的实现,都向完成年龄阶段目标和语言教育目标迈进了一步。

从以上目标的层次分析中,我们应当认识到,在幼儿语言教育目标落实到教育活动的过程中,有几个关键问题必须注意:一是如何将一个高层次目标准确地转化为多个低层次目标;二是在教育实践过程中,教师如何把握各个层次教育目标的内涵以及相互间的关系;三是教师如何根据目标来选择相应的教育内容,确定恰当的教育方法,从而确保目标的实现。在以往的学前儿童语言教育工作中,曾存在着不同层次教育目标相互脱节的问题,也曾经出现过忽略教育目标而随意选择教育内容、方法的弊端。因此,我们必须重视上述问题,加深对教育目标的理解,从根本上解决存在的问题。

(2)学前儿童语言教育目标的分类结构

学前儿童语言教育目标的分类结构是指教育目标的组合构成。任何教育目标都是由诸多方面的任务要求组合构建而成的。从儿童语言能力构成、语言教育的作用和语言教育目标本身的角度,我们可以将学前儿童语言教育目标分为以下两个方面:

第一,倾听行为培养。倾听是儿童感知和理解语言的行为表现,是儿童不可缺少的一种行为能力。良好的倾听行为习惯是从学前期开始的。只有懂得倾听、乐于倾听并善于倾听的人,才能真正理解语言的内容、语言的形式和语言运用的方式,掌握与人交流的技巧。《幼儿园教育指导纲要》在语言领域提出了"注意倾听对方讲话,能理解日常用语"的目标和"培养幼儿形成良好的倾听习惯,发展他们的语言理解能力"的要求。大量研究发现,3~4岁幼儿由于神经系统发育不完善,听觉器官的听音、辨音能力较差,再加上发音器官的调节控制能力差,因而他们只能听懂一些简单的句子,掌握一些常用的词汇;4~5岁的幼儿基本上能听清楚全部的语音,能听懂日常用的句子和一段话的意思,掌握词汇的数量和种类迅速增加,语言的连贯性也逐步增强;5~6岁幼儿能够听懂更加复杂的句子,理解一段话的意思。

总之,随着年龄的增长,学前儿童的倾听能力得到一定的发展,具体表现为:从无意识到有意识倾听;对倾听内容的辨析能力逐渐提高;对所听内容的理解掌握能力逐渐发展。幼儿倾听行为的培养,着重点应放在对语音语调的感知和对语义内容的理解上,应当通过教育帮助他们在 0～6 岁阶段逐步建立起以下几种倾听技能:有意识倾听(小班),能够集中注意地倾听;辨析性倾听(中班),能够分辨听到的不同内容;理解性倾听(大班),能够掌握听到的主要内容,能够连接上下文的意思。

第二,表述行为培养。表述是以一定的语言内容、语言形式以及语言运用方式表达和交流个人观点的行为,是学前儿童语言学习和语言发展的主要表现之一。只有懂得表述的作用,愿意向别人表达自己的见解,并且具备表述能力的人,才能真正地与人进行语言交际。《幼儿园教育指导纲要》中明确提出语言教育应"鼓励幼儿大胆、清楚地表达自己的想法和感受,尝试说明、描述简单的事物或过程,发展语言表达能力和思维能力"。因此,表述行为培养是学前儿童语言教育目标的重要组成部分。

学前阶段是儿童逐步掌握口头语言并向书面语言发展的时期,我们应重点培养他们从语音、语法、语义及语用四个方面掌握母语的表达能力,以此来学习正确恰当地进行口语表达,从而由简到繁,由短到长地提高儿童的表述水平。当然,学前儿童的口头表述行为也有个人独白、集体讲述、对话交谈等不同的表现形式,都需要教师在教育过程中加以积极的引导,以利于他们的交际和运用。

另外,对于不同类型的语言教育活动而言,由于材料、组织形式等不同,其表述行为培养目标的侧重点也有所不同。如谈话活动中比较重视培养幼儿乐意与别人交谈,谈话时声音、语调适当,不随便插话等语言表达的规则;而讲述活动中,重点应放在幼儿的独立讲述方面,重在培养幼儿讲述的思路、方法,促进其独自语言的发展;文学作品学习活动则鼓励幼儿创造性地运用语言,提高幼儿灵活运用语言的能力等。可见,无论教师组织开展哪种类型的语言教育活动,都必须重视促进幼儿语言表述能力的发展,因为这是语言教育活动的重要培养目标,也是幼儿语言教育活动必须要完成的任务。

小资料1-1 >>>

学前儿童语言教育年龄阶段目标的具体内容

一、小班

1. 倾听部分

(1) 乐意听老师和同伴讲话。

(2) 能听懂普通话。

(3) 听别人说话时能保持安静,不打断别人的讲话。

(4) 倾听时能注意说话人的口型,辨别语音。

(5) 能理解简单的日常生活指令。

2. 表述部分

(1) 愿意学说普通话,喜欢与老师、同伴及成人交谈。

(2) 知道在集体面前要大声发言,在个别交谈时音量要适当。

(3) 会用简单的语言回答问题,表达自己的请求、愿望、感情与需要等,能讲述图片内容和自己感兴趣的事。

二、中班

1. 倾听部分

(1) 能有礼貌地、集中注意地倾听他人说话。

(2) 能区分普通话和方言的发音。

(3) 能理解多重指令。

2. 表述部分

(1) 积极学说普通话,发音清楚,积极有礼貌地参与交谈。不随便插话和打断别人的谈话。

(2) 说话声音的音量和语速适当。

(3) 能用完整句子较连贯地讲述个人经历以及图片内容。

(4) 能大胆、清楚地表达自己的请求、愿望、情感和需要等。

三、大班

1. 倾听部分

(1) 无论在集体场合或个别交谈时均能认真、耐心地倾听。

(2) 能辨别普通话声调、语调和语气的不同变化。

(3) 能理解并执行复杂的多重指令。

2. 表述部分

(1) 坚持说普通话,发音准确、清楚,能主动、热情、有礼貌地用正确的交流方式与人交谈。

(2) 在不同的场合,会用恰当的音量、语速说话。

(3) 能连贯地讲述事件以及对图片和物品的认识。

(4) 能主动、大胆地使用适当的词、句、语段来表达,乐于参加讨论和辩论,敢于发表不同的意见。

(二) 学前儿童语言教育的内容

学前儿童语言教育的内容是指幼儿园向幼儿提供的语言形式、语言内容和语言运用的总和,是教给幼儿的一套特定的语言符号系统,并指导他们学习运用这套系统进行交际。① 学前儿童语言教育的内容可分为两大部分:第一是教给儿童本民族的语言符号系

---

① 张明红. 学前儿童语言教育[M]. 上海:华东师范大学出版社,2009:156.

统,在我国主要指现代汉语(普通话)的语音、词汇、语法及表达方式等;第二是教儿童学会运用语言,其中包括语言的功能、言语交际规则等,也包括语言运用能力的实践训练。此外,由艺术语言构成的文学作品也是学前儿童语言教育的一项重要内容。学前儿童语言教育内容是实现语言教育目标的手段,也是幼儿教师设计和实施语言教育活动的主要依据。它既要符合社会对儿童发展提出的要求,又要反映语言理论研究的最新成果,更要符合儿童获得语言和语言发展的规律。学前儿童语言教育内容可分为专门的语言教育内容和渗透的语言教育内容两大类。

1. 专门的语言教育内容

专门的语言教育内容主要是为儿童提供机会,对他们在日常交际中获得的语言素材进行提炼和深化,达到对语言规则的理解及有意识的运用。它主要包括谈话活动、讲述活动、听说游戏活动、文学作品学习活动和早期阅读活动等。

(1) 谈话活动

谈话活动是人们之间以问答或对话的形式进行的言语交往。幼儿园的谈话活动是一种有目的、有计划地组织幼儿学习的语言教育活动,包括个别交谈和集体交谈两种。这种活动排除了日常交谈的自发性、随意性的特点,旨在创造一个良好的语言环境,帮助幼儿学习倾听别人的谈话,围绕一定的话题进行谈话,培养幼儿运用口头语言与他人交际的意识、情感和能力。谈话也是讲述的基础,在实现"发展儿童语言表达能力和语言交往能力"的目标中,"谈话"是重要的手段。

个别谈话:

① 主动发起与别人进行交谈,尽量清楚、完整地表述自己的意思。

② 注意倾听别人的说话,针对别人的话能提出询问或作出积极的应答。

③ 懂得交谈中要听说轮换,耐心而有礼貌地把谈话延续下去。

集体交谈:

① 注意倾听同伴在集体中的发言,及时作出更正或修补。

② 在集体活动中,能注意倾听并理解教师的提问,并作出相应的回答。

③ 在自由活动或游戏活动中,能积极参与两个人以上的交谈,并发表自己的意见。

(2) 讲述活动

讲述是指运用完整的句子、连贯的语言,围绕一个主题描述事物、表达思想。要求用词准确,语句结构完整,而且要求语言连贯,表达内容前后一致,是发展幼儿的独白语言的一种很好的教育方式。讲述在语言的内容、形式和思维的逻辑性方面,都比对话要求高。主要内容包括:

① 看图讲述和生活经验讲述,即讲述单幅或多幅图片中人物的外貌、表情、姿态和动作等;讲述自己亲身经历过或间接了解的人、事、物。

② 情境表演讲述和实物讲述,即讲述情境中的人物、对话、事件、动作、心理活动等,

用几句话来描述实物的外形、性质、习性、用途或使用方法等。

（3）听说游戏活动

听说游戏活动为幼儿提供一种游戏情景，使幼儿在游戏中按照一定的规则练习口头语言，培养幼儿在口语交往活动中的快速、机智、灵活的倾听和表达能力。其主要内容包括：

① 巩固难发的音和方言干扰音，练习声调和发声用气。

② 扩展、丰富词汇量，练习词的用法。

③ 在游戏中尝试运用某些结构的句子，锻炼语感。

（4）文学作品学习活动

幼儿文学作品包括童话、幼儿生活故事和自然故事、儿童诗歌、散文、谜语、绕口令等。幼儿文学作品学习活动是以幼儿文学作品为基本教育内容而设计组织的语言教育活动，它从一个具体的文学作品教学入手，围绕这个作品展开一系列相关的活动，帮助幼儿理解文学作品所展示的丰富、优美的艺术语言和生动有趣的情节，是学前儿童语言教育的重要内容。主要内容包括：

① 聆听与感受文学作品。要求儿童集中注意去倾听成人朗读文学作品，感受文学作品的语言、情节、动作、人物对话等，感受作品的思想感情脉络和特殊的表现手法。

② 朗诵与表演文学作品。要求儿童随成人朗读文学作品，并能利用道具、场景等条件，通过对话、动作、表情进行故事表演，体验作品的情节变化和人物情感的变化。

③ 仿编与创作文学作品。要求儿童在欣赏儿童诗歌、散文的基础上，仿照诗歌或散文的框架，编出自己的诗歌或散文段落；或者能根据所创设的条件和所提供的材料进行儿童故事的仿编、续编或创编。

（5）早期阅读活动

早期阅读是指儿童对简单的文字、图画、标记等的阅读活动，其中包括知道图书和文字的重要性，愿意阅读图书和汉字，学习初步的阅读和书写准备技能等。早期阅读对于帮助儿童完成从口头语言向书面语言的过渡、从理解图画符号到文字符号的过渡起着举足轻重的作用。其主要内容包括：

① 前图书阅读：学习翻阅、理解和制作图书，理解图书画面、文字与口语之间的对应关系。

② 前识字：了解文字的功能、作用，了解识字的最基本规律和方法。

③ 前书写：了解汉字的基本结构，认识汉字的书写特点和工具；能认识简单的独体字；会认并书写自己的名字。

2. 渗透的语言教育

渗透的语言教育内容就是充分利用学前儿童的各种生活和学习经验，在真实的生活情景中为学前儿童提供更加广泛的、多种多样的学习语言的机会，促使学前儿童能够更好地运用语言获得新的生活经验和其他方面的学习经验。渗透的语言教育属于随机教育的内容，在日常生活中往往被忽视。因此，加大这方面内容的教育力度、发挥语言在各项活动中的渗透作用，使之与专门的语言教育内容彼此呼应、相互补充，把儿童的语言学习真正落到实处。渗透的语言教育内容通常包括以下四个方面的内容：

（1）人际交往中的语言教育内容

语言是日常生活中建立良好人际关系的工具，可以起到指导和调节人际关系的作用。从学前儿童语言学习的内容上来看，人际交往可以帮助学前儿童学习在不同场合运用恰当的语言形式进行表述和交流，同时又将社会文化习俗的学习与语言的学习结合在一起。

第一，学会恰当地运用礼貌语言与他人交往。

第二，学习运用语言向他人表述自己的需要和要求，对他人提出的要求作出恰当的应答。

第三，学习运用恰当的词、句或语气、语调与同伴展开讨论或辩论，协商或解决与同伴之间发生的冲突或纠纷。

（2）自由游戏中的语言教育内容

在自由游戏中，语言成为学前儿童与同伴进行交往、合作、分享的工具，也成为指导和调节自己选择游戏内容、游戏伙伴和游戏材料等行为的工具。具体而言，渗透在自由游戏中的语言教育可以帮助学前儿童获得以下语言经验：

第一，在游戏过程里能与同伴随意交谈，能结合游戏情节自言自语或进行恰当的人物对话。

第二，学习通过协商、讨论等语言方式，解决与同伴在游戏内容、材料的选择以及游戏规则的制定过程中出现的矛盾冲突，共同开展游戏。

第三，能用连贯性的语言评价游戏的规则执行情况与游戏开展情况，对游戏进行适当的小结。

（3）其他领域活动中的语言教育内容

在其他领域的活动中，语言也是儿童学习的工具，发挥着重要的作用。在参与其他领域活动比如数学学习或者音乐活动时，语言交往有利于学前儿童正确感知和理解学习的内容，提高儿童对学习内容的认知和表达能力，增强学习的有意性和目的性。具体而言，渗透在其他领域活动中的语言教育可以帮助学前儿童获得以下经验：

第一，集中注意力倾听教师布置活动任务，理解学习的内容。

第二，能积极主动地提出问题和解答问题。

第三，能完整连贯地讲述所观察到的事物或现象。

第四，能用几种不同的符号来表述对认知内容和认知过程的感受和认识。

（4）渗透在日常生活中的语言教育内容

随机渗透在日常生活中的语言学习，主要是指教师充分利用饭前饭后、午睡前后、离园前、一日生活中的各种等待或过渡等生活环节,给幼儿提供自由宽松的环境,鼓励幼儿积极进行语言交流,增强练习听、说和读的基本技能,养成对语言和文字的学习兴趣,得到语言和文学的熏陶。渗透在日常生活中的语言教育可以帮助学前儿童获得以下经验:

第一,注意倾听、理解和执行生活常规以及成人的指令性语言。

第二,在掌握行为规则的基础上,学习用语言评价自己和同伴的行为。

第三,在他人面前大胆讲述自己的见闻。

需要特别指出的是,教师在进行渗透的语言教育时,不能着急,而要耐心,坚持。因为幼儿的倾听习惯是需要时间慢慢培养起来的,而倾听能力更需要通过大量的倾听经验积累而来。引导案例中提到的"大部分孩子不听",主要原因在于这些幼儿还没有养成良好的倾听习惯,也没有学会欣赏书面语言的优美。教师应该在渗透的语言教育中培养幼儿学会倾听,增强对书面语言的敏感性,懂得欣赏书面语言的优美。

三、学前儿童语言教育的方法与途径

(一) 学前儿童语言教育的方法

学前儿童语言教育的方法是幼儿教师为发展幼儿的语言创设条件和提供机会,让儿童参与各种丰富多彩的活动,支持、鼓励、吸引幼儿在与人、物、环境、材料等交互作用的过程中学习语言、发展语言。学前儿童语言教育方法一般有示范模仿法、视听讲做结合法、游戏法、表演法等。

1. 示范模仿法

示范模仿法是指教师通过自身规范化的语言,为幼儿提供语言学习模仿的榜样,让幼儿始终在良好的语言环境中自然地模仿,习得良好规范的语言,是提高幼儿语言能力的一种方法。示范可以由教师亲自进行,也可以采用录音,甚至可以让语言能力发展较好的幼儿来进行示范。教师在采用模仿示范法时要注意以下问题:

(1)教师的示范语言一定要规范到位。教师的语言是幼儿模仿的直接对象,教师的一言一行,幼儿都会一一听在耳里,看在眼里。因此,幼儿教师说话时,要面向全体幼儿,咬字清楚、发音准确、清晰响亮,保证所有幼儿都能看得到、听得清,也可以辅以自然的表情和恰当的手势,运用适当的语调、语速等,增加语言的表现力,帮助幼儿理解和掌握。此外,幼儿教师还要注意使用简短易懂的句式,要求明确规范。教师只有任何时候都运用规范语言,才能为幼儿创设良好的语言环境,成为幼儿模仿学习的典范。

(2)教师要把握好示范的时机和力度。教师的言语示范一般在幼儿的言语活动之前进行。语言教育中新的、幼儿不易掌握的学习内容,教师要反复地重点示范,让幼儿有意识地进行模仿学习。

(3)教师要依据儿童自身的水平,妥善运用激励方法。教师要关注在各种活动中幼儿的语言表现,善于发现幼儿语言发展的差异,因材施教。要随时鼓励幼儿正确的语言行为和习惯,善于运用激励方法,引导幼儿大胆模仿。幼儿讲述过程中如出现语言错误,也要注意避免过于挑剔而降低幼儿学习的积极性。

(4) 教师要灵活运用"显性示范"和"隐性示范"方式。教师在进行示范时,针对一些难点和重点,可以采用"显性"的方式,明确提出要求让幼儿模仿。而对于一般的语言知识,教师则可以采用"隐性示范"的方式,让儿童在不知不觉中得到暗示,进行模仿。具体采用何种方式,教师可以根据儿童语言发展水平和特点以及语言教学内容的实际情况灵活选择。

2. 视、听、讲、做结合法

视、听、讲、做结合法是指在语言教学活动中,教师同时采用视、听、讲、做结合的方法,依据直观法和观察法以及结合当前儿童语言学习的特殊性而提出的。"视"是指教师提供具体形象的讲述对象,让幼儿充分地观察;"听"是指教师用语言描述、启发、引导、暗示、示范等,让幼儿充分地感知与领会;"讲"是指幼儿在感知理解的基础上,充分地表述个人的认识;"做"是指教师给幼儿提供一定的想象空间,通过幼儿的参与或独立的操作活动,帮助幼儿充分构思,从而组织更加丰富、连贯、完整、富有创造性的语言进行表述。视、听、讲、做结合法的四个方面必须有机地结合,"视"、"听"、"做"都是为"讲"服务的,在"讲"的过程中,促使幼儿语言能力的发展。"视、听、讲、做结合法"在具体运用时应注意以下问题:

(1) 辅助材料来源于幼儿生活。教师所提供的语言教育辅助材料,只有是幼儿接触过的、较熟悉的或符合幼儿认识特点的,才能被幼儿所理解,才能更好地促进幼儿的语言发展。例如,在童话故事《乌鸦喝水》的教学活动中,教师可以制作森林的背景画面及乌鸦的形象,为孩子们提供生动的视觉形象。当故事讲到乌鸦想什么办法才能喝到半瓶水时,教师可根据幼儿的回答为他们提供半瓶水、小石块、沙子、树叶等生活中常见的辅助材料,让孩子们动手操作,在实践操作中发现,能使乌鸦喝到水的最好方法是用什么材料放到瓶子里获得的,同时让幼儿边操作边讲述,使讲述更加生动形象。

(2) 留有一定的时间和空间。在观察讲述对象时,教师要留给幼儿一定的观察时间和空间,有足够的时间对观察的对象进行感知和理解。例如:许多看图讲述、实物讲述、情境表演等,都必须要让幼儿有一定的时间仔细看图、看实物、看表演,理解讲述对象,也可以通过感觉、知觉和听觉等多方面去感知和理解讲述对象,这样才能通过"视"、"听"、"做"等方法,为幼儿更好地"讲"作准备。

(3) 教师的提问具有开放性。教师的提问要有顺序性、启发性、有助于帮助幼儿开放性地构思与表达。封闭式的提问,只能给幼儿作出是否或正反两方面选择性的回答。例如,在童话《金色的房子》教学活动中,在幼儿熟悉了故事内容之后,就可以提出"如果我有座金色的房子,我会在房子里做什么?"等这样开放性的问题,让幼儿充分地讲述自己对故事中人物的情感体验,使幼儿有充分的讲述内容,从而促使幼儿语言表述能力不断提高。

总之,运用视、听、讲、做结合法让幼儿学习语言,可使幼儿运用多种感官参与学习,在促进语言发展的同时,也获得了认知发展。

3. 游戏法

游戏法是指教师运用有规则的游戏,训练幼儿正确发音,丰富幼儿词汇和学习句式的一种方法。游戏符合幼儿的年龄特点,目的在于提高幼儿学习兴趣,集中幼儿的注意力,促进幼儿各种感官和大脑的积极活动。游戏法是幼儿语言教育中常见的活动方式之一。运用游戏法时应注意以下问题:

(1) 适当创设情境,激发儿童学习的兴趣。在运用游戏法时,必要时可配合使用教具和学具。如听说游戏活动《山上有个木头人》中,教师出示木偶人创设游戏情境,引起幼儿的兴趣。教师以木偶人的口吻向幼儿自我介绍:"小朋友们好! 我是木头人。今天,我想和小朋友们一起玩一个游戏,游戏的名字叫'山上有个木头人'。"然后边操作木偶,边念儿歌。这样就能很好地激发幼儿参与活动的兴趣。

(2) 应选择目标明确、规则具体的游戏。教师应根据儿童语言教育目标和内容选择或创编游戏,游戏具有规则性,必须让幼儿掌握了游戏规则才能进行游戏教学。还要求游戏目标明确、规则具体,以便于儿童理解,达到发展语言能力的目的。

4. 表演法

表演法是指在教师的指导下,学前儿童扮演文学作品中的人物,根据作品情节的发展,通过对话、动作、表情再现文学作品,以提高口语表现能力的一种方法。运用表演法时应注意以下问题:

(1) 理解作品,再表现作品。文学作品引发的表演是幼儿园表演的主要内容。教师在运用表演法时,必须建立在儿童已经理解文学作品内容的基础上,并能熟练地朗诵或讲述,深刻领会作品的思想内涵,把握人物的情感和角色特点,然后运用声调、韵律、节奏、速度等进行儿童诗歌的朗诵和表演,再现作品内容,使文学作品更加生动、真实。

(2) 体验角色,学习对话。理解了故事内容才能把握故事中不同角色的个性特征、体验各个角色的情感世界。在此基础上,教师应鼓励儿童运用语言、动作、表情等来扮演作品中的角色,再现故事情节,进行故事表演。允许儿童在进行故事表演时,在不影响故事内容的基础上进行创编,增加或删减情节和对话,创造性地用动作、表情和声音的变化来刻画故事人物的性格,学习运用角色之间的语言进行交流,从而提高幼儿综合使用语言的能力。

以上列举的四种语言教育方法只是比较常见的几种。教师在实际教学过程中可以根据客观条件,结合本班幼儿语言发展水平和学习语言的特点,依据活动目标和内容,灵活运用各种方法。有时各种方法还可以互相配合,交叉使用,综合运用,共同促进儿童语言的发展。

（二）学前儿童语言教育的途径

"如果教师心中有语言教育目标,那处处都可以进行语言教育。"①学前儿童语言教育的途径多样,凡是有语言参与的活动都可以用来对儿童进行语言教育。学前儿童语言教育的途径主要包括:通过组织专门的语言教育活动进行语言教育,通过日常生活各个环节进行语言教育,通过游戏进行语言教育,以及在其他领域的教育活动中进行随机的语言渗透教育等。

1. 专门的语言教育活动中的语言教育

专门的语言教育活动主要包括谈话活动、讲述活动、听说游戏活动、文学作品学习活动和早期阅读活动几种形式。

（1）谈话活动是创设一定口语交往的情境,根据学前儿童已有的知识经验,围绕一定的主题,在教师的组织下通过儿童与教师、教师与儿童、儿童之间相互交流自己的想法和情感,形成一定的认识,促进儿童口头语言表达能力和理解能力的一种形式,这种形式在幼儿园各个年龄阶段都可组织。

（2）讲述活动是学前儿童在全班儿童面前表达自己的所见、所闻、所思、所想的行为,讲述对象可以是实物、情境或一张图片,也可以是周围的人,可以来自现实生活,也可以来自文学作品。讲述活动主要是培养学前儿童语言表达的胆量,学习表达的方法和技巧,促进独白语言能力的发展。

（3）听说游戏是教师组织的、有明确学习目标的、有明确语义内容的教学游戏。这种活动含有较多的规则成分,能很好地吸引幼儿参与到语言学习的活动中,在积极愉快的活动中完成语言学习的任务。

（4）文学作品学习活动是从某一具体的文学作品入手,为儿童创设一个全面学习语言的机会,理解作品内容,体验作品的思想情感,学习作品语言,培养儿童对文学作品的兴趣,学习欣赏文学作品,促进儿童的想象力和创造性运用语言的能力。

（5）早期阅读活动是创设一个学习书面语言的环境,鼓励儿童阅读图书、画册,培养儿童阅读的兴趣,初步理解书面语言,引导他们对文字的敏感性,为下一步学习书面语言打下基础。

以上几种活动形式教育的目标和形式各不相同,在儿童语言学习过程中的作用也有所不同,在本书以后的内容中会分别详细介绍。

2. 日常生活中的语言教育

日常生活为学前儿童提供了大量的语言交往机会,使儿童通过实践,练习、巩固、理解和运用语言。日常生活还为幼儿提供了有关各种事物和人际交往的丰富经验,为幼儿的语言活动积累了素材。通过日常生活中的一些主题活动,教师可以对幼儿的语言学习

---

① 周兢,余珍有,温碧珠,等.幼儿园整合课程状态下的语言教育[J].幼儿教育,2006(23):4-8.

进行有针对性的指导。

幼儿园的日常生活活动主要包括了入园、进餐、午睡、如厕、饮水、散步、离园等。《幼儿园教育指导纲要(试行)》中指出:"幼儿园应为幼儿提供健康、丰富的生活和活动环境,满足他们多方面发展的需要,使他们在快乐的童年生活中获得有益于身心发展的经验。"因此,幼儿园常规的生活活动是进行幼儿教育的重要途径。语言教育作为幼儿教育的一个重要组成部分,也离不开常规的生活活动。无论在家还是在幼儿园,儿童在日常生活中总是有意无意地与老师、同伴及家长进行语言交往。这些发生在生活中的自然交往情景,为教师和家长对幼儿进行语言教育提供了很好的机会。例如,教师可以教儿童唱《洗手歌》,让他们边唱儿歌边洗手;幼儿会在活动间隙时和周围的同伴自由交谈;接送幼儿的环节中,教师和家长也可以与幼儿有意无意地交谈:"宝宝今天在幼儿园做什么了呢?""妈妈,你今天怎么来这么晚呢?"总之,幼儿园常规生活活动中的语言教育具有以下作用:

第一,教师在常规生活活动中可以了解儿童语言发展的现状。常规生活活动是在自然情境中进行的,活动环境宽松,幼儿往往能够真实地表现自己的实际语言水平以及语言表达的态度和行为习惯。教师只要留意观察,很容易就能了解幼儿语言发展的水平,为下一步确立有针对性的语言教育目标提供依据。

第二,教师在常规生活活动中可以为孩子提供语言示范,丰富幼儿的词汇。幼儿在日常生活中要接触各种各样的人、事和物,如各种食物、动植物、交通工具、购物、旅游等等。教师应抓住各种机会对幼儿进行语言教育,向他们介绍各种事物,让他们了解不同事物的名称、颜色、用途等,帮助幼儿自然而然地掌握了大量词汇,学会教师的表述方法,促进了语言的发展。例如,进餐前教师可以向幼儿描述当日食物的名称以及它的色、香、味,并说明其营养价值,让幼儿对吃的食物进行辨认,进行菜谱的报告,不但能够提高幼儿的口语表达能力,还有利于幼儿倾听能力的培养和知识量的增加。

第三,教师还可以在帮助幼儿建立生活常规的过程中,提高幼儿理解并按语言指令行动的能力。通常情况下,教师在一日生活的各个环节是通过语言指令来组织的,如用餐前教师会要求幼儿收拾好玩具、洗手;午睡前教师会要求幼儿如厕、脱衣服、闭上眼睛不要说话等。在这些常规的生活活动中,幼儿很快便能理解各种指令的含义,并能按指令行动。在培养倾听能力的同时,还能养成良好的生活习惯。

3. 区角活动中的语言教育

幼儿园区角活动或区域活动是幼儿园课程中以幼儿主体活动为主,以教师辅导为辅,旨在满足不同幼儿各方面发展需求的活动。区角活动重视幼儿的自主性,重视幼儿与环境、材料的相互作用,重视幼儿之间的个体差异,在一定程度上弥补了集体教学活动的不足,成为幼儿的一种主要学习方式。在区角活动中实施语言教育主要表现在以下两个方面:

（1）利用图书角和语言角进行语言教育

教师可以利用自由活动时间，鼓励幼儿到图书角选择自己喜欢的图书自由阅读，逐步培养他们阅读的良好习惯，激发他们的阅读兴趣。

语言角的主要作用是让幼儿练习口语表达。教师可以在语言角投放一些图片、填图游戏卡、旧的儿童画报等材料，以便幼儿练习讲述，或者边操作边讲述。还可以在语言角投放录音机、录像机、电脑等电化设备，以及故事和诗歌的音像带与光盘等，以便幼儿根据自己的需要有选择地收听或收看文学作品和有关内容，为幼儿提供丰富的语言练习的素材。

图 1-1　图书角

（2）在活动区中随机指导儿童的语言交往

活动区的设立为儿童自主选择游戏内容提供了多种可能性，同时也增加了儿童之间的交往机会。教师可以鼓励幼儿与同伴协商、讨论进出活动区的规则，既能提高幼儿的语言表达能力，又促进了幼儿的社会交往能力。教师

图 1-2　语言角

还要鼓励儿童同伴之间的谈话，并利用巡回指导的机会引导儿童扩展谈话内容，如在描述现状的基础上进行一些想象，或探究事物的原因，回答"为什么"、"假如……就会怎么样"之类的问题。在活动区活动结束时，教师还可以利用讲评或总结的机会，请幼儿讲述自己活动的过程、感受以及收获，谈谈自己与同伴在交往过程中的新发现以及下一步的打算，等等。

4. 其他领域教育活动中的随机语言教育

幼儿园除了语言教育活动外，还有许多其他领域的教育活动，如数学、科学、体育、音乐、美术、社会等。而在我们的教育活动中，有的教师在指定的语言教育活动中注重幼儿的语言学习，而在其他领域教育活动中则忽视了对幼儿进行语言教育。虽然其他领域的教育活动不以发展幼儿语言为主要内容，但活动中包含着大量的语言教育因素。只有在其他领域的教育活动中，创设机会，有机交叉与融合幼儿的语言教育，才能使幼儿的语言教育真正得到全方位和谐的发展。

（1）在科学教育活动中渗透语言教育

在科学教育活动中，儿童学习数学、了解自然界，获得大量的有关客观世界的信息，

要通过语言和其他方式向他人表达，传递自己对客观事物的认知与感受，告知自己观察的结果，提出疑问并评价他人的探索结果。儿童通过语言或其他方式把对感知到的周围世界的第一印象表达出来，既加深了他们对客观事物的理解，也有助于儿童语言能力的发展。科学教育活动中的语言信息交流主要包括描述和讨论两种方式。描述是指在教师的指导下，儿童讲述自己在科学探索中的发现、疑问等。讨论是指儿童与同伴之间、儿童与老师之间相互讨论各自的发现、想法和疑惑。儿童在描述和讨论中既可以提出自己的观点与想法，又可以交流自己的操作过程和操作方法，以及从中获取的情感体验。教师要给予儿童充分的描述和讨论的机会，鼓励儿童学习用简单明确的语言表达或描述有关发现。反映科学的词汇是极其精确而又丰富的，儿童在表达的时候往往由于用词不当而影响其掌握知识的科学性。如小班幼儿在"水的三态变化"的小实验中，当水烧开了冒出热气时，有的幼儿说："水烧开了，就冒烟了。"教师要及时纠正这一说法："水烧开了，就冒出了水蒸气。"于是，幼儿在这一活动中就掌握了"水蒸气"一词。教师要在科学教育活动中，在儿童充分感知事物和现象的基础上，随机丰富儿童的词汇，逐步要求儿童用完整、连贯、通顺正确的语句表达，以提高科学教育的质量。

（2）在艺术教育活动中渗透语言教育

艺术领域包括音乐和美术两种活动。语言和音乐有着非常密切的关系。幼儿可以根据音符、节奏以及旋律的变化想象出不同的画面、编出不同的故事。凭着儿童对音乐的特别领悟力，可在中大班的音乐教育活动中加入听音乐、学语言的内容。这种活动应在儿童充分感受音乐，理解体验音乐形象的基础上进行。如学习歌曲《小乌鸦》后，教师可以帮助幼儿根据歌词的内容把它改编成故事，提高幼儿对歌词的理解和对音乐的欣赏能力。

幼儿爱画、爱玩、爱制作，作品中蕴含着幼儿的思想。教师可在美术活动中抓住幼儿的这一特点，让他们对自己的作品进行讲述，也可以在绘画和手工活动中，加进幼儿喜闻乐见的儿歌形式，提高幼儿学习的兴趣。通过念儿歌，做手工，让儿童动手又动脑，既能受到美的熏陶，又能提高口语表达能力。

（3）在健康活动中渗透语言教育

健康领域包括了体育活动以及其他相关内容的活动。在体育活动中，儿童的活动量往往比较大，他们兴致高，有时不能控制自己的情绪。根据这一特点，在爬、跳、跑等活动中，教师应先让儿童观看示范，请儿童讲述并讨论教师的动作要领及注意事项，然后请儿童模仿教师的动作，再请他们讲一讲是怎样做好动作的。这样，既注意了活动的动静交替，又使儿童通过自身的体验，讲出了活动的特色，发展了儿童的语言能力。

（4）在社会活动中渗透语言教育

在社会领域活动中，幼儿要学会与人交往，要懂得交往的规则和技巧，这本身就要求幼儿对语言的理解和掌握。幼儿不仅能在现实生活中获得社会知识，诸如在《小马过河》、《孔融让梨》等故事中也含有丰富的社会知识。教师在组织幼儿学习这些文学作品时,可以帮助幼儿学习礼貌用语,掌握社会规则,同时培养幼儿对书面语言的兴趣,发展幼儿对书面语言的敏感性。

总之,幼儿语言的发展与其情感、思维、社会交往技能等方面的发展是不可分割地联系在一起的,语言教育应当渗透在所有的活动中,运用各领域教育活动中独特的价值,努力促进幼儿个性化语言能力的发展。

模块二 学前儿童语言教育的基本观念

引导案例

幼儿园里两位教师在讨论儿童的语言。一位教师说:"儿童都是先学会字、词,然后才学会句子的。所以我们的语言教育,就是应该先学习字、词,然后再学习句子。"另一位教师说:"我不同意你的观点。虽然儿童是先说字、词,但他们是用一个单词表达一个句子的意思,儿童的语言学习是通过字、词、句子、语言的使用一起学习的,儿童的语言学习是整合一体的。"

思考:您同意哪位教师的观点?

学前儿童语言教育始终贯穿着一些基本的教育观念。这些教育观念直接影响着学前儿童语言教育的效果,对学前儿童语言教育起着决定作用。主要有维果茨基的语言观、完整语言教育观、整合教育观和活动教育观。这些基本观念既是幼儿教育总的指导思想在学前儿童语言教育中的具体体现,也是当代儿童发展与教育研究成果在学前儿童语言教育实践中的具体运用。

一、维果茨基的语言观

维果茨基是 20 世纪初前苏联著名的心理学家,社会文化历史学派的创始人。他对语言与思维、儿童发展及教育的研究至今对我们的教育教学仍产生重大的影响。他的语言观主要体现在以下几个方面:

(一)语言从一开始就具有社会性,具有交际功能

这一观点是在维果茨基的高级心理机能学说的基础上提出的。维果茨基将人的心理机能区分为两种形式:低级心理机能和高级心理机能。低级心理机能是种系发展的结果,而高级心理机能则是历史发展的结果,并以人类社会所特有的语言和符号为中介。儿童的高级心理机能是在社会交往中形成起来的。随着儿童社会交往的扩大和复杂化,高级心理机能也得到不断的发展。一切高级心理机能,都必须使用心理工具,即使用各种符号、记号,其中主要是词、语言。心理工具越复杂,心理机能的机制也就越高级。

基于这样的理论,维果茨基认为,儿童自出生后,就是一个社会的实体,社会交往是儿童生活活动的基本形式。语言是成人与儿童交往的工具,这种交往最初伴随着动作和实物,以后才获得概括的意义。语言在组织儿童的活动、形成儿童的智力行为中起着指导和调节的作用。儿童心理的发展,往往是以成人的语言指导为开端,在以儿童的实际动作为结尾的相互交往中进行的。因此,儿童所使用的语言从一开始就具有交际功能,具有社会性。

(二)儿童的语言发展是从社会化向个体化、从外部语言向内部语言逐渐转化的过程

皮亚杰认为,儿童语言的发展是受认知发展所制约的。7岁以下的儿童的认知发展处于前运算阶段,其思想是自我中心的,他们缺少持久的社会化交谈,任何简单的思维都需要外化于动作或语言。因此,他们还没有达到个人化,又由于他们缺乏真正的思想交流,他们也没有达到社会化。直到七八岁,随着儿童之间协调关系的发展,他们的自我中心语言才开始逐渐萎缩。维果茨基对皮亚杰关于自我中心语言的观点进行了批判。他试图通过对儿童自我中心言语现象的不同实验来分析儿童自我中心言语的不同功能,从而否定皮亚杰对儿童自我中心言语的理解。维果茨基针对儿童自我中心言语问题设计了与皮亚杰不同的实验,研究当社会情景改变时儿童自我中心言语的变化。实验表明,每当儿童的活动过程产生困难时,自我中心言语就大大增加。这使维果茨基确信"儿童自我中心言语并不仅仅作为儿童活动的一种伴随物。除了成为一种表述手段和解除紧张的手段以外,它在特定的意义上很快成为了儿童寻求和规划解决问题的思维工具"。[①]实验结果使维果茨基确信,自我中心言语实质上就是社会化语言,它在组织儿童的活动、形成儿童的智力行为中起着指导和调节的作用,是儿童特有的思维工具。自我中心言语是形式上的外部语言与功能上的内部语言的结合,是从社会化语言向个人的内部言语过渡的必要阶段和中间环节。随着儿童心理的成熟,它沿着上升而不是下降的曲线发展,自我中心言语最终并不是消失了,而是转化为内部言语。

(三)教学应走在发展前面,幼儿语言教育应以幼儿已有的发展水平和语言经验为基础

这一观点是以维果茨基的最近发展区理论为基础的。维果茨基将最近发展区定义为"实际的发展水平与潜在的发展水平之间的差距。前者由儿童独立解决问题的能力而定,后者则是指在成人的指导下或是与能力较强的同伴合作时,儿童能够解决问题的能力"。儿童的两个发展水平之间的动力状态取决于教学。维果茨基明确指出了教学与发

---

① 列维·谢苗诺维奇·维果茨基. 思维与语言[M]. 杭州:浙江教育出版社,1997:18.

展之间的关系,教学促进发展,教学应该走在发展的前面。在维果茨基看来,倘若强调教学适应发展,因而仅仅定位在"现有的发展水平"的话,那么,教学就会跟随着发展爬行,就不可能产生任何新的进步。例如,儿童在凭借自身的能力能够读写之前,由于他的注意、记忆、思考、运动技能发展了,当开始读写的教学之时,教学不过是从外部"利用"儿童发展中已经形成的学习可能性罢了,并不能唤起、发生新的心理机能。只有走在发展前面的教学才是好的。它能激发和引起处于自己发展区中成熟阶段的一系列机能。教学在发展中的最主要作用就在于此。任何教学都存在一个最佳期。超越了这个最佳期的上限与下限,亦即过早或过迟的教学,从发展的观点看,都对儿童智力发展的进行是有害的或不当的。教学必须定位在儿童发展的明天,而不是儿童发展的昨天。

基于以上理论,幼儿语言教育必须以幼儿已有的发展水平和语言经验为基础,并在幼儿新旧语言经验间建立联系。幼儿语言学习是不断获得语言经验的过程,语言教育活动也就是不断为其提供各种新的语言经验的过程。教师在选择语言教育内容时应重视,语言教育活动所提供的语言经验能够为幼儿所获得,成为他们自身语言经验体系的一部分。因此,着重要考虑的是能否使新旧语言经验间具有内在的联系。否则,语言教育活动所提供的语言经验将不会对幼儿产生影响。要做到这一点,首先要注意活动内容的连续性,有顺序地安排各项语文活动包括故事、儿歌、阅读、谈话、游戏等,使每一次活动内容都由具有内在联系的经验组成,每一次获得的语言经验都能成为以后语言学习的基础。其次,还要注意活动内容的统一与完整性,打破学科间的界限,使经验与经验之间既有纵向的连续性,又有横向的相关性,从而使儿童获得的新旧语言经验之间真正建立起联系。

另外,幼儿语言教育要能够促进幼儿的语言在原有水平上有所提高,要能够促进幼儿的语言发展。例如,在学前阶段,幼儿的语音、词汇、句子和语用技能的发展都具有一定的规律,表现为一定的先后顺序。幼儿在语句方面的发展,其大致的先后顺序为:单词句、电报句、简单句、复合句等,教师在开展语言教育时,就要参考儿童语句发展方面的一般顺序来确定目标和选择内容。如果在幼儿还没有掌握不完整句的情况下,就教授完整句,必然无法达到理想的学习效果。

二、完整语言教育观

完整语言教育观以当前国外儿童语言教育的思潮,特别是以完整语言理论等作为理论依据,强调在儿童语言发展的关键期内,有必要给他们提供完整语言学习机会的教育观点。完整语言是针对过去那种机械孤立、条块分割、支离破碎的语言学习而提出的一种新的语言教育观,该观点认为语言是一个完整的系统,语义、语法等因素同时存在并相互影响,语言是与语境相依存而存在的。完整语言与非完整语言的区别如表1-1:[①]

---

① 刘晓东,卢乐珍,等.学前教育学[M].南京:江苏教育出版社,2011:156

表 1-1 完整语言与非完整语言的区别

完整语言	非完整语言	完整语言	非完整语言
真实、自然	机械、生硬	有实用价值	无实用价值
完整	零碎、分割	有目的	无目的
有真实意义	无真实意义	听者能够接受	听者不能接受
有趣	干巴巴	听者积极参与	听者不参与
有关的话题	无关的话题	根据听者有选择地讲	强加给听者
符合语境	脱离语境		

我们可以从以下三个方面来理解这一观念的基本内涵：

(一) 学前儿童语言教育目标是完整的

完整的语言教育目标应该包括培养儿童语言的听、说、读、写四个方面的情感态度、认知和能力。对于学前儿童来说，主要是培养他们良好的听说行为习惯和听说能力，同时使他们获得早期的读、写技能，为他们进入小学进行正规的读写训练作前期准备。在所有目标中，培养幼儿的语言运用能力应该成为语言教育的重点。

(二) 学前儿童语言教育内容是全面的、完整的

全面的语言教育内容是指在学前儿童语言教育中，既要引导儿童学习口头语言，也要引导儿童学习书面语言；既要让儿童理解和运用日常交往语言，也要引导儿童学习文学语言。在选择和编排语言教育内容时，要"把语言视为一个整体，而非将教学切割成分离的技能成分"。比如，教师可以先把词安排在句子中学，再把句子放在情境中学，然后再让幼儿逐渐学习词、句。

在传统的教学中许多教师都认为让幼儿先学部分再学整体是再自然不过的了，然而这种做法缺乏心理语言学根据。虽然儿童是先说字、词，但他们是用一个单词表达一个句子的意思，儿童的学习语言是通过字、词、句子、语言的使用一起学习的，儿童的语言学习是整合一体的。事实上，把语言割裂为部分从而使其脱离了上下文的做法增加了语言学习的难度。许多情况下，学生在努力学习了部分之后对整体失去了兴趣和信心。就好像我们在尝了一道菜的配料之后可能根据某种配料的味道推测这道菜不好吃，从而也就对这道菜失去了品尝的兴趣。幼儿语言教育中将语言分割成小片段，甚至从完整的文章中抽离以便进行反复练习，是一定要避免的。如果学习把语言切割成小片段，有意义的事物就变得毫无意义；而孩子是很难理解无意义的事物的。抽象的学习片段，也让孩子们不容易记住。因此，孩子们便会逐渐认为学校是一个学习无意义事物的地方。所以在全语言教学中，教师要充分了解和相信完整的语篇能给学生提供丰富的语言，同时教师们也应当认识到学习的一个重要特点是从语篇中提取有用的信息和知识，建构意义。只有学生感受到阅读和写作所带来的乐趣之后，他们才会喜欢主动地运用所学语言去读、去写，这样的语言学习才是有效的。

（三）学前儿童语言教育活动过程是真实的、形式多样的

1. 教育活动的真实性是指教师在组织活动时应着眼于创设真实的双向交流情境，使语言教育活动的过程成为教师与幼儿共同建设的、积极互动的过程。完整语言教育观强调真实的语言情境，认为语言不是独立的系统，而是和认知、情绪、经验、学习欲望等密切相连的。语言总是产生于一定的社会情境，在真实的情境中学习完整的语言是获得语言的捷径。幼儿学习语言往往是出于自身的需要，语言只有在社会情境中对学习者才有意义，也只有在社会情境中才易于掌握。因此，教师首先要了解儿童交流的需要，只有了解了每一个儿童的特定交流需要才能有的放矢地给予帮助，也只有提供给幼儿的语言范例是幼儿所需要的，才能激发幼儿使用语言与人交流的动机，这样的语言教育才是有效的。

2. 教育活动的形式多样性是指语言教育应当有多种活动形式。教师要为幼儿提供动脑、动手、动口的生活环境和学习材料，以多种形式来开展语言教育活动。既要有重在训练幼儿发音的活动，也要有培养幼儿运用已有经验进行集体或个别交流的活动；既要有让幼儿进行文学作品欣赏的活动，也要有让幼儿表演文学作品情节的活动；既要有计划性的正规语言教学活动，也要有日常进行的非正规的随机语言教学活动。

三、整合教育观

近 20 年儿童语言学习系统理论的转型，基本上是沿着单一到系统，再向整合的方向发展的。毫无疑义，语言学习系统理论的变化，不仅对儿童语言研究，并且对儿童语言教育产生了不可忽视的影响。

儿童语言学习与语言教育，尤其是当代幼儿语言教育，已经进入了整合观的阶段。这一变革趋势恰恰契合了新生人才观对儿童教育的呼唤。20 世纪 80 年代以来，人们逐渐意识到在社会生产变革中发展起来的各种高科技高水平手段，正在帮助人们从陈旧的空间和时间束缚中解放出来，帮助人们彼此交往联系。这种生活方式对新型人才的突出要求，便是人与人沟通交流的能力。谁具备了交际能力，谁便能在未来的生活与发展中获得更多的机会和更大的成功可能性。从这一点出发，儿童从小学习掌握的语言，应是活的语言，具有明显应变色彩的语言，并且是与他们其他方面发展相辅相成互为支柱的语言。因此，单纯语言形式训练的观念均已无法适应需要，而在整合观指导下的幼儿语言教育已脱颖而出。

当代幼儿语言教育整合观首先表现为语言教育观念的整合。观念的整合意味着把儿童语言学习看成一个整合的系统，充分意识到儿童语言发展与其他方面发展是整合一体的关系。在儿童语言发展过程中，他们的每一个新词、每一种句式的习得，都是整个学习系统调整、吸收与发展的结果。离开了儿童发展的其他方面，语言学习的成功是不可能的。与此同时，儿童语言学习的每一点收获，都对他们其他方面的发展起到良好的促进作用，儿童其他方面的发展同样也离不开语言的发展。基于这样的观念，在开展儿童语言教育时，应

该始终坚持把其作为儿童教育整体中的一部分来对待,而加强学前儿童语言教育与其他方面教育之间的联系。另外,发展儿童的语言能力,不能仅限于语言教育活动中,我们还要树立整合教育观,将语言领域目标渗透到其他各个领域中,要渗透到日常生活中、人际交往中、游戏活动中。把语言教育融入一日生活的各个环节、在家庭中、社会中、幼儿园集体活动中,引导孩子多听、多看、多说、多练,在运用与交往中发展他们的语言能力。

整合的语言教育观可以从以下几个方面来理解:

(一)语言教育目标的整合

整合的语言教育目标是指既要促进儿童情感、能力和认知的发展,还要促进语言在其他相关领域的发展。虽然语言教育目标在表述的时候会被划分成认知、能力、情感等方面,但是这种划分是为了使教育不至于笼统、无序,因此是对整体发展的相对的划分。在制定学前儿童语言教育目标时,既要考虑完整语言各组成部分的情感、能力和认知方面的培养目标,也要考虑在语言教育中可以实现的那些与语言相关的其他领域的目标,同时还要考虑哪些语言教育目标可以在其他领域的教育中得以实现,从而使语言教育目标成为以促进儿童的语言发展为主线,同时促进儿童其他方面发展的整合的目标体系。

(二)语言教育内容的整合

幼儿语言教育整合观还反映在语言教育内容的整合方面,也是一种基本的整合。因此,当代幼儿语言教育内容是社会知识、认知知识和语言知识这三者的有机整合。幼儿语言教育内容的整合,要求教育工作中在设计选择教学内容时,充分考虑社会知识、认知知识和语言知识的有效结合,考虑学习内容在这三个方面都对幼儿具有积极的挑战意味,考虑幼儿在学习时获得整个语言学习系统的调整和接纳。

语言教育内容的整合是渗透在教育整体各个方面的语言学习机会的整合。正如语言教育中融合有社会、健康、艺术等领域的教育一样,其他领域的教育也从不同角度对幼儿语言学习提出了要求,并帮助幼儿学习不同情境不同活动性质条件下语言的应变状态与能力。曾经流行一时的语言教育模式以纯语言训练为教学内容,教学的着眼点主要放在句型词汇的反复操练上面,即使有认知或社会知识内容参与,也缺乏系统的整合,从而在教育过程中未能对幼儿发展形成应有的一体作用。

语言教育内容的整合通常表现在以下三个方面:

1. 领域内内容的整合

虽然领域已经对教育内容进行了整合,每一个领域的内容应该是相对独立的体系。但在同一领域内,教育内容还可以进行进一步划分。语言领域中有关于听、说、读、写各方面的内容,有故事、散文、诗歌等文学形式。这些内容都有相对的独立性,但是在现实的课程中,教师应努力将不同内容相互联系、相互结合。比如在一次语言教育活动中,可以同时包含听的内容和说的内容,可以是儿童语言学习的语音、语义、语法和语用的整合。

2. 领域间内容的整合

在语言教育活动的设计与组织过程中,教师要注意恢复表面割裂的各个领域内容直接固有的一些联系,并注意挖掘领域间新的、更多的联系线索。领域之间内容的整合可以有多种水平,有两个区域之间的整合、多个领域之间的整合;领域之间可以有零星联系、多点联系或者密集联系。例如《击鼓传花》的听说游戏中就渗透了音乐的成分;早期阅读活动所选择的绘本故事中可以整合社会、健康等领域的相关内容。

3. 超领域内容的整合

有一些幼儿园课程模式并不是以领域的形式组织进行的。在这些课程中,不同领域的内容都围绕一个核心整合在一起,是对课程内容的一种高度整合。这种课程一般称为整合课程或者整体性课程。如"美丽的春天"、"亲亲一家人"、"我要上学啦"等主题明显是以某一个领域的内容为主而设计的,但是在主题活动的设计和实施过程中,往往会涉及多个其他领域。

(三)语言教育方式的整合

在当代幼儿语言教育整合观的指导下,语言教育方式的变革也是无可扭转的趋势。目标与内容的整合,牵制着语言教育方式的整合走向。以活动的组织形式来建构语言教育内容,包括专门的语言活动和与其他活动结合的语言活动,可以揉和多种儿童发展因素,允许多种与儿童发展有关的符号系统的参与,从而促使幼儿在外界环境因素的刺激和强化作用下,产生积极的运用语言与人、事、物交往的需要、愿望和关系,并主动地通过各种符号手段(包括音乐、美术、动作、语言等)作用于环境。在这样的学习中,语言知识、认知知识和社会知识三方交融汇合在语言操作实践中得以锻炼,并继续对环境产生良好的反馈作用。语言教育内容与方式的整合,构成良好的语言教育环境,幼儿不再单纯地为学说话而学说话,也不再被动地接纳教师传授的语言知识,他们在整合的语言教育环境中获得的是语言和其他方面共同发展的机会,他们是积极主动的语言加工创造者。

(四)语言教育资源的整合

语言教育资源的整合是与语言教育内容紧密相连的,语言教育资源中蕴含了多种语言教育内容,语言教育资源的整合有利于语言教育内容的整合,有利于拓展学前儿童语言教育的空间,丰富学前儿童语言教育的方法、形式和手段。幼儿园、家庭和社区都有丰富的语言教育资源,教师应注意加以充分运用,并进行有机整合,使它们能真正协调一致地促进学前儿童的成长。

四、活动教育观

语言教育活动观是指以活动的形式来组织学前儿童语言教育过程,强调以教师和儿童共同参与的活动作为语言教育的基本形式。通过活动,使儿童在生动活泼的操作实践中动脑、动口、动手,从而使其成为语言活动的积极参与者。我们可以从以下两个方面来理解活动教育观。

（1）向儿童提供与周围环境充分互动学习语言的机会。皮亚杰儿童发展理论认为儿童是在与周围环境的交互作用中发展起来的。儿童的语言获得和发展也同样离不开与周围环境的互动。这里所指的周围环境既包括了社会文化的和自然物质的环境因素，也包括了语言的和非语言的因素。儿童语言的发展便是通过儿童个体与外界环境中的各种语言和非语言材料的交互作用逐渐获得的。学前儿童语言教育便是引导幼儿积极地与语言及其相关信息进行相互作用的过程。学前儿童正处于动作思维向形象思维发展的阶段，对客观事物的认识需要依靠自身的各种操作活动来与周围环境发生交互作用，在亲身体验中增强儿童语言操作的积极性，获得愉快体验，从而激发出学习的内在兴趣，变被动学习为主动学习，真正实现以活动的形式促进儿童语言的发展。

（2）在活动中注意尊重儿童的主体地位、发挥教师的主导作用。学前儿童的主体地位是指在活动组织设计上充分考虑内容与形式适应幼儿发展水平和需要；学前儿童在活动过程中始终是一个积极参与者和学习者，不是被动的消极的受教者；教师为每个儿童提供适合他们发展特点和需要的活动环境。教师在活动中担任引导者的角色，保证活动的良性发展。教师在活动中的主导作用体现在：活动开始时，为儿童创设良好的语言教育环境、准备充分的活动材料；活动中，教师采用提示、提问、示范、暗示等方法，指导儿童正确操作材料，因材施教，帮助他们顺利完成学习任务；活动结束时，教师要及时点评总结学前儿童活动中的表现和活动成果，同时为儿童的活动提出新的要求，使其明确更高的目标，为下个环节的活动奠定基础。

小资料1-2 >>>

儿童语言获得理论

（一）后天环境论

后天环境决定论强调环境和学习对语言获得的决定性影响，主要有模仿说和强化说。

1. 模仿说

（1）传统模仿说

传统模仿说的代表人物是美国心理学家阿尔伯特。这一理论认为儿童学习的语言，大部分是在没有强化的条件下进行的观察和模仿，对儿童语言发展起重大作用的是社会语言的范型。如果没有这种社会语言范型，儿童就不可能获得词汇和语法结构。儿童即使并不立即模仿成人的说话，也能从中获得语言信息。对于儿童语言的发展来说，社会语言范型是必不可少的条件，没有这个必要条件，儿童语言便无从发展。这一理论很强调模仿情景的重要性，儿童之所以模仿语言，仅仅是为了对这种情景作出响应或者对这种情景表示向往。

（2）选择性模仿说

选择性模仿说认为，儿童并不是对成人话语进行机械模仿的，而是有选择性的。当儿童对某种语言现象具有了一定的接受能力时,才会对这种语言现象进行模仿;而且模仿也不仅限于具体的语句模仿,儿童还会对语句的结构进行模仿,并依照这种结构造出新的句子,这样儿童就产生了自己的话语。

2. 强化说

强化说是行为主义学派最有影响的语言获得理论,其代表人物是美国心理学家斯金纳(B. F. Skinner)。这一理论用操作性条件反射的操作行为和强化等概念来解释语言的获得。所谓操作性条件反射是指对动物(包括人)的自发操作行为(反应)进行强化(如肯定、表扬、给予食物或关注等)而形成的一种条件反射。这一理论认为,一个操作行为发生后,接着呈现强化刺激,那么,这个操作行为再发生的强度(频率)就增加。斯金纳认为,语言和其他行为功能一样,是通过操作性条件反射获得的。这一理论认为"选择性强化"是语言操作性条件反射中的核心问题,即儿童模仿周围人的语言正确就会得到物质或精神的鼓励,从而使正确的语言行为得到强化,而对不正确的反应由于得不到奖赏或者鼓励,就会逐渐消退。他们还认为儿童学习说话必须学会适合每种语言反应的情境,使语言行为受到环境的控制。这种所谓的环境的控制,本身也就是环境对儿童语言反应的一种强化。通过这种强化,使儿童的语言逐渐变得有效和得体。斯金纳在1974年又提出了"强化依随"的概念。斯金纳的强化理论试图从理论上归纳出儿童获得语言的过程。但是他只用强化来解释所有的语言现象,把语言获得简单归结为一系列刺激——反应的结果,认为只要控制刺激,就能控制和预测反应。

(二) 先天决定论

先天决定论强调先天禀赋的作用,认为语言获得不是后天学习的结果,同后天环境论恰巧针锋相对。其中较有影响的是乔姆斯基的"先天语言能力说"和勒纳伯格的"自然成熟说"。

1. 先天语言能力说

先天语言能力说是由美国语言学家乔姆斯基提出的,也被称为生成转换语法理论。他认为,人类具有先天遗传的语言能力,儿童习得语言是一种本能的自然过程。他的理论基于以下事实:儿童掌握母语异常迅速,极其完善;尽管语言环境不同,但儿童掌握语音尤其是句法结构的次序是相同的,时间也是一致的;尽管各种句子的形式不一样,但它们都有着共同的普通语言基本形式(语法结构);儿童生来就具有发现或分析语言程序从而获得语言的能力;语言具有创造性。

总之,儿童从开始有语言的时候起,就能按一种可理解的方式来和成人交流语法关系,这正是儿童普遍语言能力的表现。先天语言能力说一方面承认儿童普遍的语言能力,同时也承认,一些复杂的语法规则是将普遍加以组合和限制的结果,这些规则的获得或许需要在儿童和成人的交往中通过一定的学习方式来实现。

2. 自然成熟说

自然成熟说是由美国哈佛医学院心理学家勒纳伯格于20世纪60年代提出的。他

也赞成先天决定论,但在理论基础上和乔姆斯基不同,他是以生物学和神经生理学作为理论基础的。其主要观点如下:

(1) 生物的遗传素质是人类获得语言的决定因素,人类大脑具有其他动物没有的专管语言的区域,所以语言是为人类所独有的。语言是人类大脑机能成熟的产物,当大脑机能的成熟达到语言准备状态时,只要受到适当外在条件的激活,就能使潜在的语言结构状态转变成现实的语言结构,言语能力就被获得。

(2) 语言以大脑的基本认识功能为基础,人类大脑的基本功能是对相似的事物进行分类和抽取。语言的理解和产生在各种水平上都能归结为分类和抽取。

(3) 语言是大脑功能成熟的产物,其获得必然有个关键期,约从两岁开始到青春期(11、12 岁)为止。过了关键期,即使给以训练,也难以获得语言。同样,大脑的单侧化也是在关键期内出现的。

(三) 环境与主体相互作用论

1. 认知相互作用论

认知相互作用论是以皮亚杰的认知发展理论为基础的,认为认知结构是语言发展的基础,语言结构随着认知结构的发展而发展,个体的认知结构既不是环境强加的,也不是人脑先天具有的,而是来源于主体和客体之间的相互作用。儿童的语言学习是建立在儿童认知能力发展的基础上的。该理论的主要观点如下:

(1) 语言是儿童许多符号功能的一种。所谓符号功能是指儿童应用一种象征或符号来表现某种事物的能力。语言同延迟模仿、象征性游戏、心理表象等符号功能一样,出现在感知运动阶段的末尾,大约在一岁半到两岁之间。

(2) 儿童并没有特殊的语言学习能力,儿童的语言学习能力只是一般人类认知能力的组成部分。语言是个体认知发展到一定阶段的产物。认知发展先于语言发展,语言的发展以最初的认知发展为前提。认知发展的顺序和普遍性决定了语言发展的顺序和普遍性。

(3) 儿童的语言发展能力不是先天就有的,也不是后天学习得来的。它是儿童的认知能力与现实的语言环境和非语言环境相互作用的结果。儿童学习语言是运用了同化和顺应的能力:他们总是用他们熟悉的结构去创造新的用法,用他们熟悉的形式去理解不熟悉的话语。

2. 社会相互作用论

社会相互作用论是 20 世纪 70 年代以布鲁纳为代表的一些心理学家综合前人研究之长,提出的新的理论。社会相互作用论的基本观点如下:

(1) 个体语言获得的决定性因素是儿童和成人的语言交流。语言获得不仅需要先天的语言能力,而且也需要一定的生理成熟和认知发展,更需要在交往中发挥语言的实际交际职能。布鲁纳指出,儿童不是在隔离环境中学习语言,而是在交往中学习语言。他强调社会交往对语言获得的决定性影响,认为如果从小剥夺儿童的语言交往,儿童就不可能学得语言。

（2）社会相互作用论强调社会交往环境对儿童语言发展的重要意义。儿童和他的语言环境是一个统一的整体，是一个动态系统。在这整个系统中，儿童不是被动的接受者而是主动的参与者。不同年龄的儿童如果能从和成人的交往经验中获得适合他们水平的语言材料，就能促进他们的语言发展；而成人和儿童进行交流的语言，也部分地取决于儿童本身，因为儿童的反馈决定了成人对他们说话的复杂程度。

模块三 学前儿童语言发展特点与教育要点

引导案例

小班教师发现孩子们说的话经常是不完整的，例如："老师，喝水……"有的教师认为应该教给幼儿说完整的语言，例如"老师，我要喝水。"而有的教师认为没有必要，等孩子们长大了自然而然就会说完整的句子了。

思考：如果您是教师，您会怎么做？

儿童的语言发展是一个连续的、有顺序的、有规律的过程，也是一个不断的从量变到质变的过程。根据语言系统的发展和语言运用能力的发展相结合的标准，儿童语言的发展可以划分为以下三个阶段：0～1岁是婴儿言语发生的准备阶段，又称为前语言阶段；1～2岁是婴儿开始进入正式的学说话阶段，是言语的发生阶段，在这个阶段，婴儿能够说出第一批具有概括性的、能够被真正理解的词；2～3岁是幼儿基本掌握口语阶段；3～6岁是幼儿口语不断丰富和完善的阶段。这四个阶段既有质的差异，又相互关联，而且时有交叉，每个阶段都有可以根据它新的质的特点划分出若干子阶段。对于不同儿童个体来说，每个阶段发展的早晚既有普遍性又有差异性。

一、0～1岁儿童的语言发展特点与教育要点

（一）0～1岁儿童的语言发展特点

在0～1岁这一前语言阶段，儿童语言习得的最重要成就之一就是通过大量的发声练习掌握语音系统。许多研究结果表明，在0～1岁的前语言阶段，儿童为了做好说话的准备，经过了大量的发音练习。根据儿童发音的多少和复杂程度以及与母语的接近程度可以把发音的准备过程大致分为三个阶段。

1. 简单音节阶段的语言发展特点（0～3个月）

（1）听觉比较敏锐，对语音较敏感，具有一定的辨音水平

婴儿很早就表现出对人类语音的敏感和兴趣。正常的婴儿首先能运用他们具备的

听觉器官去捕捉周围的各种信息，并且迅速学会了如何捕捉话语声音的方法，听觉已经相当敏锐。研究表明，婴儿首先需要学会区分人的语音和其他声音。出生 12 天的婴儿能以目光凝视或转移、停止吮吸或继续吮吸、停止蹬腿或继续蹬腿等身体行为，对说话声音和敲击物体的声音的刺激做出不同反应。婴儿还获得了辨别不同话语声音的感知能力。出生 24 天之后的婴儿能够区分男人和女人的声音、抚养者和不熟悉的人的声音。不同的人说话声音的差别主要表现在说话时的音高、音量和音色方面。每个人说话时具备由特定的音高、音量和音色综合而成的语音轮廓。婴儿感知语言时较早地能够辨别这种轮廓性的差异。总之，婴儿很早就表现出一定的语音偏好：与其他声音相比，婴儿更偏好语音；与其他人的声音相比，婴儿更喜欢母亲的声音；与其他言语形式相比，婴儿更偏好"妈妈语"。

（2）当父母和婴儿进行面对面的"交谈"时能对父母的声音做出反应

一周至一个月期间的婴儿，已经能够用不同的哭声表达他们不同的需要，吸引成人的注意。在这个月内，婴儿学会了调节哭叫声的音长、音量和音高，能用几种不同的哭叫声来表示他们不舒服、叫人来或要吃奶等不同要求。大约两个月时，婴儿会在生理需要达到满足之后，用微笑回报成人的逗弄和语言刺激，或用声音和身体动作反应给予应答，好像在与成人"交谈"。成人对他说话时，他会以微笑、踢腿和挥动手臂来表达喜悦；号啕大哭时，听到妈妈温柔安慰的声音，多半就会安静下来；也可能因妈妈生气的语调而显露不安；听到新奇的声音时，会转头注视。

（3）发出一些简单的音节，多为单音节

哭是婴儿最初的发音，也是为以后学话做准备的最初的发音练习。出生后第一个月内，在婴儿的哭声中，特别是当他的哭稍停一下的时候，我们有时听到他发 ei、ou 的声音。在第二个月的哭声中，听到发 m-ma 的声音。在不哭的时候，我们有时也听到宝宝发音，特别是在父母逗他时。在婴儿睡醒之后或吃饱、穿暖后躺着时，都会发出愉快的自言自语的声音。两个月的宝宝大多数有这样一些发音：a、ai、e、ei、hai、ou、ai-i、hai-i、u-e。此时，婴儿发音中较多是韵母，声母还很少，主要是"h"音，有时是"m"音。他有时还会改变音调和音高，节奏像唱歌一样。

两三个月以后的婴儿的单音节发音就已经能与情境发生关系了。婴儿在三个月左右能用连续的"a"和"ai"来招呼别人，吸引别人的注意。这说明这些音节已经具备了信号功能，比上一阶段的哭声更加分化。但是这些音节还远远不是词的信号，而是将来词的信号出现的前奏。

2. 连续音节阶段语言发展特点（4～8 个月）

（1）经常发出连续的音节

大概从 4 个月起，婴儿的发音增加了很多重复的、连续的音节，发音内容大多是以辅音和元音相结合的音节为主，并且有一个从单音节发声过渡到重叠音节发声的过程。

4~8个月期间,婴儿的发音大多都是单音节,6个月之后,则会出现较多的重叠性双音节和多音节现象。6个月之后,宝贝开始有近似词的发音,有的音开始具有某种意义。当他独自玩的时候,或对妈妈的逗弄做出反应的时候,都会操练起那些更接近说话的声音,如ma-ma,ba-ba,na-na 等。

(2) 懂得简单的词、手势和命令,理解具有情境性

这一阶段的婴儿已经能够听懂成人日常生活中的很多语言,会指认一些日常用品、辨别照料者的不同称谓。此时,婴儿的理解具有很大的情境性。7~8个月的婴儿对听到的语音产生动作反应,主要是语调和整个情境引起的,并不是他真正听懂了成人说话的意义。如果改变了语调,反应就不再发生了。如果语调不变而改变词汇,反应仍然会发生。

(3) 在交往中出现学习交际"规则"的雏形

四个月左右的婴儿,在与成人的交往中似乎在学习基本的交际"规则":对成人的话语逗弄给予语音应答,仿佛开始说话交谈;出现与成人轮流"说"的倾向,即成人说一句,婴儿发几个音;当一段"对话"结束后,婴儿会用发一个或几个音来主动引起另一段"对话",来使交流继续下去;在4~10个月间,婴儿会逐渐学会使用不同的语调并伴以一定的动作和表情来表达自己的态度。此时婴儿的交际已经具有明显的"社会性"成分。

(4) 能辨别一些语调、语气和音色的变化

这个时期的婴儿对于区别语义的汉语字、词、声调并不敏感,只是对父母或其他成人说话时表现情感态度的语调十分注意,能从不同语调的话语中判断出成人的态度。四个月的婴儿能区分愉悦的和冷淡的语调;大约6个月后,婴儿能够同时感知愉悦的、冷淡的和愤怒的三种语调,能用微笑和平淡的态度对前两种语调做出反应,而愤怒的语调则会引起婴儿的紧张或害怕的情绪。对熟悉的声音婴儿会报以微笑;对陌生的声音,则会瞪大眼睛表现出好奇心。总之,婴儿在整体感知语音时能分辨出不同的语调、语音和音色,说明婴儿的"理解"水平又提高了一步。

(5) 出现"小儿语",会用语音来吸引别人的注意

6个月的宝宝由发出不同的声音转向咿呀学语阶段,能发出不同的音组。他们似乎在通过发音来表达愿望、发出命令和提出问题,但是具体是什么谁也听不懂。当把同龄婴儿放在一起时,就会发现他们在用这些成人难懂的"小儿语"交谈得很愉快。其实,这是婴儿语言产生之前的准备性练习。在婴儿独自玩耍的时候,成人还会注意到他在试图把嘴部运动和某种语音联系起来练习发音,甚至用语音来吸引成人的注意。

3. 学话萌芽阶段的语言发展特点(9~12个月)

(1) 近似词的发音增加,出现了第一个有意义的词

这一阶段婴儿的发音除更丰富外,重复连续音节又有了新的特点:不只像上一阶段那样大多是同一音节的重复,10个月左右的婴儿明显地增加了不同音节的连接发音。从

前那种单调的声音已变得抑扬顿挫,形成了语调。近似词的发音增多,如 jiě-jiě、mào-mào 等。同时婴儿开始模仿发音了。这标志着儿童学话已经开始萌芽了。大约到 1 岁时,大部分婴儿都能说出第一个真正的词,也就是说,他说出了自己能够理解、使用时具有目的的词,而不是随意发出的语音。这是婴儿进入口语期的标志,是婴儿语言发展过程中最重要的里程碑。然而,婴儿一般较早掌握的是具体的名词,而且最初掌握的词语都与某一特定的对象相联系,具有专指的性质。如"猫猫"就是专指他的玩具猫。由于遗传、环境等因素的影响,每个孩子在开口说话的时间上有很大的个体差异。一般而言,婴儿在 10 到 18 个月说出第一个有意义的词,但如略有延迟也是正常现象。

（2）真正理解成人的语言,语言交际功能开始扩展

成长于正常语言环境中的 9 个月大的婴儿就能开始真正理解成人的语言。虽然还不会说话,但是他们能够使用语音、动作和表情的组合对成人的话语作出反应。婴儿理解成人的语言的一个重要表现就是能执行成人简单的指令,并建立起动作联系。比如成人说:"跟妈妈再见。"婴儿就会挥挥自己的小手。或者问:"电话在哪里呢?"他就会把头转向电话。这一阶段的婴儿也开始能用一定的声音来表示一定的意思了。这时,声音对于这一阶段的婴儿来说,已经具有初步的交际作用了。他们会用手指一辆运动的小汽车,嘴里发出"嘟嘟"的声音,来告诉成人这是一辆汽车。由于这一阶段的婴儿还没有真正掌握词,虽然能用一定的语音与实物相联系,但缺少概括性。这种交际作用也还处于一种萌芽状态。

（二）0~1 岁儿童的语言教育要点

1. 提供适当的语音感知环境,支持婴儿发音

婴儿感受语言的最初能力是听力,发音是学习说话的基础。按语言发展的规律,声音的训练有听音和发音两方面。1 岁前孩子听音、发声练习是最重要的。因为,这是婴幼儿接收和传递信息的重要条件之一。研究表明,频繁的语言刺激可以增加婴儿的发音率。婴儿的非自控性发音往往都是在成人的逗弄下产生的。

因此,成人应该创设适当的语音感知环境,以丰富婴儿的语言刺激。例如,在孩子周围挂一些彩色植物、发响玩具,引起其对声音的注意和发出声音;每天让孩子听一段悦耳的音乐、小故事或儿童歌曲,让其听不同的声音,提高听觉的敏感性;成人用亲切、爱抚的言语逗引孩子,以发展他们的言语听觉和方位听觉。

在为婴儿提供丰富语言刺激的同时,成人还需要积极支持并诱导婴儿的发音。当婴儿发音时,如果成人报以微笑、爱抚的话,就会鼓励婴儿进行语音的发声练习,这些语音将会成为婴儿构建的第一批语词的材料。例如,当婴儿发出"啊"、"噢呜"、"嗯咕"等语音时,家长积极地给予爱抚并加以重复,这样最能引起婴儿的共鸣与反应。当婴儿情绪好时,这是很好的反复强化的发音练习。

2. 遵循儿童的语言发展规律,经常和婴儿"对话"

儿童语言发展的规律是:先学会听,再学会说,语言的理解先于语言的产生。因此,

多与婴儿说话,虽然婴儿当时并不能听懂这些话的意思,但却可以增加语言信息,有利于促进其语言发展。如果能为婴儿提供良好的外部语言环境刺激的话,7~8个月的婴儿就能听懂很多成人的话语。经常与婴儿"对话",不仅能促进婴儿语言的发展,而且还能帮助儿童学习与人交往。父母是与婴儿接触最为频繁的人。父母如能注意用丰富的面部表情、富有变化的语调与孩子"对话",让孩子看成人说话的口形和嘴的动作,使言语视觉和言语听觉协调起来,就会刺激婴儿调动各种感官感知并积极模仿父母的语言,逐渐将话语与具体意义联系起来。例如,在婴儿情绪好时,家长可从不同的方向叫孩子的名字,开始可让孩子看到成人,慢慢过渡到只用声音逗引他,使他学会跟踪声音。还可以结合家庭的日常生活,指导幼儿建立语言和自身行动的有机联系。如示范摆手时,说"再见";穿衣时,讲述穿衣的过程,要求幼儿配合成人的动作,如"伸出手"、"抬起脚"等。即使他们一时听不懂也没关系,幼儿在多次接触同一动作的基础上便能把动作和词义联系起来。

二、1~2岁儿童的语言发展特点与教育要点

(一) 1~2岁儿童的语言发展特点

经过了近一年的言语准备阶段,婴儿已经能听懂成人简单的话语,并开始说出有真正意义的词。1岁以后,婴儿开始进入学习口语的全盛时期,我们把1~2岁称为语言发生阶段。这一阶段婴儿的口语处于不完整句时期,具体可分为单词句和双词句两个阶段。

1. 单词句阶段的语言发展特点(1~1.5岁)

在这一阶段,婴儿常常用一个词来表达整个句子的信息,我们称之为"单词句"。比如,"妈妈"这个词常常可以反映多种意思:让妈妈抱、要吃东西、要某个玩具等。这时候婴儿说出的词并不与该词所代表的对象发生联系,而是和包括这一对象在内的整个情境相联系。所以在单词句阶段,家长需要根据孩子说话时的手势、表情、体态等作为确定孩子说话意思的参考因素。该阶段婴儿的语言发展特点具体表现在以下几个方面:

(1) 出现发音紧缩现象,会用简化策略发出语音

在前言语阶段,婴儿能发出很多无意义的音节。1岁以后,无意义的连续音节大大减少,他们往往只用手势和动作来进行表达,独处时也停止了那种自发的发音活动,出现了一个短暂的相对沉默期。这一阶段的婴儿还会使用一些特殊的发音策略来简化他们难发或者还不会说出的语音。这些策略有:

① 重叠音。两岁是重叠音使用的高峰期,不仅数量多,而且遍及名词、动词、形容词、量词等多种词类。有时同一个重叠音可以代表不同的词性。其中,名词的叠音现象最多,延续时间最长。

② 替代音。用浊辅音代替清辅音。如 gē ge(哥哥)说成 dē de(得得)。用擦音代替

词首的塞音,如 chá(茶)说成 tā(它)。

③ 省略音。省略词尾或词首的辅音。如 niú(牛)说成 yóu(油),xīng xīng(星星)说成 xī xī(嘻嘻)。

(2) 理解语言迅速发展,能理解比较复杂的意思

这一阶段,婴儿能理解的语言大量增加,但是他能听懂的话比能说出的话要多得多。婴儿所能理解的名词和动作较多。名词主要是婴儿生活中熟悉的物品的名字、人物的称谓、动物的名称和特征较明显的身体器官的名称等。动词主要有表示身体动作的,表示事件和活动的能愿动词和判断动词。这一阶段婴儿对成人命令式的语言能理解并能执行,对于成人具有方向性的命令式语言,不用凭借动作或面部表情就可以完全理解。

(3) 词义模糊,出现词义泛化和词义窄化现象

儿童对大量早期词的理解和使用上,都与成人有很大程度的差异,表现为词义泛化和词义窄化。词义泛化是指儿童最初使用一个词来指代更为广泛范围内的物体、动作或事件的倾向。例如,"猫"这个词,不仅被用来专指一只猫,还用于指代四条腿的小动物、或所有会活动的小动物等。词义窄化是指婴儿用一般化的单词指代较小范围内的物体、动作或事件的倾向。例如,只将"车"指代自己用的婴儿车,而不是所有的交通和运输工具。随着年龄的增长和经验的增加,儿童从具体到抽象地逐步掌握了词义,这种"用词不当"的现象就会消失。

(4) 以声音代物,词性不确定

以声音代物是1岁半以前的孩子说话的一个明显的特点。对于能发出声音的物体,婴儿总是首先抓住该物体的声音特征,并模仿该物体的声音,将物体的声音作为该物体的名称。例如,"嘟嘟"表示汽车,"汪汪"表示小狗,等等。这是因为声音是物体或活动的鲜明特征,容易记住。

虽然婴儿可以用声音来代表某一物体,事实上,该声音在不同的情境下往往作为不同的词性还包含了更多的意义。如"喵喵"可以当作名词称呼"猫"、或者表示"猫的叫声",还可以当作动词表示"猫正在叫"。因为此阶段的婴儿还没有句法结构和语义范畴的知识,只能用简单的词来对整个情境进行笼统的描述。

2. 双词句阶段的语言发展特点(1.5~2岁)

这一阶段早期开始,儿童开始把两个词以不同的方式组合在一起来表达语义。两个词的结合有着句子一样的语音模式,两个词之间也有着明确的句法关系和语义关系。这一阶段,婴儿的说话积极性非常高,语词大量增加,集中的无意义的发音现象已经消失,此时的发音已经与发出的词和句子整合在一起。总之,这一阶段应该是婴儿掌握词语的第一个关键期。这一阶段婴儿的语言发展特点主要表现在以下几个方面:

(1) 能理解和掌握的词汇数量与日俱增,出现了"词语爆炸"现象

这一阶段,婴儿掌握新词的速度突然加快,词汇量急剧增多,平均每月说出 25 个新

词。18 个月的婴儿经常挂在嘴边的单词有 20 个左右,到 20 个月时能说出的单词就有 100 个左右,到 24 个月能说出 300 多个。这种掌握新词速度猛然加快的现象是以后各阶段不再有的,我们称之为"词语爆炸"。在婴儿所掌握的词汇当中,近 70% 的词仍然是名词,其他各类如动词、形容词、数词、代词、副词、感叹词等虽占比例很小,但是都开始出现在婴儿的话语当中,这是一个可喜的现象。词汇量的迅速增长使婴儿具备了进一步发展口语的能力。

（2）双词句为主,且增长速度加快

双词句是由两个单词组成的句子,如"妈妈抱抱""看狗狗""饼饼没了"。这些话听起来就像我们发电报时所采用的省略句,因此有被称为"电报句"。在这一阶段初期,单词句仍然占主要地位。从 20 个月开始,婴儿开始说出双词句。到这一阶段末期又出现了复合句。所以,从 1 岁半到 2 岁的婴儿说话是多种句式并存的阶段,其中双词句占一半以上。从 20 个月开始,婴儿双词句的数量逐月成倍增长,如 21 个月时婴儿的双词句是 50 个,22 个月是 100 个左右,23 个月是 250～300 个,到 2 周岁则可猛增到近 1 000 个。

（3）喜欢提问,开始学会使用疑问句和否定句

这一阶段后期,婴儿开始进入人生的第一个反抗期。心理和行为上的独立要求在语言发展上也有所反应。他开始不断向成人提问,要求告知他各种事物的名称、特征、用途、构造等有关信息。这实际上也是婴儿学习语言的一个途径。他开始使用疑问句来提问,运用否定句来表示反抗。如他经常把"不"挂在嘴边以示拒绝,这是婴儿否定句发展的第一个阶段。

（二）1～2 岁儿童的语言教育要点

1. 丰富婴儿的生活,在生活中学习词句

1～2 岁婴儿的思维是具体、直观和形象的,只能在视、听、触摸客观事物的基础上去认识事物、学习词汇。因此,成人在日常生活中要多为其提供活动的、形象的、有声音的物品和设备如图片、图书、彩色挂图、玩具、音乐磁带、小乐器、运动器械等,让他们通过多种感官或动作来摆弄这些物品,获得相关知识。如家长可以用婴幼儿易看懂的图片,玩看图学词的游戏:把图片放进小盒子或小布袋里,孩子摸出一张说出其名词和图片内容;利用家里的各种物品和孩子玩"买卖"游戏,在一定范围内可以集中地教孩子学习更多的词句。

成人还可以经常带孩子出去看一看、听一听,多认识一些新鲜的事物。新鲜的事物留下的深刻印象可以促使婴儿情不自禁地讲述自己的见闻,增加其使用语言的机会;新鲜的事物还可以激发孩子的好奇心,使其提出各种各样的问题,从成人的回答中,他又学到了一些新词。

2. 多与婴儿交谈,提供良好的语言榜样和语言范例

研究表明,喜欢而且善于与孩子交谈的父母,其子女的语言能力明显高于那些不善

言谈的父母所带的孩子。婴儿所掌握的新词中,大约有 2/3 是通过日常生活中父母和子女的交谈获得的。所以,成人要利用一切机会与婴儿交谈。例如,经常跟孩子交谈自己的所见所闻。每次遇到对于孩子来说是新的事物或新的活动,成人都要把其名称和有关词汇告诉孩子,使其理解事物形象和这些词之间的关系及其意义;在认识具体事物、学习各类名词的同时,家长还可以帮助孩子结合各种动作学习动词,如吃饭、穿衣时,学习"吃、穿"等动词;在玩球时,学习"拍、踢、打"等动词。与婴儿交谈时,应注意为孩子提供正确的词语;要符合婴儿的语言水平,少用"儿语";不重复孩子错误的语言,多用普通话与孩子交流,从而为孩子提供良好的语言榜样和语言示范。许多事实证明,在标准的普通话环境里长大的孩子,他们所使用的语词较准确,所说的句子较完整,其口语和思维能力都较强。说话时成人还应注意口型的变化,以便孩子模仿,也可让孩子对着镜子观察自己说话的情形,以提高其学习的兴趣。

3. 耐心倾听,并积极鼓励婴儿多开口

与孩子交谈时,成人要给予孩子真诚的关注,要耐心倾听婴儿那些难以听懂或啰唆的话语,适时、巧妙地纠正婴儿表达不准确的地方,切忌漫不经心或责备嘲笑,从而保护婴儿积极表达的自信心和成就感。成人还要通过主动提问或创设情境的方式,为孩子提供说话和交流的机会。例如,当孩子用手指着玩具架,用乞求的目光看着你,不要立即就把玩具拿给孩子,而是问他:"我不知道你要玩哪一个? 告诉我你要什么。"这样就为孩子提供了说话的机会。

三、2～3 岁儿童的语言发展特点与教育要点

2 岁以后至入学前,是学前儿童学习语言和发展语言的关键时期,也是他们学习口语的最佳期。他们已经掌握了最基本的词汇、词类和最基本的句型,能用符合语法规则的完整句准确地表达思想,用语言来调节自己的动作和行为。他们已经掌握了最基本的语言,有了初步的语言能力。语言成了这一阶段婴儿进行社会交往和思维的一种工具。

(一) 2～3 岁儿童的语言发展特点

1. 词汇量迅速增加,对新词感兴趣

这时期儿童的语言发展特别迅速,说话的积极性特别高,词汇量在急剧增加,几乎每天都在掌握新词。到 3 岁时,词汇量可达 1 000 左右,是 2 岁时的三倍,而且词类的比例也在发生变化。这种变化表现在名词和动词的比例减少,较抽象的形容词、副词和代词的比例增加,但是名词和动词仍然占多数。

这一阶段由于好奇心和求知欲的发展,儿童对新词句表现出极大的兴趣,变得喜欢提问,经常提出"这是什么?""那是什么?""为什么?"之类的问题,从成人的回答中他们也会学到很多新词。例如,当儿童指着某个物体问"这是什么?"时,成人不要只限于教孩子说物体的名称,而是要教会孩子物体的作用,对物体外部特征的描述,例如大小、颜色、形

状、轻重等，扩展他对物体的理解，使儿童获得更大的收获。

2. 句法结构日趋完善

在这一阶段，儿童已经掌握了语法和句子结构的基本要点，开始运用简单句来表达自己的意思。随着简单句的不断完善，儿童从 2～2.5 岁起开始能说出复杂句，即指由几个结构相互连结或相互包含所组成的单句。如："小红吃完饭就看电视"、"老师教我们做游戏"、"两个小朋友在一起玩就好了"。3 岁幼儿的话语已基本上都是简单句或复杂句了。句子的含词量也在不断增多，大部分句子都有 6～10 个字，由不同的词类构成。简单句的结构主要包括主谓、谓宾和主谓宾结构三种类型。与此同时，自 2～3 岁起，儿童语言中还出现了复合句（即指两个或两个以上的意思关联比较密切的单句合起来构成的句子）。最初的复合句，是省略连词的简单句的组合，例如，"我不喜欢哥哥，他打我"。经常出现的复合句已经占总句数的 1/3 以上。由于逐步掌握了各种基本的句式，儿童可以和他人进行更多有效的交往；能够按照成人的要求完成某个动作或行为；能够表达自己的愿望或提出请求等。到了 3 周岁，学前儿童说话的方式基本上和成人差不多了。

3. 语言理解能力不断提高

2～3 岁的儿童逐步摆脱了具体情境的约束，对语言的理解能力迅速提高。这一时期，儿童能理解的词汇量达 900 多个。随着他对词义理解的加深，词的概括性程度也有很大提高，词的泛化和窄化现象明显减少，对词义的理解也逐渐接近成人用词的含义。例如，对"水果"、"蔬菜"这些词已能理解成代表一类事物的词，能够说出自己喜欢的或者熟悉的水果和蔬菜的名称。语言对于心理活动和行为的调节作用也明显增强，对于成人的语言指示都能做出相应的正确反应。

4. 语言表达能力不够流畅

这一阶段的儿童虽然掌握了很多新词，但是要把这些新词组织成有条理的句子说出来，还是有一定的难度的。由于这个阶段的儿童思维迅速发展，组织语言时，说的能力赶不上思维的速度，想用语言表达自己的想法，一下子找不到合适的词汇，但又着急想要把它说出来，于是就出现了说话不流畅、经常重复同一个词或句子、不该换气的地方换气而显得气喘吁吁等现象，看起来好像是口吃。但对 3 岁的儿童来说，说话不连贯、重复都是正常现象。如果处理不当，反而会引起他们语言发展上的危机，语言发展的缺陷也就会在这个时期出现。

（二）2～3 岁儿童的语言教育要点

1. 提供丰富的语言学习环境

儿童语言获得是在一定的语言学习环境中进行的。而言语交际实际上是在一定的语言环境中进行的听说双方的互动行为。婴儿对语言的理解需要对言语交际的语言环境有一定的认识，也就是说婴儿的言语交际和语言学习对语言环境具有一定的依赖性。而且同成人相比，婴儿对语言环境的依赖性明显要高。因此，这个时期儿童感受语言、学习语言、积累语言经验都离不开良好的语言环境。发展孩子的语言能力还要注意丰富孩子的生活环境,让孩子广泛接触周围的人和事,在和人的交往说话中发展和丰富语言。在家庭中,家长应建立愉快的家庭语言气氛,以一种童心去了解孩子的想法和需要,给予孩子积极的、温和的、有效的语言刺激,使孩子没有负担、轻松地掌握语言;让孩子与不同的人交往对学习语言很有必要。孩子接触的人越多,所习得的词汇越丰富,语言活动越频繁,其思维越活跃,智力发展也越快;经常播放有简短儿歌、童谣的录音给孩子听,使孩子在一种无意识的状态下,不断地接受语言的刺激。总之,轻松、愉快、丰富多彩的生活环境,让儿童产生表达感情、交流思想的愿望,使其语言能力在潜移默化中得到提高。

2. 注重日常生活中随时随地的指导

日常生活是儿童学习语言的基本环境。在日常生活中丰富儿童的词汇,发展他们的口语,有很多得天独厚的条件。首先,日常生活中儿童接触到的词句都是与具体的事物、动作同时出现的,总是被婴儿同时感知。这些具体形象的事物往往比较容易建立音与义之间的联系,便于儿童理解和掌握。其次,日常生活中常用的词都是反复出现的,这有助于加深婴儿的印象。因为对于婴幼儿来说,要真正掌握和理解词句,仅靠听一听、讲一讲是无法达到目的的,而是要经过反复运用多次才能掌握。因此,成人应抓住一切机会培养儿童的语言能力。例如,穿衣时教他们说出各种衣服的名称;吃饭时,教他们说出不同食物的名称;等等。第三,日常生活中便于成人对于儿童说话中的发音不准、用词不当、口吃等问题及时纠正。否则养成不良的习惯再予以纠正,就很难取得理想的效果。

3. 组织多种活动发展儿童的语言

儿童语言学习的过程是主动建构的过程,丰富多样的活动形式有助于儿童根据活动需要来调节自己的语言活动。在这一阶段,成人可以组织开展的语言活动包括欣赏文学作品、听说游戏、早期阅读、谈话等。感受和复述文学作品可以提高儿童对语言艺术的兴趣和敏感性,丰富他们的词汇;有意识、有计划的谈话活动可以促进儿童独白语言的发展;听说游戏活动可以增加儿童学习语言的趣味性,使其在不知不觉中发展了辨音能力、掌握了发音的方法;在亲密无间气氛下开展的亲子阅读有利于家长根据孩子的具体情况因材施教,强化孩子对文字的感受性,培养其对书面语言的兴趣;有组织的集体早期阅读可以帮助儿童分享集体阅读的快乐,提高其参与阅读的积极性。

四、3~6岁儿童的语言发展特点与教育要点

3~6岁阶段是学前儿童语言不断丰富完善的时期。该阶段学前儿童语言的发展主要表现在语音、词汇、语法结构和语用四个方面的发展上。语音是指语言的声音,和杂乱的声音不同之处在于它和意义紧密相结合,而杂乱的声音毫无符号意义;词汇的发展包括对词的理解、积累和运用;这里讲的语法结构并不是指语法书上的定义,而是儿童对语法的自动应用;语用是指在一个特定环境中儿童使用口头语言表述的能力。

(一) 3～6 岁儿童语音发展特点与教育要点

1. 3～6 岁儿童语音发展特点

随着神经系统的发育完善,发音器官和听觉器官的成熟,学前儿童的发音能力迅速提高,发音机制逐渐稳定,4 岁的儿童基本能掌握本族语的全部语音。3～6 岁儿童语音发展的特点主要表现在以下几个方面:

(1) 发音水平随着年龄的增长逐步提高

2.5～4 岁是语音发展的飞跃期,可持续到 4 岁半,4～5 岁儿童的语音进步最明显。3～6 岁儿童在不同年龄阶段,语音发展的特点并不相同。3 岁左右的儿童听觉的分辨能力和发音器官的调节能力都比较弱,仍有不少幼儿不能精确分辨近似音,在发音时会出现相互代替的现象。同时,幼儿还不会运用发音器官的某些部位,或者发音方法不正确,因而还有发音不准确的情况。例如:把"四个"说成"是个","老师"说成"老西"。4 岁以后的儿童发音器官的发育逐渐完善。如果坚持反复练习,都能掌握全部语音。但这时还会有个别的幼儿对个别难发的音或某些相似的音感到发音困难,需要在成人的指导下反复练习。6 岁左右的儿童发音器官健全,建立了语言的自我调节机制,能做到发音正确、咬字清楚,并能按照语音的内容和情感的需要调节自己的音调,能清楚地分出四声。他们会有意识地注意自己的发音,同时也喜欢挑剔其他小朋友和周围成人的错误发音,并能纠正、评价别人的发音。

(2) 幼儿发声母比发韵母困难,错误较多

学前儿童对 zh、ch、sh(舌尖后清擦音)、r(舌尖后浊擦音)的发音感到困难,zh、ch、sh 容易与 z、c、s 相混。将后鼻音 neng、ang、ing 发成前鼻音 nen、on、un 等。研究者认为,3 岁儿童之所以发出的辅音错误较多,主要是因为没有掌握辅音的发音部位和发音方法。由于 3 岁儿童生理上不够成熟,不能恰当地支配发音器官,而辅音的发音是要靠唇、舌、齿等器官运用的细微分化,学前儿童发辅音时往往分化不明显,常常发出介于两个语音之间的音,如混淆 zh 和 z、ing 和 in 等。

(3) 语音意识形成并发展

语音意识是指语音的自我调节机制,当儿童开始能够自觉地辨别发音是否正确,主动地模仿正确的发音,纠正错误的发音,那么我们就可以说儿童的语音意识开始形成了。语音意识在儿童语音发展过程中起着非常重要的作用。语音意识一般在儿童 4 岁左右明显发展起来,主要表现在以下几个方面:第一,能够评价别人发音的特点,指出或纠正别人的发音错误,或者笑话、故意模仿别人的错误发音等;第二,能够有意识并自觉调节自己的发音。如有的孩子回避在别人面前发自己发不准的音;有的孩子声称不会发某个音,要求成人教他;有的孩子因为自己发出一个不准确的音而感到害羞。语音意识的形成和发展,使儿童学习语言的活动更为自觉、主动。这无论对儿童学习汉语还是学习外语,都是非常必要的。

（4）语音的发展受语言环境的影响较大

儿童语音的发展除了受听音、发音机制等生理调节制约外,语言环境也是影响语音发展的一个重要外部因素。儿童语音的发展受到地方方言的干扰和影响。不同地方的语言习惯不同,导致儿童发音的准确程度也有所不同。我国南方各方言区儿童学讲普通话的难度要比北方的儿童大。史慧中等人对十省市 3～6 岁儿童的语音调查发现,儿童跟读成人发音的正确率高于儿童自动发音的正确率。研究者把这种差异归结为当地语言的发音习惯对学前儿童的正确发音产生了障碍作用。城市和乡村也为学前儿童提供了不同的早期语言环境。刘兆吉等曾以《汉语拼音方案》中规定的声、韵母来测查3～6岁城乡学前儿童语音的正确率,得到的数据如下:4岁儿童声母发音的正确率城市儿童已达97％,农村儿童仅达 74％;韵母发音的正确率,城市儿童已达 100％,农村儿童仅达 85％。这样的调查结果说明,农村儿童发音状况落后于城市的同龄儿童。城乡儿童语音发展的差异,正是语言环境对儿童语音发展的影响所导致的。

2.3～6 岁儿童语音教育要点

（1）教会儿童正确发音

成人正确的示范是儿童掌握语音的重要途径。3～4 岁是儿童语音的关键期,儿童在学习语音时,成人应该给予及时的、正确的关心,照顾到他们听和看两个方面,以便于他们模仿。成人应努力做到发音正确、清晰,并有意识地引导儿童注意成人的口型和发音示范,通过形象化的讲解,让儿童在看、听、说(练)中,逐渐掌握正确发音的部位和方法,感知语音的细微差别,使儿童的语音系统一开始就符合社会上既定的标准语音。

由于发音的部位不同,发音的难度也有所不同。如唇音主要是上下唇的活动,比较简单易学。而更多的音,需要舌头参与活动,不易被儿童观察到,而且动作又很精细、复杂,所以舌音是儿童难以掌握的音。对这一类语音的发音方法,成人应该详细讲解,并结合示范,让儿童掌握其发音要领。如"g"用舌根,"d"用舌尖,"zh、ch、sh"要翘舌等。讲解示范后,应让儿童经常反复练习、体验,帮助他们较快地掌握发音要领。

（2）正确对待儿童的错误发音

儿童发音不正确的原因是多方面的,主要有以下两个因素:一是发音器官或听觉器官的缺陷。成人应该注意儿童的发声器官(包括唇、舌、声带、喉部、鼻腔等)和听觉器官的功能是否正常,如果发现有障碍要及早采取措施。二是发音习惯的问题。成人应加强对儿童的不良发音习惯的个别辅导,不应对孩子语音习惯采取无所谓的态度,或者为了迁就某些发音的困难甚至为了寻开心而故意教导孩子发出不规范的语音。

当成人发现儿童发音错误时,应及时纠正;应放慢示范的速度、拉长需要纠正的发音,耐心地鼓励儿童坚持练习,让儿童乐于纠正自己的错误。矫正儿童的错误发音切忌急于求成,否则便会挫伤儿童的自信心和积极性;同时也要注意避免重复儿童的错误发音。

（3）通过多种方式指导儿童进行发音练习

学前儿童模仿发音而形成的言语反应是要经过多次的重复练习才能巩固下来的。因为儿童学一个新词时，不仅要分辨这个词音、理解词义，还要正确说出来。这一过程需要儿童的听觉器官和发音器官的协调运动。所以儿童学到新词以后，要让他们及时地重复练习，以便发展他们听觉器官的敏感性和发音器官肌肉组织的动作协调性，从而尽快地掌握语音。发音练习的方法和途径应适合儿童的年龄特点，可采用听故事、复述故事、做听说游戏、念儿歌、说绕口令等多样化、游戏化和趣味化的方式，来激发儿童练习发音的积极性。成人要特别注意在日常生活中自然、随机地进行个别练习，让孩子逐步学会清楚、正确的发音。

（4）各年龄班的语音教育

小班是语音教育的关键期，培养儿童正确发音是小班语音教育的重点任务。小班语言教育的重点应放在听力和发音练习上。首先，教师要了解本班儿童的发音特点和语音掌握的基本情况；然后针对本班儿童的语音现状，寻找适合的语音教育策略、制定相应的语音教育计划。计划中要具体安排好哪些练习是通过语言教育活动来进行的，哪些工作是通过个别辅导进行的。小班儿童的语音练习的方式要轻松自然，内容和方式要丰富多彩、生动活泼，要尽量在日常生活和游戏中进行。练习时间不宜过长，一般应控制在 10 分钟左右。

中、大班儿童的发音器官已经发育成熟，能够正确发出所有的音节。语音意识的发展使他们能够意识到自己和别人的语音中出现的问题，能够随时调整和修补自己与别人语音中的"错误"。因此，学前儿童也就同时产生了清楚正确说话的愿望。

中、大班儿童在发音方面存在的问题主要是因为少数儿童对个别容易混淆的音发不准。因此对于中、大班儿童语音教育的重点是矫正个别儿童的不正确发音。正音工作适合渗透在集体教育活动和日常生活的各个环节中进行，同时还需要争取家长的支持和配合。

对于中、大班儿童，还需要教会他们自如地调节声音的强弱、调整好自己的呼吸，以便培养他们的言语表现力和感染力，掌握最初步的艺术发声方法。

（二）3～6 岁儿童词义的发展与教育

语义指的是某种语言的意义系统，儿童理解语义包括词义和句义两个方面。其中，词义的理解是学前儿童正确使用和理解语言的基础，是语言发展中非常重要的方面。儿童获得词义的过程比获得语音、句法的过程缓慢，词义的发展将贯穿人的一生。

1. 3～6 岁儿童词义发展的特点

词的理解、积累和运用是语言能力的重要组成部分。要理解词义，儿童不仅要辨别所听到的诸多个不同的单词，还必须认识到词汇具有不同的类型。而且，儿童词汇的学习和概念的形成和发展之间存在着密切的联系。只有积累足够数量的词汇，才能明确地表达自己的思想,才能与人自如交谈。学前儿童学习语言是从理解词和说出词开始的。虽然学前儿童对词汇的掌握和词义的理解有一定的个别差异,但是总体来说具有以下特点:

(1) 词汇量随着年龄增长而增加

3～6岁是人的一生中词汇量增加最为迅速的时期,6岁时大约增长到3岁时的4倍。词和概念是不可分的,概念要用词来表现。因此,儿童掌握的词汇量往往可以代表儿童的抽象概括能力。

国内外研究表明,3～6岁儿童的词汇量随着年龄的增长而增加。3～4岁儿童的词汇量一般在1 600个左右,4～5岁时为2 300个左右,5～6岁时为3 500个左右。词汇的增长率呈逐年递减的趋势。3～4岁词汇的增长率大约为50％,4～5岁词汇的增长率大约为40％,5～6岁词汇的增长率为35％左右。

(2) 掌握词类的范围不断扩大

词类范围的扩大在很大程度上说明儿童的言语水平和智力发展水平都有所提高。因此不同的词类的抽象概括程度是不同的。实词代表比较具体的意义,而虚词的意义比较抽象。在学前儿童掌握的词汇中,名词和动词等实词占了很大比例,而副词、介词、连词等虚词的量却很少,只占学前期词汇总量的10％～20％。但这两类词汇量的增长速度是不同的。据史慧中等的研究,实词在3～4岁时增长的速度较4～5岁时迅速,而虚词则在4～5岁时增长较为迅速。

学前儿童对自己所掌握的词,使用的次数(词频率)并不同。使用频率最高的是助词,其次是代词,然后是副词和介词,使用动词的频率高于名词。

随着儿童年龄的增长,生活范围的扩大以及认知水平的提高,儿童所掌握的同一类词的内容也在不断扩大,呈以下趋势:从与日常生活直接相关的词到与日常生活距离稍远的词;从具体的词汇到抽象性、概括性比较高的词。儿童所使用数量最多的名词的具体内容也从具体名词扩大到了抽象名词;儿童常用的动词也不仅仅是反映人的动作和行为的,逐渐出现了趋向动词和心理动词;对形容词的使用也从描述物体具体特征的形容词(如大、小、多、少、高、低等)逐渐发展到使用描述人的个性、感情、表情以及事件情境的形容词。

(3) 对词义的理解逐渐确切和深化

3～4岁的儿童虽然掌握一些常用词,但对词意的理解较肤浅和具体。他们通常只能掌握一些词汇的一部分含义。这一时期词义的过度扩展已不明显,但是对紧密相关的词语还是容易混淆。随着年龄的增长,他们对所掌握的每一个词的含义的理解也逐渐确切和深化。例如,"妈妈"对于1岁左右的婴儿来说就是自己的妈妈;3岁以后的儿童,可以把"妈妈"一词的外延扩大,还用来指代小朋友的妈妈。随着生活范围的扩大、知识经验的增加以及儿童抽象逻辑思维和概括能力的发展,6岁时的儿童的词汇已经相当丰富,各类词汇都能掌握一些,对词义的理解也比较深刻。他们不仅能够掌握词的一种意义,而且能掌握词的多种意义;不仅能掌握词的表面意义,而且还能掌握词的深层意义。随着儿童掌握的词义越来越丰富和深刻,他们运用词的积极性也越来越高。

2. 3~6岁儿童词义教育要点

虽然学前儿童的词汇有了以上诸多方面的发展,词义的理解能力有所提高,但总的来说,和以后的发展比较起来,这个时期的词汇还是比较贫乏的,理解和使用上也常常会发生错误。所以,成人应该重视丰富学前儿童的词汇,帮助他们正确理解和使用词汇。

(1)丰富学前儿童的词汇

学前儿童词义教育的首要任务就是丰富他们的词汇,即不断为学前儿童提供大量的新词,让他们去理解、记忆和运用。学前儿童获得新词的途径主要有两个:

一是日常生活中与成人、同伴交往自然获得的。成人可以利用节假日带儿童去公园、书店、游乐园等地,教他们说出周围的各种景物的名称,为他们描述各种物品的特征等,在玩的过程中帮助他们掌握大量的名词、形容词和副词。家长还可以选择一些合适的电视节目、配乐优美的儿童诗等让儿童欣赏,帮助他们接触丰富的语言材料,学习新词;成人还可以借助各种指令,如叫儿童起床、洗手、收拾玩具等机会,教会他们学会大量的动词;还可以鼓励儿童勇于与小朋友、售货员、管理员们进行对话或者与小动物们、植物谈话,帮助他们逐渐分清各种人称代词的含义,在表达的同时逐渐学会量词、连词、介词等词类的用法。

二是成人有意识地对儿童进行的词汇教育。通过开展教学游戏、组织语言教学活动等有意识的词汇教育,可以大大丰富儿童的词汇量。

丰富学前儿童的词汇量,必须遵循儿童的心理发展规律,适合儿童的发展水平。首先教给他们代表具体概念的词,然后随着认知水平的提高,逐渐帮助他们掌握代表抽象概念的词,这样由浅入深、循序渐进地进行。对于小班幼儿,应教他们掌握常见常用、直观形象的词,包括周围常见物体和各种活动的名词和动词;中班幼儿需要在所掌握词汇量的质量上有所提高,要教给他们不同事物具体各个部分的名称,教他们学习意义相近的动词、比较抽象的形容词、常用的数量词以及常用的副词和连词。这不仅仅是词汇数量的扩大,而是学习词汇过程中质的飞跃。对于大班幼儿来说,在巩固以往词汇的基础上,要大量增加实词的数量并提高其质量,主要是教他们掌握一些概括性较强的名词、描述不同程度的形容词,并教他们学会运用一些同义词和反义词。

(2)指导学前儿童正确理解词义

学前儿童只有理解了词义,才能真正掌握这个词。指导学前儿童正确理解词义,必须考虑到学前儿童具体形象的思维特点,将词和具体的事物或现象联系起来,才能取得理想的效果。例如,每当出现绿颜色的事物时,成人在讲话时反复提到这种颜色,"绿叶子"、"绿衣服"、"这个积木是绿色的",等等,逐渐的儿童就把"绿"这个词从各种具体事物中抽取出来。

成人也可以借助图画、录音、录像等各种直观的手段,帮助儿童在认识各种事物的基础上形成相应概念,掌握相关的词语。这些直观的信息对于小班幼儿理解词义尤为重要。对于中、大班的幼儿,由于他们的知识经验有所增长,就可以让他们结合已有的经验或者联系上下文来理解新词的含义,或者用已有的简单语言来解释新词的含义。如用"好看的"解释"漂亮的",用"开心的"解释"愉快的",等等。

学前儿童对词义的理解有一个逐步深化和确切的过程。随着儿童思维能力的提高和知识经验的积累,儿童能够不断加深对词义的理解。所以,教给儿童一个新词后,还需要通过各种教育活动和日常生活中的多次运用,才能使其确切地掌握该词的意义。而且,成人要根据儿童的年龄提出不同的要求,遵循从具体到抽象的原则,最初只要求儿童理解浅显的意义,逐渐让其认识到该词的抽象意义。例如,成人形容儿童"勇敢",往往与儿童实际经验联系,将其理解为"打针时不哭"。随着儿童经验的积累,他们逐渐可以将其理解为"不怕困难,不怕危险"。

(3) 指导学前儿童正确运用词汇

学前儿童掌握一定量的词汇后,在理解词义的基础上,必须经过多次练习、反复运用,才能真正把语言作为交流工具。成人应该有意识地创设丰富的语言环境,引导儿童正确使用那些已经学过的有关周围事物的词语,或者已经掌握的文学作品中的优美词句。如带儿童出去游玩的时候,在观赏美景的同时,引导幼儿用相应的词语描述眼前的事物,"五颜六色的花"、"茂盛的大树"、"嫩绿的小草"等。

此外,成人应注意收集和观察儿童运用词汇的实际情况,了解哪些是儿童比较容易用错的词,并一边分析他们用错的原因,一边给予有针对性的指导。但是在指导儿童改正用错的词的时候,成人应该讲究一些反馈意见的艺术,不要直接指出他们的用词错误,而是首先对他们的表达表示理解,然后再用正确的表达方式来暗示或提醒儿童,如"哦,你是说你已经跟老师说过'再见'了"。这种方式容易被学前儿童所接受。

(三) 3~6 岁儿童语法的发展与教育

1. 3~6 岁儿童语法发展的特点

学前儿童要获得语言,必须掌握组词成句的规则,掌握语言结构。实际上,儿童开始学习说话,就开始学习语词和语法了。根据我国一些心理学工作者的研究,汉语儿童掌握语法结构的过程大致体现了以下的趋势和特征。

(1) 句型从简单到复杂

学前儿童掌握句型的顺序是:单词句(1~1.5 岁)——双词句(2 岁左右)——简单完整句(2 岁开始)——复合句(2.5 岁开始)。这体现了儿童句型从简单到复杂的过程。儿童掌握的句型发展的趋势是:简单句所占比例逐渐减少,复合句逐渐发展。但总的来说,学前儿童使用简单句的比例较大。

句型从简单到复杂的第二个表现是从最初掌握的陈述句发展到多种形式的句子。在整个学前期,简单的陈述句仍然是基本的句型,但是疑问句、感叹句、祈使句等非陈述句也在不断增加。但是他们对一些比较复杂的句型还是难于理解。如他们很难理解双重否定句"我不知道你没吃中午饭"。对于被动句也往往理解错误,如"李老师被小刚送到医院,他的腿摔伤了",儿童会根据自己对人物间比较稳固的看法主观地误解为"李老师送小刚"。

句型从简单到复杂还表现在从无修饰句到修饰句的发展过程。儿童最初的简单句是没有修饰语的,如"宝宝走了"、"小猫叫"。2～3岁儿童的语言中有时会出现一些修饰语的形式,如"大哥哥"、"小白兔"。实际上他们是把修饰词和被修饰词一起作为一个词组来使用的,在他们的心目中"小白兔"就是"兔子",不管是大兔子还是小兔子。据研究,2岁儿童运用的修饰句仅占20%左右,3岁到3岁半是复杂修饰句的数量增长最快的时期,3岁半儿童已达50%以上。到4岁,有修饰的语句开始占优势,到6岁时上升到91.3%。

（2）句子结构从不完整到逐步完整,从松散到严谨

学前儿童最初的单词句、双词句只是一个简单的词链,不是体现语法规则的完整句子,常常漏掉或缺少句子成分,词序紊乱。当出现了包括主谓、主谓宾的简单完整句后,才初具结构基架,但句子各个成分之间的相互制约不明显,结构比较松散,句子意义不明确,听话者需要结合说话情境才能理解。例如,有的3岁多的孩子把"你用筷子吃饭,我用勺子吃"说成"你吃筷子,我吃勺子";把"老师,我要出去"说成"老师出去"。儿童最早出现的复合句,往往缺少连词,这也是句子结构不严谨的表现。随着年龄增长,句子结构逐步复杂而且严密,漏缺句子成分的现象逐渐减少,词序排列也越来越恰当;复合句中的连词也出现了,原先没有修饰词的句子也逐渐出现了修饰词。儿童的语言所表达的意义越来越明确,容易理解。

（3）句子的长度由短到长

随着年龄的增加,儿童说话所用的句子的长度有延伸的趋势。也就是说,句子的含词量逐渐增加。有研究表明,2岁儿童主要使用单词句(占总句数的70%),其次是双词句(占22.4%);2岁半仍以单词句为主(占37.96%),但三词句已经上升到第二位(占21.6%);3岁主要使用三词句(占21.5%);3岁半句子长度发展到6～10个词(占21.2%);到了4岁,儿童使用句子的长度有较大的发展,出现11个词以上的句子,但3词以下和16个词以上的句子在学前期很少出现。

2. 3～6岁儿童语法教育要点

学前儿童对语法结构的掌握,主要是在日常生活中,通过模仿成人的语言而获得的。从理论上学习语法规则,对学前儿童来说是既无必要,也是不可行的。这个阶段语法教

育的主要任务就是帮助儿童完整、连贯地表达，养成良好的语言习惯。

（1）在日常生活中引导儿童说完整句

学前儿童说话常会出现词序颠倒、层次混乱、结构不完整的现象。因此，在日常生活中，成人应循序渐进地引导和训练儿童说出完整、连贯的句子。首先，成人要教儿童说出完整的句子，让他按照固定的语序说话，逐步形成语法关系的意识；其次，要培养儿童的对话能力和独自讲述的能力。成人要随时随地引导儿童说完整句。如带孩子外出时，教孩子用完整的句子把看到的景物讲述出来："路上有车还有人。""路边有高楼，还有大树。"教会孩子在与别人讲话时，先听清和理解对方的问题，再有针对性地、连贯通顺地予以回答。最后，要求孩子能围绕一定的主题，完整、流畅地讲述某一件事情的经过，表达自己的感情。

对于平时儿童说出的不完整的或者词序颠倒的句子，成人应予以及时纠正。例如，儿童要吃苹果时说："妈妈，苹果。"成人可以帮他把句子说完整，教他说："妈妈，我要吃苹果。"然后再让儿童重复一遍。在这种情况下，切忌成人对于儿童没有说完整的话"心领神会"，或者在语言上"包办代替"，长此以往会导致儿童养成不愿意说话或者说话不完整的坏习惯。

（2）用口头造句的形式指导儿童说完整句

口头造句是培养学前儿童说话完整的简单有效的方法。口头造句可以引导儿童用完整的语句来表达自己的思想。成人可以选择一些常见的、易于理解的词作为扩散点来进行造句的训练，既可以增加儿童的知识，又培养了儿童的语言表达能力。例如，请儿童用"电脑"来造句，儿童可以说："爸爸买了一台电脑。""爸爸会修电脑。"等。但是要注意纠正儿童说的"买电脑"、"修电脑"等不完整句。经过反复修正，儿童就能逐渐明白什么是完整句，怎样才能说得完整。

（3）通过游戏等活动方式激发儿童说完整句的积极性

在儿童能把一句话说完整的基础上，可以进一步要求学前儿童复述故事、描述图片或者讲述自己的生活经历。为了提高儿童讲述的兴趣和积极性，教师可以开展故事大王比赛、组词成句的游戏来进行。要引导儿童把一件事的过程说清楚、讲完整，教师可以提前设计一些问题、提供一些线索，这样就避免了儿童在正式讲述时发生内容前后颠倒、重复、遗漏等现象。对于儿童讲述不完整的地方，教师可以等儿童说完后进行适当补充，以免打断儿童的思路。

（四）3～6 岁儿童语用技能的发展特点与教育要点

1. 3～6 岁儿童语用技能发展的特点

语言中有许多现象不是句法和词义所能说明的，它涉及说话者和听话者的条件以及说话时的语境和具体情境。有些话在不同的情境下会有不同的含义，而且有些话不在一定的情境下就无法理解其意义。语用技能是指交谈双方根据语言意图和语言环境有效地使用语言工具的一系列技能,包括说者和听者两方面的技能。[①] 学前儿童对会话轮换规则的掌握、对会话活动的维持、对会话含义的理解表现出自身独有的现象。主要表现如下:

(1) 掌握了会话轮换规则

要学会与人会话和交谈需要一定的语用技能。人们会话或交谈时想要理解对方,在遵循语言的语法规则的同时,必须遵循一些谈话的社会规则。轮换便是其中一项重要的对话规则,即参与者轮换充当说话者和倾听者。会话轮换规则是儿童最先习得的规则之一。2岁儿童已经在母子对话中表现出对这一规则的初步意识;3岁儿童开始在同伴谈话中表现出会话轮换规则的意识,略晚于在母子对话中的表现;4岁儿童开始学会通过提前说出下句话的起始词或重复的无意义发音来让对方知道自己的话还未结束;6岁儿童开始使用表示过渡的、推论的、表示结果的相关字词对自己话语的起止进行标记,以便听话者识别是否开始发话。虽然儿童早期就已经产生了会话轮换规则的初步意识,但控制会话轮换的能力还很有限,学前儿童还不能成为熟练的对话者。

(2) 维持会话活动的能力有所提高

良好的语用能力表现为对会话活动能够维持一定的时间及对当前会话主题的保持。学前儿童的自我中心语言相对较多,社会性语言有待发展,而且社会性语言产生和理解的情境性很强。当他们听到或者看到感兴趣的内容时,可能会马上将自己的注意力转移,而不顾该注意对象是否跟正在交谈的主题有关。因此,学前儿童很难维持长时间的会话。张仁俊等人研究发现,2岁儿童还不具备保持同一话题的能力,而3岁儿童的进步很大。4岁儿童就一个主题开展对话的话语数量较短,3/4的对话中,双方话语总数短于12句。学前儿童的思维是具体形象的,所以,在感知具体事物形象或者进行具体描述活动中,他们可以保持较长时间的会话,如角色扮演和描述。

为了维持谈话的进行,学前儿童能够根据对某些外在环境条件的知觉来使用相应的会话策略。儿童能够根据听者的情况确定言语的内容和形式,使自己的话语适合听者的水平。夏兹和格尔曼发现4岁儿童就已经能够根据听者的情况而调整谈话的内容了。例如,当4岁儿童分别向2岁儿童和成人介绍一种新玩具时,其语句的长度、结构和语态都不同。对于2岁的儿童,话语简短,多用引起和维持对方注意的语词,告诉的是与玩具有关的信息,谈话时大胆、自信;而对于成人则话语长,结构较复杂,说的内容往往是自己的想法,想从成人那里获得帮助或信息,说话较有礼貌和谨慎。儿童还能根据事物所处的情境来调节自己的言语。研究表明,5、6岁的儿童就能根据具体的情境而改变对事物的称呼,但还不完善;7岁的儿童能在比较复杂的条件下对自己的表达方式进行调节。儿童要使自己说的话和前面的话保持同一话题并具有连贯性必须利用前面话语的语义和

---

① 刘金花.儿童发展心理学[M].上海:华东师范大学出版社,2011:27.

句法信息,并使自己的话语与当前话题相关。在年幼儿童中观察到的相关话语并不是真正意义上的会话相关,他们维持会话相关的主要手段是对前面说话者的话语进行完全的或部分的模仿,从2岁到5岁,儿童利用模仿手段维持会话相关的趋势不断下降,但直到5岁,重复和模仿仍然是儿童维持会话相关的主要手段。并且问答式对话是维持话题相关的主要手段,表示同意、提问和回答的话语比例都随年龄的增长而增长,这些结果说明了儿童维持相关会话的发展趋势表现为从不相关到形式相关(重复或模仿),再到事实相关,最后到观点相关。

(3) 理解会话含义的能力发展缓慢

话语字面意义之下的用意被称为会话含义。研究发现,4~4.5岁的儿童,即使在说者话语的字面意义提供线索很少的情况下,也能推测出说话者的意图。如在一张纸上呈现一个空心圆圈,另有红蓝两张纸,告诉儿童不要将圆圈涂成红的,4岁半的儿童就已经能领会到是要求他们将圆圈涂成蓝的。会话含义理解的研究主要通过考察儿童对隐喻、反语、玩笑、夸张等修辞手段的理解来进行。6岁以前的儿童尚不具备理解会话中隐喻的能力,对讽刺性话语和侮辱性话语的辨别能力也需要很迟才能出现;不能把反语、玩笑与谎言区分开,无法理解反语和玩笑的真正含义。他们常把成人的反话当作正面话来理解。例如,儿童把爸爸的书乱扔,爸爸说:"好啊!看看你干的好事!"孩子就搞得更起劲了。说话者明明知道一个人跑得很慢,但却对这个人说:"你跑得真快!"结果,直到三年级的小学生才能基本理解这句话的真正含义。以上几方面事实表明:6岁以前的儿童还不能推论真正的会话含义,6岁可能是儿童理解会话含义重要的转折时期。

2. 3~6岁儿童语用技能的教育要点

(1) 创设自由、宽松的支持性语言运用环境,让儿童想说、敢说

自由、宽松的语用环境是儿童调动儿童想说、敢说的必要条件。首先,教师要以尊重、平等的态度对待每一个儿童。师生之间应该是对话式的、同伴式的关系,教师要充当儿童的合作者和支持者,努力营造一种协作宽松的氛围。允许儿童选择自己感兴趣的话题,并对相关话题畅所欲言。只要让儿童感受到了教师的关爱和自己的价值,他们便会想说、敢说、愿意说。其次,教师要保护儿童语言表达的积极性,接纳他们语言运用中的错误。很多孩子不敢说的最大顾虑是怕说错了、说不好。如果教师对儿童表达时的错误表示出冷淡甚至不满,缺乏勇气的孩子就退缩了。所以,教师要为儿童提供自由交谈的机会,注意倾听他们的想法和感受,要用"我很关注"、"我听明白了"、"我很高兴"一类的表达给孩子以积极的反馈。当儿童出现表达错误时,教师不应急于纠正,而应首先肯定他敢于发言的态度,提倡"敢说先于正确",这样就逐渐培养了儿童良好的心态。

(2) 扩展儿童的生活经验,让儿童有话可说

丰富的生活内容与经验是幼儿语言表达的源泉与基础,只有具备了丰富的生活经验与体验,儿童才会有乐于表达和交流的内容,才会有话可说,有话要说。教师应有意识地

丰富儿童的生活内容,帮助他们积累生活经验,并创造进行语言交流、运用的机会。例如,教师应适时引导他们观察大自然中的日出日落、风雨雷电、花香鸟语、春夏秋冬,体验生活中的每一种情绪、每一个活动,然后鼓励儿童把自己所闻所见所思所感大胆地表述出来,或者让儿童先画下来再讲出来,等等;教师还可以在晨间谈话中,选择贴近儿童生活经验和被他们关注的内容,激发他们谈话的欲望。如"我见过的邮局"这一话题,引导儿童讲讲:"邮局是什么样子的? 在做什么事? 里面有哪些人? 人们怎样寄信、寄包裹?"等;还可以利用离园前这段时间,鼓励儿童将一天中有趣的事讲给同伴听。这样通过日积月累,既丰富了儿童的生活经验,又促进了语言能力的发展。

(3) 在各种交流互动中运用语言

语言能力是在运用的过程中发展起来的。在儿童想说、敢说、有话可说的基础上再让他们有机会说,儿童的语用能力会得到很大的提高。

同伴间的相互交流、互动是促进儿童语言运用能力的重要途径之一。儿童在交往中会调用已有经验,运用语言技巧去解决生活中的实际问题。如两个孩子为一件玩具发生了矛盾,一方想从对方手中拿到玩具,另一方则千方百计不让对方拿走。双方在交往过程中都会根据对方的态度和行为选择交往的策略,调整语言与对方沟通,以达到自己的目的。因此教师应为儿童创造与同伴交流的机会,把"不许说话"限制在最小的范围之内,使儿童在交往中感受语言交流带来的乐趣,切实提高语言能力。

教师也要抓住各种机会和儿童进行互动,通过聊天、游戏来拉近师生之间的距离。在激发儿童表达的积极性的同时,也可以借机教给他们相应的语用技能。例如,儿童想维持会话,但暂时还未想好怎么表达的时候,可以教他们进行一些尾词、尾句的重复,加上一些语气词如"哦"、"啊"的使用,或放慢最后一个词语的节奏等。

在语言教育中,成人还应鼓励儿童走出去,引导他们不只是与同伴、教师、家长交流,儿童需扩大交流的范围,与各种各样的不同的人进行交流,逐步理解不同人的语言类型、生活背景。因为儿童对隐喻的理解力的发展是和他们的认知发展、社会性发展等分不开的。

(4) 在丰富多彩的活动中运用语言

学前儿童的语言发展与其情感、思维、社会交往等其他方面密切相关。教师不仅可以通过看图讲述、复述故事、背诵儿歌等专门的语言教育活动来提高他们的语言运用能力,还可以将语言教育内容渗透到健康、科学、艺术、社会等其他领域,在丰富多彩的教育活动中扩展儿童的经验,为其运用语言提供条件。例如,小班歌曲教学《春天的图画》,在欣赏完歌曲之后让儿童描述歌中描写的春天,还可以引导儿童说出自己看到的春天景色,通过说唱结合,培养儿童的表达能力。再比如,在美术教育活动中,儿童完成作品后,教师不要急于评价,而是先让儿童互相观察、交流,说说自己是怎么想的、怎么画的、为什么会产生这幅作品等,鼓励儿童像讲故事一样讲述自己的构想;还可以引导不同的幼儿从不同的角度对同一作品进行描述。这些都是促进儿童语用能力的有效途径。

项目测试

一、课后练习

1. 简述学前儿童语言教育的意义。

2. 学前儿童语言教育的方法和途径分别有哪些?

3. 试述维果茨基"最近发展区"理论对学前儿童语言教育的启示。

4. 举例说明在实际的学前儿童语言教育实践中如何体现完整语言教育观、整合教育观和活动教育观?

二、案例分析

1. 妈妈把做好的饭菜放在餐桌上,她14个月大的女儿闻到了食物的香味,于是踮起脚看着餐桌,说:"蛋? 蛋蛋?"开始吃饭时,妈妈把她放在餐椅上,她指着饭桌上盘子里面的炒鸡蛋急促地说:"妈妈蛋、妈妈蛋、蛋……"妈妈夹了一口给她吃了后,她面带笑容对旁边的奶奶说:"奶奶蛋!"

请分析案例中幼儿三次说"蛋"表达的含义,并结合案例说明该年龄段的婴儿语言发展特点。

2. 琪琪(5岁)在妈妈的包中把塑料手枪拿出来后发现手枪坏了。他有点儿生气地说:"都怪你,这是我在幼儿园表现好爸爸奖励我的,是我好不容易得来的。"妈妈说:"妈妈是不小心弄坏的,再给你买一个好不好?"琪琪说:"是因为你给我弄坏的我才让你买的,要是我自己弄坏的我才不会让你买呢。"

请分析案例中琪琪的语言表现体现了学前儿童什么样的语法特点?

三、实训

结合下面的主题活动《我们的服饰》谈谈学前儿童语言教育与其他领域教育的交叉与融合,分析其中的语言教育元素。

主题活动:我们的服饰①

我们的服饰	多样的鞋	1. 鞋子展览会
		2. 大鞋和小鞋
		3. 皮鞋车
		4. 我做的鞋子真漂亮
		5. 鞋子订货会
	漂亮的服装	1. 我是服装设计师
		2. 我的衣服
		3. 时装表演
	好看的包	1. 小小手提包
		2. 我给妈妈设计包

---

① 朱海琳.学前儿童语言教育[M].北京:科学出版社,2013:62-63.

（1）游戏

体育游戏：猪八戒搬西瓜；小转椅（1人小转椅，2人小转椅）；击鼓铃。

智力游戏：盖盖子。

音乐游戏：唱支节日歌；我是这样做的。

（2）生活活动

① 结合鞋的探究，让幼儿迅速分辨左右，体会左右的相对性。

② 自己穿戴，提高自理能力。

③ 保持衣服的整洁，爱惜衣服。

（3）环境创设

① 服饰和作品随主题的深入布置到环境中。

② 图书区：图画、图片、图书、《游子吟》。

③ 语言区：小小电视与广告明星。

④ 美工区：不同材料设计制作服饰，扎染。

⑤ 数学区：鞋样与鞋带、衣服裤子和得数配对。

⑥ 表演区：时装表演、民族舞。

（4）家庭与社区共育

① 向家长展示主题网，随时介绍开展情况，取得家长配合。

② 家长与幼儿共同搜集资料，统计家庭中幼儿四季衣服的种类与数量。

③ 指导家长为幼儿穿适合年龄与活动的服饰。

④ 指导家长以欣赏的态度欣赏幼儿的作品。

⑤ 带幼儿参观社区服饰店。

项目二

幼儿园谈话活动

学习目标

- 了解幼儿园谈话活动的目的和意义
- 理解幼儿园谈话活动的概念和特征
- 学习设计并组织实施幼儿园谈话活动

　　幼儿园谈话活动，是一种有目的有计划地培养幼儿口头语言表达能力的语言教育活动。谈话活动要求幼儿围绕一定主题交谈，有话敢说，有话可说，有话会说。谈话活动的主要目的在于在一定的语用情境中，帮助幼儿学习与他人进行口头语言交流的基本规则，学习倾听他人交谈，并提高幼儿用合适的方式延续谈话的能力。本项目主要介绍了幼儿园谈话活动的目的、意义、概念和特征等基本知识，重点突出了幼儿园谈话活动的设计与组织实施。幼儿园的谈话活动主要培养学前儿童运用口头语言与他人交往的意识、情感和能力。

模块一　幼儿园谈话活动的认知

引导案例

　　在一次幼儿园教研活动中，教师们正在讨论谈话活动。一位教师说："幼儿园谈话活动就是让幼儿随意交谈，不需要给他们制定什么规则。"另一位教师说："孩子们随意交谈容易变成聊天，我们还是需要帮助他们通过谈话活动学会一些谈话规则。"

　　思考：您同意哪位教师的观点？如果您是教师，您会怎么做？

一、谈话活动的概念

　　幼儿园谈话活动是一种有目的、有计划、有组织的语言教育活动，旨在宽松自由的语言交流环境中，要求幼儿在集体面前围绕有趣的中心话题大胆地表述自己的观点，学习倾听别人的谈话,习得运用口头语言与他人进行交流的方式和规则,发展幼儿的口头语言表达能力。

二、谈话活动的目的和意义

幼儿园谈话活动不但可以激发幼儿与同伴、教师进行语言交流的兴趣,帮助幼儿与同伴建立亲密的关系,还可以通过交谈加深幼儿对周围事物的了解,引导幼儿关注自己周围的生活,建立积极、健康的生活态度,促进幼儿的发展。此外,在语言教育领域,幼儿园谈话活动的目的和意义具体体现在以下几个方面。

(一) 鼓励幼儿有话敢说

幼儿园谈话活动并不特别强调幼儿语言表述的严密逻辑,也不注重幼儿语言表达词语和内容的丰富性。谈话活动中,教师选择一个幼儿感兴趣的中心话题能够最大程度激发幼儿交谈的兴趣。有趣的中心话题本身就能充分发挥幼儿的潜能,鼓励幼儿有话敢说,激发他们有话想说,促使他们积极、主动地参与到谈话过程中,增强幼儿用语言表达自己的信心。在谈话活动轻松宽松的交谈氛围中,教师可以抓住时机鼓励、支持幼儿积极参与谈话,敢于在集体面前表达自己的想法。

(二) 引导幼儿有话可说

在谈话活动中,幼儿争相发言,相互交流,可以激发同伴积极表达自己的欲望。同时,幼儿可以从同伴的谈话中获得许多自己不知道的新的信息,了解熟悉自己不太理解的事物。例如,在谈话活动"风的作用"中,幼儿谈论风各种各样的作用。有的幼儿描述风能发电机是什么样子的,怎样利用风能发电。听的幼儿恍然大悟地点头,并急切地补充说明。另外,在谈话活动中,教师也可以用提问、平行谈话等方式,为幼儿提供谈话的思路,引导幼儿有话可说。

(三) 帮助幼儿有话会说

谈话活动的过程,也是一个幼儿对社会交往中约定俗成的基本规则进行学习、练习使用的过程。语言只有在使用的过程中才能够学会。在幼儿园的谈话活动中,教师引导、指导幼儿谈话的过程,不仅帮助幼儿学习、掌握、使用谈话的基本规则,还应懂得人际语言交往的基本规则。例如认真倾听他人讲话;别人讲话时不随便插嘴;使用轮流、修补等方式延续与他人的交谈;在不同情境中,使用不同语音、语调、音量等适合角色的语言进行交谈;等等。

(四) 发展幼儿的倾听能力

倾听能力是儿童语言发展过程中非常重要的技能,也是语言交流过程中的不可缺少的行为能力。学习、学会倾听是幼儿语言学习的重要内容。幼儿的倾听能力并不是随着成熟而拥有的技能,而是在幼儿与他人沟通和交流的过程中慢慢学会的。教师可以通过有目的、有计划的谈话活动,帮助幼儿学习有意识倾听、辨析性倾听和理解性倾听,发展幼儿的倾听能力。

三、谈话活动的基本特征

幼儿园谈话活动主要具有以下几个基本特征。

（一）谈话活动有一个适宜的中心话题

任何谈话都要有共同的话题。作为教师有目的、有计划组织的语言教育活动，幼儿园谈话活动更需要有一个中心话题。中心话题帮助限定了幼儿谈话的内容，无形中规范着幼儿谈论的范围。幼儿围绕中心话题各抒己见，表达自己的想法，使幼儿的谈话活动更多地具有讨论交流的特点。在谈话活动中，教师选择和确定一个具体的中心话题非常重要。它对谈话活动的组织和实施具有事半功倍的作用，因此，在谈话活动中，教师都非常重视选择一个适宜的中心话题。

（二）谈话活动的语言是口头语言

谈话活动和其他语言教育活动类型最大的不同就是它不要求幼儿用书面语言表达自己的认识。在整个谈话活动进行过程中，幼儿都自由地用口头语言与他人交流、讨论，甚至辩论。谈话活动中，幼儿不必按照任何规范的要求来说话，这一特点极大地激发了幼儿参与活动的积极性，使他们毫无顾忌地想说就说。

（三）谈话活动的气氛宽松自由

因为谈话活动对幼儿的语言没有任何特定的要求，不特别强调使用规范的语言，不要求幼儿使用准确的词语，也不要求完整连贯的句式。幼儿只要想说就说，自由表达自己的见解。无论他们怎么说，只要围绕中心话题谈话，他们都可以把自己想说的话说出来。谈话活动不要求幼儿统一认识，允许幼儿根据个人的经验自由表达自己的见解，说出自己独特的想法和感受。因此，在谈话活动中的气氛是非常宽松自由的，但宽松自由的交谈气氛并不意味着谈话活动没有规则，谈话活动也需要遵守交谈的基本规则，如按照顺序轮流交谈；不抢着说；别人说话的时候要认真倾听；不能乱插嘴；等等。

（四）谈话活动的信息交流是多方互动，相互启发

在谈话活动中，幼儿交流的对象范围较大，既可以在全班面前谈论自己的想法，也可以面对小组幼儿交谈，还可以和邻座的幼儿或者教师个别交流。谈话活动的中心话题限定了所有幼儿只能在中心话题的范围内交流。在此过程中，幼儿之间的讨论交流拓宽了幼儿的思路，丰富了幼儿对某一特定事物的经验。在幼儿和教师、幼儿和幼儿的集体交谈、小组交谈、个别交谈的多方互动中，幼儿畅所欲言，相互启发，身心快乐。

小资料 >>>

谈话活动注意要点

作为教师有目的、有计划组织的语言教育活动，谈话活动因其自身独有的特点既区别于其他类型的教育活动,同时又有联系。

（一）谈话活动与讲述活动

谈话活动与讲述活动都属于幼儿园语言教育活动的范畴,都是扩展幼儿的语言经验,发展幼儿的语言表达能力的活动。但二者在目标、内容和活动过程中所使用的语言表达方式上都存在明显的不同。从活动目标上看,谈话活动注重幼儿的交流,而讲述活动侧重幼儿的表述;从活动内容上看,谈话活动的内容比较宽泛,只要幼儿有相关经验,想说、能说就可以,但讲述活动的内容比较具体,一般是某一可以看得到的实物或者图片。从语言表达方式上看,谈话活动对幼儿的语言表达方面没有什么要求,宽松自由,围绕主题想说什么,想怎么说都可以。但讲述活动要求幼儿用比较正式的、连贯的独白语言进行讲述,这一要求对小班和中班上学期的幼儿有一定的难度和挑战。

（二）谈话活动与日常交谈

在渗透的幼儿园语言教育中,日常交谈是幼儿使用最多的一种语言交流方式。日常交谈是幼儿在日常生活中随机进行的没有目的和计划的交谈。这是谈话活动和日常交谈最大的区别。谈话活动是教师有目的、有计划、有组织进行的语言教育活动,但日常交谈完全是随心所欲的,想什么时候说就什么时候说。谈话活动作为教师组织的教学活动,一般是在集体活动中进行;但日常交谈没有组织和目标,基本是在晨间入园、自由游戏、饭前饭后、午睡前后等不受教师控制的时间发生的。

（三）谈话活动与科学教育的总结性谈话

科学教育活动中有一种"总结性谈话",其目的在于帮助幼儿认识生活中的科学知识。在谈话的过程中,教师把科学知识传达给幼儿,谈话是巩固幼儿科学认知的手段。而谈话活动的目的并不是知识的传授,而是幼儿在活动过程中是否积极参与表达了自己的想法。谈话活动关注的是幼儿"说没说""说什么""怎么说"。但二者在内容上也有相互渗透的特点,比如科学教育的"总结性谈话"——夏天是什么样的,其内容就是帮助幼儿巩固对夏天的认识;而谈话活动"你喜欢夏天还是讨厌夏天",其内容也不可避免地会谈到夏天的天气特征、夏天的各种具有季节特点的活动等。所以幼儿园各领域的教育活动是相互渗透、不可分割的,教师在教学过程中需要结合领域特点,根据具体的活动目标进行有针对性的教学。

模块二　幼儿园谈话活动的设计

一、谈话活动的话题选择

幼儿对世界充满着强烈的好奇心,他们不断地思考各种各样的问题。教师可以细心聆听他们的声音,在他们众多的问题中捕捉最有价值、最具代表性和最生动的问题作为谈话活动的中心话题。

选择并确定一个合适的谈话活动的中心话题是谈话活动组织和实施的关键因素。谈话活动的中心话题应该源于儿童自身,与幼儿生活经验紧密相关,并具体、有趣。这样的中心话题可以吸引幼儿在谈话活动组织和实施过程中有话可说,同时保持较高的热情,积极参与谈话。

例如,小班的李老师发现小朋友们很喜欢聊天,于是她就打算组织一个谈话活动,让幼儿在谈话活动中好好聊聊。经过她的仔细观察,她发现幼儿聊天的内容主要有:动画片、小动物、生日礼物、自己,等等。如果你是这位教师,请你根据幼儿聊天的内容确定一个具体的谈话活动的话题。

上面的案例,所有的内容都源于儿童自身,与幼儿的生活经验相关,但怎样确定一个具体、有趣的活动话题呢?

李老师确定了以下话题,请选择您认为比较具体、有趣的话题:

A. 我喜欢的动画片　B. 我喜欢的小动物　C. 我收到的生日礼物　D. 我的小手真能干

下面我们一起来分析这四个话题,哪个更具体、有趣?A、B、C这三个话题都有趣,但是落实到谈话中,教师就会发现:这三个话题并不像教师所想象的那么具体。孩子们所喜欢的动画片会比较多。而且当幼儿谈论动画片时,题目讨论更多的是动画片中某个印象深刻的一个零散的情节。同样,幼儿喜欢的小动物也会比较多,收到的生日礼物也不只一个。这三个话题让幼儿讨论起来太宽泛,不具有针对性。但是最后一个就非常具体——谈论的话题就是"我的小手",而且话题确定了明确的指向——小手的能干。

因此,教师选择并确定一个有趣的中心话题,首先,要观察幼儿近日关心哪些事物,他们平常聊天的时候都经常讨论哪些内容。其次,这些事物或者讨论的内容必须与幼儿的生活经验相关。也就是说,幼儿对中心话题必须要有一定的经验基础,使幼儿"有话可讲"。再次,幼儿对中心话题有一定的新鲜感。例如:教师发现近期幼儿对电子宠物很感兴趣,他们经常谈论自己的电子宠物,而且几乎每个人都有了自己的电子宠物。因此,教师因势利导组织了谈话活动"电子宠物趣味多"。

再比如大班小小辩论赛"男孩该不该让着女孩"也是来源于幼儿的日常生活。

由于大班幼儿人数较多,很多时候,教师都会引导幼儿分组进行活动。一天早上幼儿做完早操回到班里,老师先请女孩子去洗手,同时请男孩子稍等一下,一个男孩子很不服气地说:"哎呀,为什么老师先请女孩子呀,真不公平!"身边的其他男孩子也很有同感地小声说了起来:"就是啊,老是让我们男孩子让着女孩子。"站在愤愤不平的男孩子身边,我欲言又止,想了想,不如利用这个机会,主动帮助幼儿搭建一个交流的平台。于是在做了一些准备活动的基础上,我们在班里举行了一次关于"男孩子应不应该让着女孩子"的辩论赛。

二、谈话活动的目标确定

幼儿园语言教育活动的目标分为三个层次：总目标、年龄阶段目标和具体活动目标。具体活动目标需要把总目标和年龄阶段目标落实到具体的活动中，而不能笼统、宽泛，大而空，需要具体、可见、具有操作性。

例如，请比较中班谈话活动"你喜欢夏天还是讨厌夏天"教师设计的三个不同的语言领域活动目标：

活动目标（一）：

能清楚说出自己想说的事。

活动目标（二）：

在教师引导下，学习围绕主题谈话，能用短句表达自己的想法。

活动目标（三）：

能根据自己的生活经验说出对夏天的感受，在讨论交流过程中大胆表述自己的观点。

通过比较，我们发现活动目标（一）是最为笼统的，它是幼儿园语言教育总目标中的一个要求，是对幼儿园语言教育总的要求。它具有纲领性和目标性的特点，但需要落实到具体的活动中。活动目标（二）属于谈话活动的年龄阶段目标，是幼儿在某个年龄阶段的语言教育目标，也是需要经过半年或者一年的一段时间才有可能达到的语言目标。要达到这个目标，也不是一次具体的谈话活动就能够达到的，它也是需要长时间，一次次具体活动的积累才能达到。活动目标（三）最为具体，在教育活动中清晰可见，并具有很强的操作性。它是总目标和年龄阶段目标在活动中的具体化。

其次，谈话活动的目标具体、可见、具有操作性还要注意活动目标语言的表述方式，要贴近实践，根据具体活动斟酌使用合适的字词。

例如，还是比较中班谈话活动"你喜欢夏天还是讨厌夏天"教师设计的三个不同的活动目标：

活动目标（一）：

1. 形成用图画或图夹文等自己喜欢的方式表达自己认识的习惯。

2. 能积极想办法解决夏天的烦心事情。

活动目标（二）：

1. 能用图画或图夹文等自己喜欢的方式表达自己的认识。

2. 培养幼儿积极想办法解决问题的能力。

活动目标（三）：

1. 能用图画或图夹文等自己喜欢的方式表达自己的认识。

2. 能积极想办法解决夏天的烦心事情。

通过比较三个不同的活动目标,我们就会发现:目标(一)中"形成……习惯"和目标(二)"培养……能力"的语言表述属于年龄阶段目标或者教育总目标的表达方式,但不适合具体的活动目标。习惯的养成和能力的培养都不可能在一次具体的活动中实现,都需要较长时间的过程才能达到。在具体的活动过程中,我们可以看到幼儿具体的行为表现,如是否"能用图画或图夹文等自己喜欢的方式表达自己的认识";是否"能积极想办法解决夏天的烦心事情"。这些都属于具体、可见、可操作的活动目标。

三、谈话活动的过程设计

设计活动是实施活动的前提。良好的谈话活动设计可以使活动的实施达到事半功倍的效果。设计谈话活动的过程需要考虑以下问题:

（一）从幼儿出发考虑活动过程的设计

谈话活动的目的是让幼儿"有话敢说、有话可说、有话会说",只有一切从幼儿出发才能真正使幼儿成为活动的主体。从幼儿出发考虑活动过程的设计,教师首先要考虑幼儿已有的经验。"幼儿已有的经验"是教学活动设计的起点。在谈话活动中,教师首先要了解对于中心话题,幼儿有哪些经验？教师需要在谈话活动中引导幼儿怎样扩展经验？从幼儿的角度出发,根据幼儿已有的经验,设计活动过程是设计谈话活动的根本出发点。例如:中班谈话活动"你喜欢夏天还是讨厌夏天"。教师选择六月份已经进入夏天一段时间,幼儿已经有充分的经验的基础上组织活动。因为幼儿对夏天已经有了充分的感知经验,所以教师在设计活动时,没有使用任何铺垫,而是直接进入中心话题:"你知道现在是什么季节吗？""你怎么知道的？"

（二）根据活动目标设计活动过程的具体步骤

在设计谈话活动时,教师要围绕活动目标组织活动的具体步骤。一般谈话活动的基本结构是:话题导入——幼儿自由交谈——拓展幼儿谈话范围。但每一步的具体做法如何？话题怎样导入？是直接进入,还是通过创设情境进入？幼儿自由交谈部分教师怎样组织幼儿自由交谈？采取哪些方法帮助幼儿自由交谈？这些问题都需要教师根据活动目标来设计具体的步骤。例如:小班谈话活动"我的爸爸",教师要求每个幼儿带一张爸爸的照片,拿着爸爸的照片向同伴介绍"我的爸爸"。爸爸的照片不仅可以帮助幼儿围绕中心话题"我的爸爸"自由交谈,避免幼儿"跑题";还可以帮助幼儿回忆"爸爸"的特点以及爸爸做过的趣事,使幼儿有话可说。

（三）根据活动内容选择合适的活动方法

设计活动过程还需要考虑使用何种活动方法。在具体的活动过程中,活动方法也发挥着至关重要的作用。教师选择了合适的方法,那么就会充分调动幼儿参加谈话活动的积极性,专心地参与到活动中来,真正达到"有话敢说、有话可说、有话会说"的目标。例如大班谈话活动"男孩该不该让着女孩",教师根据活动内容,选择组织"辩论赛"的形式,让幼儿在辩论的过程中各抒己见,体验辩论和竞争的乐趣。在空间的布置上把幼儿的桌子分成两大组对着摆放。而且教师请家长制作了辩论赛的横幅,挂在桌子正上方。横幅上有以绘画形式表现的辩论内容(幼儿自制),主持位置,桌上放着正、反的标牌(幼儿自制)。活动还没开始,幼儿就已经迫不及待地要开始辩论了。

四、谈话活动的主题延伸

幼儿对自己感兴趣的事物会意犹未尽地继续关注和探索,谈话活动可以引发幼儿对一个话题深入地思考以及持续的兴趣。因此,教师在教育过程中要随时注意幼儿的生活和他们感兴趣的事物,延伸谈话活动的主题,给幼儿创造各种机会去探索、交流,促进他们的发展。比如教师发现幼儿喜欢模仿打电话,于是组织了谈话活动"打电话"。在活动过程中,幼儿积极参加讨论,活动结束后还意犹未尽。于是教师就在教室里设置了一个"电话亭",幼儿可以在区角活动中实践和延伸谈话活动中获得的经验。此外,教师还可以利用幼儿园区角活动中的其他区角,延伸谈话活动的主题。比如教室里的私密区、话吧、聊天室等,都是幼儿喜欢的区角。教师可以充分利用这些区角,延伸幼儿喜欢的谈话活动的主题,发展幼儿的语言交流能力和交往能力。

① "我对朋友说"

② "电话亭"

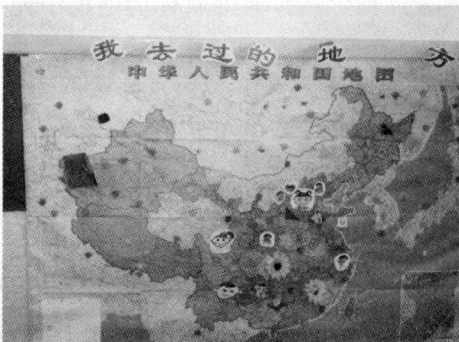

③ "我去过的地方"

④ "话吧"

图 2-1 主题活动区角示例

模块三 幼儿园谈话活动的组织与实施

引导案例

在谈话活动过程中,幼儿往往容易抢着说、乱插嘴、只说不听或者只听不说。

思考:如果您是教师,您会怎么做?

谈话活动的设计和组织实施之间存在着密切的联系。只有建立在从幼儿实际出发,充分思考基础上的活动设计才有可能取得良好的实施效果。优秀的活动设计最终需要教师落实到具体的组织和实施上来。幼儿园谈话活动组织与实施的基本步骤主要有以下四步:

一、引出谈话话题

谈话活动的第一步,就是引出谈话话题。只有引出了谈话话题,才能打开幼儿关于话题已有的经验,开展谈话活动。教师可以采用多种方式创设谈话活动的情境,引出谈话话题。

(一)用语言创设谈话情境,引出谈话话题

这是最简单易行的创设情境的方式。教师通过说一段话,提一些问题引起话题,使幼儿立刻进入谈话情境。用语言创设情境,引出话题的方式一般适用于幼儿已经具备丰富的经验的话题或者幼儿最近比较感兴趣的话题,因为这些话题难度不大,教师不需要借助图片、视频等视觉形象帮助幼儿回忆,调动幼儿的相关经验。幼儿对话题已有的经验足以使他们立刻进入谈话的情境。如中班谈话活动"电子宠物趣味多",教师一开始就开门见山地进入话题:"最近啊,我发现我们班的小朋友都在玩一种玩具!"(稍微停顿,等孩子们说)"电子宠物!"小朋友立刻接上教师的语言。"是啊,老师看你们的电子宠物都是不一样的吧?""是的。""你们玩的电子宠物都是什么形状的啊?""你们的电子宠物除了形状不同,还有哪些不同的地方?"

(二)以可视的实物创设谈话情境,引出谈话话题

教师需要提前准备图片、视频材料,或者布置活动区角、制作墙饰、桌面玩具、准备具体可见的实物等,通过这些可视的物品,启迪幼儿的思维,引发幼儿对话题的兴趣和思路。例如大班谈话活动"多彩的服装",教师在谈话活动前两周就布置了"服装"区角,幼儿已经玩了一段时间的"服装",对服装有了一定的了解。开展谈话活动的地点就选在"服装"区,在多彩的服装中进入谈话情境,围绕中心话题"多彩的服装"展开谈话活动。采取这种形式进入谈话情境,教师需要避免在情境中出现许多与谈话内容无关的其他物

品,这样会干扰幼儿的谈话思路,容易使幼儿在谈话的过程中跑题。如在谈话活动"多彩的服装"中摆设剪刀、尺子等物品。同时还要注意情境的创设简单明白,重点突出,避免过于热闹,出现喧宾夺主的现象。例如大班谈话活动"奇特的汽车",如果情境中到处都张贴着关于汽车的标志,幼儿就容易分散注意力,他们在谈话的过程中就不太容易紧扣中心话题"奇特的汽车"来谈,而会自然而然地谈论起"汽车的标志"。所以,教师在创设情境时不能过于花哨、复杂,一切以最有利于幼儿进入谈话为标准。情境只是帮助幼儿进入话题的手段,而不是目标,教师应以怎样能够达到引导幼儿紧扣中心话题进行谈话为目标来创设谈话活动的情境。

采取何种形式进入谈话情境,引出谈话话题,并不是随意确定的。教师可以根据活动组织和实施的需要,以有利于幼儿进入谈话情境为前提。对于幼儿有丰富经验的话题,教师就可以直接用语言引导幼儿进入话题。例如"春天是什么样的"、"我的小手真能干"、"我爱我的幼儿园"、"多变的脸"等等。而对于幼儿不太熟悉,难度比较大的话题,教师可以考虑创设情境,或者要求幼儿每人带一个实物帮助幼儿进行回忆。例如"南京的雨花石"、"我最喜欢的一本图书"、"多彩的服装"等。

①"教师的工作"

②"身体的故事"

③"我的发明"

④"我最喜欢的动物"

图 2-2　谈话情境创设示例

二、围绕中心话题谈话

引出谈话话题之后,教师需要帮助幼儿围绕中心话题谈话。在组织和实施这一工作任务时,教师需要注意以下问题:

(一)教师必须在场

在谈话活动过程中,教师是引导者、支持者和合作者。谈话过程中,教师必须在场,才能够充分发挥教师的引导、支持和合作的作用。教师在场,并不一定要教育幼儿,告诉幼儿多少知识或者道理,而是让幼儿感受到自己谈话的价值,增强谈话的信心。

(二)教师必须观察幼儿的谈话

在谈话活动中,教师需要仔细倾听和观察幼儿的谈话情况,了解本班幼儿对话题的熟悉度和运用已有谈话经验进行交谈的状况,明了不同幼儿谈话的水平差异,为下一个步骤的活动做好准备。

(三)教师参与谈话

在谈话活动中,教师参与谈话的主要目的就是引导幼儿围绕中心话题谈话,启发幼儿通过自己对某一问题的深入思考,得出自己的结论。通过参与谈话,教师可以帮助幼儿理清自己的思路,大胆把自己的所思所想用口头语言尽量清楚地表达出来,让他人能够听懂,明白自己的想法。

当幼儿在谈话过程中出现跑题的情况时,教师需要及时帮助幼儿调整谈话的思路和方向,引导幼儿围绕中心话题思考问题,进行谈话。

例如,在围绕中心话题"喜欢还是讨厌夏天"的谈话活动中,教师观察并参与幼儿谈话。当幼儿跑题时,教师及时通过以下提问引导幼儿围绕中心话题谈话。

例如,在围绕中心话题"喜欢还是讨厌夏天"的谈话活动中教师的提问语言有:

(1) 知道现在是什么季节吗?

(2) 你怎么知道的?

(3) 你喜欢夏天还是讨厌夏天?

(4) 你喜欢夏天,为什么?

(5) 你讨厌夏天,为什么?

(6) 根据幼儿的回答不断追问,引发争论:你(你们)同意他的观点吗? 为什么?

(7) 夏天这些烦心的事情我们怎么办呢?

(8) 你有什么好办法? 谁还有更好的办法?

通过分析教师提问的语言我们可以清楚地看到教师在整个教育过程中只是在围绕中心话题,不断启发幼儿思考,引导幼儿逐渐充实自己的想法,鼓励幼儿不断表达自己。

三、引导幼儿自由交谈

当幼儿能够围绕中心话题进行谈话时,教师就可以放手让幼儿自由交谈。幼儿自由交谈的形式很多,可以是一对一结伴的方式交谈,也可以采用小组交流或集体交流的方式,还可以采用辩论赛的形式。教师引导幼儿自由交谈需要做好以下几个要点:

(一) 允许幼儿出错

在自由交谈中,教师可以把幼儿分成小组,让幼儿自己选择交谈对象进行交流,创设宽松自由的谈话氛围。在谈话过程中,教师仔细观察幼儿的交谈情况,允许幼儿自由表达个人见解,不要求幼儿使用规范的语言,不要求幼儿统一认识,不纠正幼儿用词造句的错误,让幼儿有机会说出自己想说的话。

(二) 指导幼儿学习谈话的规则

谈话活动的重要目的是让幼儿在有效的语用情境中通过说话而学会说话,围绕中心话题发展自己的倾听和表达能力。教师指导幼儿学习谈话的规则,一是指导幼儿学习倾听;二是指导幼儿学习表达。只有耐心细致地听清楚、听懂他人的发言,幼儿才能在他人发言的基础上接着话题继续谈论下去。概括起来,在谈话活动中,教师可以指导幼儿学习以下谈话规则:

1. 用轮流的方式进行交谈。谈话活动中,参与的幼儿需要轮流谈话。这就要求幼儿学会耐心听别人把话讲完后再发表自己的意见。两个人的交谈需要一个人说完后另一个人才能说,小组或者集体交谈就需要按照一定的顺序交谈。在谈话活动中,教师需要有意识地培养幼儿轮流交谈的意识和习惯。

2. 用修补的方式进行交谈。在谈话过程中,有的时候会出现谈话内容中断或者交流不畅的情况,需要交谈的双方或多方采用修补的方式延续谈话。修补包括自我修补和他人修补。自我修补就是在谈话过程中,发现别人没有理解自己的意思,进行自我重复或者自我解释,从而让别人明白自己的意思。例如在"喜欢还是讨厌夏天"的活动中,一个幼儿说:"我喜欢夏天也不喜欢夏天",这时她立刻进行自我修补说:"我有的时候喜欢夏天,有的时候不喜欢夏天。"他人修补就是在谈话过程中,听话人遇到不清楚的情况,用重复、提问的方式来表达自己的疑惑,进一步了解谈话内容。例如,在上述例子中,另一名幼儿问:"你是喜欢夏天吗?"

(三) 增加幼儿"操作"的机会

谈话是口头语言"操作"活动。在谈话过程中,幼儿容易抢着说、乱插嘴、只说不听或者只听不说,教师还可以组织一些有效的动手"操作"的活动帮助幼儿整理自己的思路,调动幼儿的兴趣,提高幼儿交谈的积极性。

例如,在"喜欢还是讨厌夏天"的谈话活动中教师是这样做的:

鼓励幼儿将自己的想法(喜欢或讨厌夏天的事情),用自己喜欢的方式把它表现出来(用画画出或用图夹文方式写出,教师可帮助幼儿记录观点)。

(1) 幼儿分别将自己的理由画在纸片上,在黑板背景图上展示发表。

(2) 引导幼儿相互交流讨论,了解同伴的想法,分享同伴的观点。

在活动过程中,教师提出问题,让幼儿讨论;然后请幼儿把自己的想法画出来,再请幼儿对照自己的画讲出自己的想法。这是一种帮助幼儿思考和表达的有效方式。刚开始讨论时幼儿的想法很简单,但他们用绘画的方式表现自己想法的过程就是一个在大脑中重新整理自己思路并表达的过程。因此,当幼儿把自己的想法画出来之后,再用语言来表达自己,思路就会更清晰、想法更成熟、语言更连贯。

例如,在"喜欢还是讨厌夏天"的谈话活动中,一个幼儿的绘画作品就与其他幼儿完全不同。她的作品不是泾渭分明的"喜欢"或者"讨厌",而是一张纸分成两半,一半画着喜欢夏天的理由,另一半画的是讨厌夏天的理由。

① 我喜欢夏天,因为夏天有漂亮的花

② 我喜欢夏天,因为夏天可以穿漂亮的裙子,还可以天天洗澡

③ 我既喜欢夏天又不喜欢夏天

图 2-3　幼儿用绘画表达想法示例

四、拓展幼儿谈话经验

作为教师有目的、有计划组织的语言教育活动,谈话活动不同于日常交谈,它的目的并不仅仅在于就事论事,就一个话题而仅仅谈论一个话题。而是除了在谈话活动过程中支持并引导幼儿学会倾听和表达之外,教师还需要通过提问、讨论、平行示范等新的讲述经验帮助幼儿拓展谈话范围,获得新的交流经验,学会从不同的角度思考问题。

(一) 以提问的方式拓展幼儿的谈话

在组织和实施谈话活动的过程中,提问是一种很有效的启发、引导幼儿思考的方式。经过设计思考的、有效的提问更能充分发挥语言的神奇魅力,引发幼儿深入思考问题,学习触类旁通的思维方式。

例如,中班谈话活动"喜欢夏天还是讨厌夏天",教师在幼儿展示和分享"为什么喜欢或者讨厌夏天"观点的基础上,及时提出层层深入和拓展幼儿思路的问题:

(1)"夏天有这么多的烦心事,我们不过夏天,行不行?"幼儿答"不行!"

(2)"既然不行,我们不能不过夏天,那么我们面对夏天的这些烦心事,我们怎么办呢?"

(3)"你有什么好办法?""谁还有更好的办法?"

幼儿积极想办法,七嘴八舌出主意。最后孩子们自然而然地总结:夏天有很多美好的事物,让我们感到快乐;但同时也有很多烦心的事情,让我们感觉讨厌。但面对这些烦心的事情,我们可以想出很多办法去解决,让夏天过得更美好!同样,生活中也是有很多烦心事的,我们也要像对付夏天的烦心事一样,面对这些烦心事,想办法解决这些烦心事!

教师在这一环节设计了一系列层层递进的问题引发幼儿思考,但并不直接告诉幼儿已有的答案。通过问题启发幼儿的思考,拓展了此次谈话范围的宽度和广度,提升了本次谈话活动的价值。

(二) 以讨论的方式拓展幼儿的谈话经验

谈话活动给幼儿提供了一个集体讨论、充分交流的情境。在这个情境中,每个幼儿已有的知识经验和语言经验都不同,当围绕共同的中心话题交谈时,语言包含和承载的信息量要远远大于幼儿两两之间、小组之间或者教师与幼儿之间单独交谈时的内容。在这种集体环境创造的多方的信息交流过程中,幼儿可以从集体讨论中大大拓展自己已有的经验。

例如,中班谈话活动"电子宠物趣味多",教师在幼儿了解电子宠物的形状、颜色、功能的基础上,请幼儿向同伴介绍自己养育电子宠物的经验。但幼儿的经验都很缺乏,这时适时出现教师随机访谈爸爸、妈妈的视频或者录音。爸爸妈妈讲"电子宠物都是我们在帮忙养的啊!小朋友虽然喜欢,但他们自己都不养的!"在访谈材料的基础上提出讨论问题:

"自己的电子宠物是不是应该爸爸妈妈帮忙养呢?""自己的事情应该谁来做呢?"

当听到这两个问题时,很多幼儿都低下了头,或者陷入短时间的思考。有的幼儿就会直接大声地说:"不应该!应该自己来养!"通过讨论,幼儿认识到:自己喜欢的电子宠物不应该让爸爸妈妈来养,应该自己养!在生活中我们自己的事情应该自己做!

教师在这一环节通过访谈,提出问题,引发幼儿思考和讨论。教师想让幼儿懂得的道理都不是教师直接告诉幼儿的,而是通过幼儿之间的讨论交流,自然而然使幼儿自己明白的。

（三）以平行示范的方式拓展幼儿的谈话经验

教师是谈话活动的设计者、组织者和实施者。在谈话活动中，教师往往是以间接引导的方式参与幼儿的谈话，给幼儿以平等的感觉，使幼儿有话敢说。在组织活动时，教师可以和幼儿围坐成一圈的方式来开展活动，也可以幼儿半圆形面对教师的座位安排方式。平行示范即教师通过向幼儿谈论自己的经验，向幼儿展示在谈话活动中如何进一步组织语言与他人进行交流的方法。

例如，小班谈话活动"我的爸爸"，教师在幼儿充分谈论"我的爸爸"的基础上，用平行谈话的方式，为幼儿提供新的谈话经验。"我的爸爸长得很高，也很帅！他是一名教师，我爸爸的工作很辛苦。他每天晚上都要看书、批改作业。我的爸爸很爱我，他会给我讲很多好听的故事。我会和他一起看书，一起踢球。我爱我的爸爸！"

教师通过平行示范的方式向幼儿展示怎样围绕中心话题把零散的想法有一定逻辑地组织起来，形成一段完整流畅的语言。先谈爸爸的外貌，再谈他的工作，接着再说我和他之间的感情和我们一起做的事情。

在幼儿园教学实践中我们经常会看到：同样的活动设计，不同的教师实施效果完全不同。在幼儿园谈话活动的组织实施过程中，教师需要特别关注："说什么"和"怎么说"。因为在具体实施教育活动的过程中，教师说话的内容和方式，直接关系到谈话活动的效果。如果教师不预先思考这两个问题，在组织实施活动过程中信口开河、思维混乱，幼儿就会不知道该怎么讨论，答非所问，或者有的幼儿说这个，有的幼儿说那个，说什么的都有，谈话活动就容易变成完全没有中心的散漫聊天。

案例 2-1

喜欢夏天还是讨厌夏天(中班)[①]

一、重点领域

语言、社会

二、活动目标

1. 能根据自己的生活经验说出对夏天的感受，在讨论交流过程中大胆表述自己的观点。
2. 能用图画或图夹文等自己喜欢的方式表达自己的认识。
3. 能积极想办法解决夏天的烦心事情。

三、活动准备

黑板上张贴全开的夏天背景图，画纸、彩色笔、胶水、剪刀、抹布。

幼儿提前收集关于夏天的各种事物和现象。

---

① 两岸三地幼儿教育整体观与幼儿园课程实施学术研讨会会议手册[M].南京:南京师范大学出版社,2007:77-78.

四、活动过程

1. 引出讨论话题

(1) 知道现在是什么季节吗?

(2) 你怎么知道的?

2. 根据幼儿的回答引导幼儿说出喜欢或讨厌夏天的理由

(1) 你喜欢夏天还是讨厌夏天?

(2) 你喜欢夏天,为什么?

(3) 你讨厌夏天,为什么?

幼儿分别回答或分组讨论,教师鼓励幼儿大胆地发表不同意见。

3. 展示与分享观点

鼓励幼儿将自己的想法(喜欢或讨厌夏天的事情),用自己喜欢的方式把它表现出来。(画出或图夹文方式写出,教师可帮助幼儿记录观点)

(1) 幼儿分别将自己的理由画在纸片上,在黑板背景图上展示发表。

(2) 引导幼儿相互交流讨论,了解同伴的想法,分享同伴的观点。

(3) 根据幼儿的回答不断追问,引发争论:你(你们)同意他的观点吗? 为什么?

(4) 夏天这些烦心的事情我们怎么办呢? 你有什么好办法? 谁还有更好的办法?

幼儿讨论交流,说出他们的好办法,同伴间可以相互补充。

4. 小结

夏天有很多美好的事情,让我们感到快乐,也有很多让我们烦心的事情,但我们可以想出好多好办法去解决,让夏天过得更美好。

(教师归纳出幼儿想出了多少种方法,对有创意的办法进行鼓励。)

案例 2-2

<h3 style="text-align:center;">男孩该不该让着女孩(大班)①</h3>

一、重点领域

语言

二、活动目标

1. 通过围绕"男孩该不该让着女孩"进行讨论,尝试清楚、连贯地运用语言发表自己的意见。

2. 敢于表达自己的看法,初步体验辩论和竞争的乐趣。

3. 感受辩论赛辩论规则的特点,体会制订不同规则的作用。

---

① 教育部教育管理信息中心. 全国优秀幼儿语言教育活动课例评析[M]. 重庆:西南师范大学出版社,2011:
260-263.

三、活动准备

材料准备:白纸、笔(每人一套)。

四、活动准备

1. 将幼儿的桌子分成两大组对着摆放。

2. 制作了横幅,横幅上有以绘画形式表现的辩论内容(幼儿自制),主持位置,桌上的正、反方的标牌(幼儿自制)。

3. 由正、反双方各自请来的另一个大班的 5 名幼儿当观众,由老师请来的 5 位外班老师做评委。

五、活动过程

1. 说明辩论目的

由主持人(教师)说明辩论的原因及最终要达到的目的。

师:小朋友们,因为我们班级人数比较多,所以老师经常请大家分组做事情。最近一段时间,咱们班里经常有人对于老师总是先请女孩子做事后请男孩子做事觉得很不公平。(幼儿议论:"就是的!""啊? 先请女孩子怎么啦!"……)

2. 获得大家的认可

师:那天,老师听到几个小朋友在议论这件事,我突然有了一个好主意! 不如咱们一起讨论讨论这件事吧,最后咱们再想一个解决的办法,让大家都觉得公平。大家觉得怎么样?

幼:好! 好主意!

分析:教师了解大班幼儿的年龄特点及本班幼儿特点,因此在展开活动前说明辩论原因,意在引发幼儿的关注。

3. 介绍辩论规则

主持人自我介绍。

大主持人:主持人由一名老师和一位小朋友共同担任,这次辩论会的主意是我想出来的,所以由我来当大主持人。

小主持人:大家好,我是×××。是我最先觉得这件事情不公平的,所以由我来当小主持人!

分析:两个主持人的介绍是事先在一起排练过的。小主持人是一个很有想法的孩子,他对教师提出的这个活动非常赞同,并有很强的担任主持人的愿望。该活动由主持人郑重地宣布辩论规则,显得非常正规,使幼儿增强了自主的意识,并引发了孩子们想要挑战的强烈意愿。

4. 宣布辩论开始

(1) 主持人宣读规则,征得大家同意。(幼儿纷纷举手表示同意)

(2) 主持人宣布比赛开始。

主持人(合):大一班"男孩该不该让着女孩"辩论赛现在开始!

大主持人:首先,咱们要分出正反两方队员,认为男孩应该让着女孩的是正方,认为男孩不该让着女孩的是反方(分别有图片表明)。请大家开始选择,并就座。

分析:大班幼儿活动的自主性、主动性水平明显提高,教师通过简单介绍之后放手,让孩子们自由选择,增强了幼儿做事的目的性、计划性。

5. 自由辩论

小主持人:第一项:自由辩论,开始!

反:凭什么要让着女孩子?

正:因为女孩子比男孩子表现好。

反:女孩子表现好的时候是应该让着她们,可是我们男孩子也有表现好的时候啊!

正:还是女孩子表现好的时候多,所以就应该先请。

反:我觉得不应该让,如果遇到坏人,男孩子就得保护女孩子,所以应该先让男孩子吃饱喝饱,女孩子应该让着男孩子。

正:还说要保护呢,男孩子有时候还欺负女孩子呢。再说我们都是一样的,为什么你们就要先吃先喝啊?

……

分析:此时,双方争辩得很激烈,教师并没有参与其中,坐在一边不断地点头。这个动作的意义在于给予幼儿肯定和鼓励。幼儿在与同伴的互动中思维越发活跃,发言涉及的内容也越来越广。

6. 中场休息并交换场地

大主持人:有的队员有了新的想法,想要换到对方那里去,下面中场休息,小朋友们如果有了不同的想法,可以站到对方的队伍里。

分析:本活动中,教师利用了成人的辩论会模式,明确活动的目的是引导幼儿围绕一个中心话题进行讨论,因此只要幼儿能够充分表达自己的想法即可。幼儿想要更换正反方的表现更反映出了他们对活动的专注与思维的活跃。

7. 再次自由辩论

大主持人:

……

8. 分组总结

小主持人:请双方到不同的教室进行总结,并选出总结发言人。

9. 评委点评

主持人:请在场的评委说一说听完这次辩论会的想法。

六、活动延伸

在此次活动后,很多幼儿对辩论赛产生了浓厚的兴趣,因为大班幼儿喜欢有挑战性的活动,而且这样的挑战并不会影响孩子们之间的友谊。于是,我们把"小小辩论赛"的活动扩展到了活动区,改进并丰富了辩论规则。

案例 2-3

胆大好还是胆小好(大班)①

一、重点领域

语言、社会

二、活动目标

1. 了解胆大与胆小各有各的优点和不足。

2. 喜欢与同伴讨论、交流,体验集体活动的愉快。

3. 能大胆用绘画的形式表达自己的观点。

三、活动准备

1. 在活动室墙上粘贴展示讨论内容的三个版块(胆大好、胆小好、家长的话)。

2. 与家长沟通交流,向家长了解幼儿的个性特征,介绍活动的设计意图。

3. 准备水彩笔和图画纸。

四、活动过程

1. 导入活动

列举日常活动中幼儿关于胆大胆小的部分议论,引起儿童兴趣,唤起幼儿已有的经验,请幼儿思考"胆子"是什么。

2. 组织幼儿讨论"胆子"

(1) 请幼儿自由结伴讨论,鼓励幼儿联系实际生活大胆地描述。老师巡回倾听和参与幼儿的讨论,了解幼儿的观点和形成原因。

师:你觉得"胆子"是指什么呢?(勇敢、不害怕)

每个人的胆子都是一样吗?

你觉得你的胆子怎样呢?

(2) 老师集中幼儿的话题,引导幼儿将讨论深入。

师:你为什么喜欢胆大? 为什么胆小不好呢?

你为什么喜欢胆小? 为什么胆大不好呢?

(3) 启发幼儿尝试换一种方法思考问题,引导儿童发现每个人都是一个独立的自己,都有自己的优点,无论胆大还是胆小,小朋友们应彼此尊重。

师:胆子大是否在什么时候都好? 胆子小是否一点也不好?

你有没有胆大和胆小的时候? 什么时候你的胆子大? 什么时候你的胆子小?

---

① 宁谊幼儿教育研究中心. 走进整合课程教室:幼儿园活动整合课程优秀案例选辑[M]. 南京:南京师范大学出版社,2007:26-29.

3. 用绘画形式表达看法

(1) 鼓励幼儿用笔画下自己关于"胆大好还是胆小好"的看法。

(2) 巡回指导幼儿将自己的观点用绘画的方式展现出来,并帮助幼儿将绘画内容用文字简单标注在画旁,按"胆大好""胆小好"两个相对的观点分区域陈列在活动室墙上的两个板块上。

(3) 激发幼儿向他人讲述、介绍自己的作品内容,同时了解别人的观点,分享彼此的想法。老师对敢于大胆发表自己意见、能认真思考别人意见的孩子给予鼓励。

(4) 关注儿童在活动中观点的变化,及时了解引起变化的原因,给予有针对性的帮助(儿童观点发生变化时,及时帮助他们整理发表调整后的观点)。

五、活动延伸

1. 日常活动

(1) 引导幼儿关注展示墙内容,自由讨论,尝试换个角度思考问题,感知事物的辩证关系。

(2) 以板报的形式邀请全园的小朋友和家长参与问题的讨论,共同分享交流活动的快乐。

2. 亲子活动

(1) 利用家长接送幼儿的时间向家长讲述问题的背景,激发家长参与讨论,主动与幼儿交流。用文字或以图表旁批的形式展示家长看法,并张贴在活动墙第三个版块上(家长的话),并针对个别家长提供教育建议。

(2) 启发幼儿回家与自己父母交流、分享自己对胆大好还是胆小好的认识与经验,征求家长对自己意见的看法。

项目测试

一、课后练习

1. 什么是幼儿园谈话活动?谈话活动有哪些重要价值?

2. 谈话活动的特点有哪些?它与幼儿的日常交谈有哪些区别?

3. 设计一个谈话活动需要考虑哪些因素?

4. 在组织和实施谈话活动的过程中,幼儿经常会跑题。如果你是教师,你会怎样引导幼儿围绕中心话题交谈?

二、案例分析

请从谈话活动的话题选择、目标确定、过程设计和主题延伸四个方面分析案例2-3《胆大好还是胆小好(大班)》。

三、实训

春天到了,小朋友们每天散步的时候都会说说春天的景色。请为大班幼儿设计一个关于春天的谈话活动,并尝试组织实施。活动设计需要有具体的活动名称、活动目标、活动准备和活动过程。

项目三

幼儿园讲述活动

学习目标

● 了解幼儿园讲述活动的目的和意义

● 理解幼儿园讲述活动的概念、特征

● 掌握幼儿园讲述活动的分类

● 学习设计并组织实施幼儿园讲述活动

幼儿园讲述活动,是一种有目的有计划地培养幼儿语言表述能力的语言教育活动。讲述活动以培养学前儿童独立构思和表述一定内容的语言能力为基本目的,给学前儿童提供积极参与命题性质的实践机会。要求幼儿讲述时围绕一定主题,用词正确,词语搭配恰当,做到条理清楚,前后连贯。同时,要求讲述内容丰富,用词生动、形象,讲话的声调、语速、停顿能根据讲述内容有所变化,培养幼儿的连贯性语言和独白语言。本模块主要阐述了幼儿园讲述活动的目的、意义、概念、特征和分类等基本知识,重点论述了幼儿园讲述活动的设计与组织实施。

模块一 幼儿园讲述活动的认知

引导案例

教研活动时教师们在讨论幼儿园的讲述活动。李老师说:"讲述活动不就是让幼儿看着图画讲讲,也就是看图说话啊! 这种活动只对幼儿的语言发展有用,但对幼儿在科学、社会等其他方面的发展没有什么作用。"

思考:您是否赞同这种观点? 如果不赞同,请举例说明。

一、讲述活动的概念

幼儿园讲述活动是有目的、有计划的语言教育活动,旨在创设一个相对正式的语言运用场合,要求幼儿依据一定的凭借物,使用较规范的语言来表达个人对某事、某人、某物的认识,逐步进行语言交流。

二、讲述活动的目的和意义

幼儿园讲述活动不仅可以培养幼儿语言的准确性和表达情感的能力,丰富幼儿的语言,还可以让幼儿通过生动活泼的内容及表现手法,获得愉快的情绪,促进幼儿身心健康发展。具体体现在以下几个方面:

(一) 帮助幼儿清楚连贯地表达自己的想法

在培养幼儿讲述能力的讲述活动中,幼儿需要独立构思讲话内容,合理安排讲述的顺序、讲述的重点和中心,考虑怎样让别人理解自己的话等。所以,讲述活动能够帮助幼儿掌握讲述的一般和特殊方法,使幼儿清楚、完整、连贯地讲述事物。

(二) 帮助幼儿提高思维的逻辑性

锻炼幼儿独白语言能力,培养幼儿的表述能力是幼儿园语言教育的目标之一,讲述活动中着重培养的独白语言是幼儿语言表述能力的一部分。在讲述活动中,幼儿有机会逐渐学习在集体面前独立讲述自己的想法,把一件事情、一个物品、一个人物讲清楚,他们的语言表述能力在这个过程中逐步得到发展。在教师指导下,幼儿所讲的内容逐渐达到完整、清楚、符合逻辑等要求。

(三) 帮助幼儿学会认识事物的顺序和方法

幼儿在讲述之前,首先要认识所讲的事物。通过讲述活动,幼儿能够学习认识事物的顺序和方法。以讲述活动"梅花"为例,幼儿自己先要认识梅花的特征,再学习认识梅花有哪些部分以及认识的顺序,如名称——颜色——花瓣形状——味道——叶子 ——开放时间——赞美的话,使自己的讲述给听的人有一种完整清楚的印象。

(四) 发展幼儿的思维和想象能力

在讲述活动中,幼儿需要观察分析事物的特征、事件的发生原因和顺序,领会人物在不同状态下的思想感情。比如在看图讲述时,图片中的人、事、物都存在一定的因果关系或者前后顺序。幼儿要经过一定的推理、判断、分析,才能认识自己所要讲述的内容,然后组织语言表述出来。

三、讲述活动的特征

幼儿园的讲述活动主要具有以下几个特征:

(一) 讲述活动拥有一定的凭借物

讲述活动是需要有一定的凭借物的,幼儿的思维是具体的、形象的,他们的所说、所想都与眼前的事物有着密切的联系。如果讲述活动什么素材都没有,只是凭空让幼儿讲述,那么讲述就没有依据,从而导致讲述的幼儿无话可讲、思维混乱,倾听的幼儿茫然无知的情况。

讲述活动的凭借物可以是实物、图片、现场的人物、事物等。

（二）讲述活动的语言是独白语言

所谓独白就是需要说话的人独自构思和表达对某一方面内容的完整认识。讲述与谈话、讨论不同，谈话、讨论是多人进行的，而讲述者只有一人，因此，讲述时使用的语言是独白语言，没有对话。

（三）具有相对正式的语言环境

与自说自话不同，讲述活动是在集体教学环境中进行的，这种专门的教育活动有相对正式的语言环境。讲述活动的环境是由教师创设，由教师和幼儿共同建构的。另外，正式的语言环境也体现在规范的语言上。在讲述活动中，幼儿需要使用较为完整、连贯、清楚的语言进行表达。

（四）讲述活动中需要调动儿童的多种能力

在幼儿园讲述活动中，幼儿讲的话语并非是凭空而来的，幼儿需要借助自己对凭借物的认识和已有的生活经验，构思组织自己的语言，并且不同讲述内容有不同的思维方式，也有不同的逻辑顺序，这对儿童的观察力、记忆力、想象力和思维能力都提出了极高的要求。

四、讲述活动的分类

根据凭借物的不同，我们可以把讲述活动分为：看图讲述、生活经验讲述、情境表演讲述、实物讲述等几种类型进行。下面分别具体介绍它们的特点及实施方法：

（一）看图讲述

看图讲述是指教师启发儿童在观察图片、理解图意的基础上，根据图片提供的线索，运用恰当的词句和完整、连贯、有条理的语言表达图意的一种集体教学活动。看图讲述主要是通过观察图片，儿童将一张或几张图片的主要内容准确、完整地表达出来。针对不同年龄阶段的幼儿，所选取的图片应该有所区别，以适应不同年龄幼儿的认知特征。

小班幼儿看图讲述选取的图片应该主题明确，线索单一，角色不宜太多；画面较大，画面中角色的动作、神态、表情明显；背景简单，色彩鲜艳，主要突出角色特征；图片的篇幅少，一般为3～4幅（如图3-1）。

小弟弟是个漏嘴巴

小弟弟端着饭碗边吃边看蝴蝶，大公鸡为什么会啄小弟弟呢？

图3-1　幼儿园小班看图讲述活动图片示例

中班选取的图片应该主题明确,线索较复杂,前后图之间有一定的联系;图片中的角色较小班增多,形象突出,有一定的动作和表情,使幼儿能从图片中了解角色的心理活动。中班儿童可选用多幅图(如图3-2)。

图3-2 幼儿园中班看图讲述活动图片示例

大班选取的图片应该主题鲜明、生动,图与图之间有一定的衔接,画面内容能为儿童提供想象的空间,激发儿童联想画面以外的线索,使儿童通过观察分析讲出画面上各个事物之间的相互关系;大班可用多幅图或进行排图讲述(如图3-3)。

图3-3 幼儿园大班看图讲述活动图片示例

(二)生活经验讲述

生活经验讲述关注学前儿童已有的生活经验。这种讲述是教儿童将生活中所经历的最有趣、印象最深的部分以完整、连贯的语言表达出来。

在讲述中,要求儿童将零散、片断的感受组织成一段有条理的表述。这种讲述不仅要求儿童有较强的表述能力,还要求儿童能感知和理解社会生活,了解人们之间的关系。如案例3-1所示,根据幼儿购物的生活经验,可以开展以"购物"为主题的讲述活动,帮助幼儿将日常生活中零碎的生活经验,通过教师的引导,使其组织成为一段条理清楚的话语。

案例 3-1

购物(大班)[①]

一、活动目标

1. 引导幼儿按照时间、人物、地点及事件经过的线索,完整地讲述在家乐福购物的情景,表达自己的感受。

2. 鼓励幼儿积极与同伴进行语言交流,提高口语表达能力。

二、活动准备

1. 幼儿有事先购物的经验,并拍有照片、录像。

2. 课件制作:讲述线索图(时间、人物、地点、事情经过、结果)。

三、活动过程

(一)引导幼儿运用已有经验开展谈话,导入活动

(出示家乐福标志)小朋友,这是什么地方的标志?家乐福是个什么地方?你们有没有去过家乐福?和谁一起去的?

前几天,老师也带小朋友去了家乐福,还在里面买了东西。下面就让我们一起来说说这件事。

(二)明确讲述线索,引导大胆使用描述性词句

1. 提问:要把一件事情说清楚,应该说清楚哪些内容?

2. 教师讲述线索,课件逐幅显示线索图:要说清一件事,要说出时间、人物、地点、事情经过、最后的心情。

3. 逐幅讲述。教师引导幼儿运用一些描述性词句,并引导幼儿重点讲购物的经过,引导重点:买的时候发生了什么事情?你又是怎样解决的?

(三)引导幼儿按照线索完整讲述

1. 请幼儿选择照片后。

(1)几个幼儿结伴讲。

(2)按照上面的线索完整地讲。

(3)要把买东西的过程讲得详细些。

2. 幼儿自由结伴,开展讲述。

教师指导讲述重点:

(1)拓展讲述的内容,引导使用描述性语言。

(2)语言的完整性。

3. 请个别幼儿讲讲。教师讲评重点:购物过程的丰富性、个性化及词句。

---

① 小精灵儿童网站. 生活经验讲述:购物[EB/OL]. (2008-10-21). http://new.060s. com/article/2008/10/21/118685. htm.

4. 请幼儿讲给客人老师听。

（三）情境表演讲述

情境讲述是在某种情境表演（如童话剧、木偶、玩具表演）后，在教师的帮助下，儿童将表演中的情节、对话和内容连贯地表达出来的讲述活动。

情境表演讲述的目标是让儿童充分感知情境后，用语言表述对情境的理解，如作品情节、人物内心的情绪情感、人物对话等。为了使儿童很好地进行讲述，应让儿童在表演中集中注意力，以便有较好的记忆，并且要在表演完后马上把内容讲述出来。情境表演讲述可以根据本班幼儿的语言发展在小班后期或中班早期开展。

在情境表演讲述活动中，创设情境的途径是多种多样的，可以是真人表演的情境，可以是用木偶表演的情境，可以是真人与木偶共同表演的情境，也可以是通过录像或电脑展示的情境等。

首先，在真人表演的情境、木偶表演的情境以及真人与木偶共同表演的情境中，当讲述的主题确定后，教师应该把角色向儿童交代清楚，并理清角色之间的关系，让儿童在观看表演的过程中把握人物关系之间的转换。情境创设力求让大部分儿童在短时间内能够看懂、看明白，因此它的情节不能过于曲折、复杂，角色也不追求大量、丰富。

其次，情境创设主要是布置物质环境，除了应有的道具外，还应该通过一定的物品和装饰烘托主题的气氛与内容，让儿童仿佛身临其境。道具的制作、材料的选择、装饰的摆放位置等都可以由教师与儿童共同协商决定。

最后，创设情境的目的是支持儿童的讲述。教师应该引导儿童仔细观看，理解情境中呈现的现象、内容及其前后联系，让儿童带着一定的问题来欣赏。因此，创设好情境后，教师可以把儿童观察、理解的重点和中心告诉他们，并提出一定的问题让儿童有重点、有目的地观看。

案例 3-2

学当小导游（大班）[①]

一、活动目标

1. 积极与同伴交流，能用连贯的语言介绍旅游景点。

2. 学习制订旅游行程计划，积极尝试当小导游。

二、活动准备

1. 经验准备：幼儿对海南部分景点和导游工作有初步的了解。

---

① 妈咪爱婴网.幼儿园大班情景讲述教案:学当小导游[EB/OL].（2012-11-21）.http://www.baby611.com/jiaoan/db/yy/201211/2196559.html.

2. 环境准备：导游旗四面、长方形纸四张；有关景点的图片若干张。

三、指导要点

1. 活动重点：能按一日的旅游计划有序、清楚地说出景点特色。

2. 活动难点：清楚地介绍景点特色。

3. 指导要点：课前幼儿要熟悉旅游地的景点 2 至 3 个，引导幼儿制订一日游的行程计划。

四、活动过程

1. 激发幼儿的兴趣

出示海南部分景点图片，请幼儿看看说说自己熟悉或去过的景点，并向大家介绍景点的风景或特点。

教师帮助幼儿用连贯准确的语言进行讲述。

2. 自由组成旅行团

幼儿自由组合成四个旅行团，相互讨论给自己的旅行团取名、选团长。（引导幼儿说一说选他当团长的理由）

3. 制订行程计划

(1) 小组成员相互讨论、讲述景点的特色。

(2) 小组成员根据自己对景点的了解，制定行程路线。

(3) 利用景点图片创设情景。

(4) 小组自荐导游，导游向大家简单介绍行程计划（景点游览路线）。

4. 游戏：模拟导游

(1) 先由一个"旅行团"按计划"出团"，其他的幼儿当游客。

(2) 各旅行社分组模拟旅游。（教师注意引导鼓励幼儿大胆表达，安静倾听导游介绍）

(3) 评价：导游是否声音响亮，是否能用连贯的语言向游客介绍景点。

(4) 重复进行游戏。

(5) 评选"优秀导游"。（要求声音响亮，语言清晰连贯）

五、评价要素

1. 能否大胆讲述和认真倾听。

2. 能否积极与同伴交流合作制订计划，并按计划选择景点进行模拟导游游戏。

六、活动建议

1. 幼儿模拟导游的游戏可在下一个活动中继续进行，可根据幼儿掌握的情况进行"带团"比赛，评出：最佳解说奖、最佳礼仪奖、最佳微笑奖、最佳受欢迎奖。

2. 请从事导游行业的家长走进课堂，参与指导活动，增添游戏的趣味性。

(四) 实物讲述

实物讲述是以实物作为凭借物来帮助儿童讲述的一种活动。实物包含真实的物品、玩具、教具、动植物等。实物讲述往往是伴随着观察进行的,在观察中或观察后,要求儿童将实物的基本特征、用途、使用方法等多方面的内容清楚地描述出来。实物讲述要注意与科学活动区分开来,与科学活动相比,实物讲述更侧重于描述、倾听等语言方面的目标。

案例 3-3

我的文具盒(大班)①

一、活动目标

1. 能用完整连贯的语言介绍文具盒。

2. 在教师的示范指导下,能按照一定顺序介绍文具盒的外形和功能。

3. 认真倾听教师的讲述,尝试发现讲述的不同之处。

二、活动准备

布置"文具盒"商店、实物投影仪一台、图标(形状、颜色、图案、功能)黑板,电视机布、篓子。

三、活动过程

(一) 谈话导入,引发幼儿参与活动的兴趣

师:小朋友,你们马上就要成为一年级的小学生了,高兴吗?(高兴)上小学要准备什么呀?(幼儿自由发表意见)

(二) 感知理解讲述对象

1. 师:你们知道这是什么?(文具盒)这是什么形状? 什么颜色? 有什么图案呢? 文具盒有什么用呢?(装铅笔、橡皮)

2. 幼儿自由参观"文具商店",每人选择一个自己最喜欢的文具盒回到座位。

师:你们想不想要文具盒呢?(想)当……当……当,有这么多文具盒呀,现在我们小朋友轻轻地上来选一个自己喜欢的文具盒。

(三) 运用已有经验讲述

1. 幼儿先与身旁的同伴自由交流自己选择的文具盒。

师:好,每个小朋友都找到自己喜欢的文具盒了吧,现在我们和旁边的好朋友说一说你手中的文具盒。

---

① 许洁. 实物讲述:我的文具盒(大班)[EB/OL]. (2010－06－05). http://blog.sina.com.cn/s/blog_535db0670100itqi.html.

2. 个别讲述。

师：谁愿意到前面来和大家说一说？注意哦，当小朋友们在说的时候，我们的小观众们要认真听，尊重他们哦。

（四）引入新经验

1. 从实物投影仪里观察老师选择的文具盒，听老师用句式来介绍文具盒上的图案。

师：我的文具盒的形状是××；颜色是××；图案有××、有××、还有××；打开文具盒里面有放……我很喜欢我的文具盒。

师：我是怎么说的，我先讲的什么？然后说了什么？最后说了什么？（根据幼儿的回答教师出示相应的图标帮幼儿获得新的讲述经验）

2. 幼儿自由练习按序讲述。

师：现在我们再来按着顺序说一说你的文具盒，记住要先说形状、颜色，再说图案，最后说功能，别忘了介绍完以后说一说对它的喜爱。

（五）迁移新经验

师：老师还准备了一些文具，有铅笔、橡皮、刨刀和尺子。请你们每人来选一样文具给客人老师介绍一下，记住要按刚才的顺序说。

（六）结束活动

师：今天，小朋友把文具介绍的很清楚，让客人老师都知道了应该如何使用。可是小中班的弟弟妹妹们还不知道，我们也去给他们说一说吧。

📖 小资料 >>>

讲述活动注意要点

（一）创设儿童敢说、想说的语言教育环境

儿童的语言能力是在运用的过程中发展起来的。因此，在讲述活动中，教师要创设一个能使学前儿童想说、敢说、喜欢说、有机会说，并能得到积极应答的教育环境。

（二）要有推动儿童表达的支持性策略

教师推动儿童表达的支持性策略包括提问策略，还有设计、指导、评价等方面的策略，所有的策略都应以考虑儿童的年龄特点为出发点。

（三）在丰富多彩的活动中扩展的讲述经验

讲述活动形式多样，教师要创设丰富多彩的活动，让学前儿童在具体情境中体验、发现讲述的快乐；鼓励学前儿童在游戏过程中建构讲述的经验，让儿童在游戏中去体验、纠正、提高。在活动过程中还可以介入多种载体，如多媒体、音乐等，可以实施多种组织形式，如师生互动、同伴互动等。这些都可以提高活动的趣味性和新颖性，从而扩展、丰富学前儿童的讲述经验。

(四) 在教师的指导评价中提升学前儿童的讲述经验

教师要指导儿童使用正确的语言内容和形式,有中心、有顺序、有重点地进行讲述。有中心指的是讲述不跑题;有顺序则要求儿童按逻辑规律组织表达自己的口语语言;有重点指的是教师要求儿童在讲述活动中要抓住事件或物体的主要特征,传递最重要的信息。

教师的示范作用主要表现在教师的指导和评价要以故事性语言润色,以此提升累积儿童的语言经验。讲述注重培养儿童的想象、表达,因此自主观察表达很重要。自主表达的基础是儿童的语言经验,没有经验,想提升表达水平是很困难的。因此,每一次儿童回答或自主讲述后都应有教师的指导和评价。这些指导和评价以优美的语言,将儿童的答案和画面内容结合进行语言的提升,在帮助儿童理解画面的同时潜移默化地让儿童感受优美的词句、提高语言能力,这也是教师的一种示范作用。

模块二 幼儿园讲述活动的设计

引导案例

大班的"娃娃家"里有六个娃娃,每个娃娃都不一样。孩子们玩"娃娃家"的时候都喜欢抱着娃娃,和娃娃说话,抚摸娃娃。教师根据幼儿的兴趣,决定开展一个《我的娃娃》的讲述活动。

思考:如果您是教师,您会选择哪些教学方法?

一、讲述目标的确定

想要设计一次好的幼儿园讲述活动,明确、适宜的目标是必不可少的。确定活动目标是设计幼儿园文学作品学习活动的第一步,也是极为关键的一步。

幼儿园讲述活动的设计目标要从幼儿的年龄特征为出发点,尊重幼儿的个体差异,以儿童为本,全面而又不乏针对性地发展幼儿的表述能力。

例如,3~4岁的幼儿已经基本上能够向别人表达自己的思想和要求,不需要成人过多地猜测他的意愿;他们爱模仿,常常是别人说什么,自己也说什么;他们思维的抽象性差,只能谈论眼前的事物,对看不见的、需要抽象思考的事物说不清楚。因此,小班幼儿的讲述活动目标包括"能有兴趣地运用各种感官,按照要求去感知讲述内容"。

以下是小、中、大班幼儿讲述活动的目标:

小班

(一) 能有兴趣地运用各种感官,按照要求去感知讲述内容。

（二）理解内容简单、特征鲜明的实物、图片或主要事件。

（三）愿意在集体面前讲述。

（四）能正确地说出讲述内容的主要特征或主要事件。

（五）能安静地听老师或同伴讲述，并用眼睛注视讲述者。

中班

（一）养成先仔细观察，后表达的讲述习惯。

（二）逐步学会理解图片和情境中展示的时间顺序。

（三）能主动地在集体面前讲述，声音响亮，句式完整。

（四）学习按照一定的顺序讲述实物、图片和情景的内容。

（五）能积极倾听别人的讲述内容，发现异同，并从中学习好的讲述方法。

大班

（一）通过观察、理解图片与情景中蕴含的主要人物关系和思想感情倾向。

（二）能有重点地讲述实物、图片和场景，突出讲述的中心内容。

（三）在集体面前讲话态度自然大方，能根据场合的需要调节讲述的音量和语速。

（四）讲述时语言表达流畅，没有明显的停顿现象，用词用句较为准确。

二、讲述内容的选取

要想开展一次成功的幼儿讲述活动，教学内容的选择无疑是非常关键的。合适的教学内容可以引发学生的兴趣，让幼儿"有话可讲"。讲述活动的教学内容应当从生活以及儿童喜闻乐见的事情中选取，例如去游乐场的经历、最喜欢的蛋糕等。为了提高幼儿的参与程度，教师还可以自己绘制图片或与儿童一起绘制图片，将这些作品作为讲述的内容，等等。

（一）联系儿童早期经验

幼儿的大脑并非一片空白，他们是带着先前的生活经验走进教室的。而讲述活动的内容，必须要与儿童的早期经验密切联系在一起，才是对幼儿有意义的。只有对幼儿有意义的内容，才能引起幼儿的兴趣，并且让幼儿在讲述活动中"有话可讲"。例如在下面的案例中，"粽子"是幼儿早已接触过的一种食物，并且这种食物与其他食物不同，有着独特的内涵。选择这个教学内容可以联系幼儿的生活经验，从而吸引幼儿的注意，引发幼儿讲述的愿望。

儿童早期经验包括幼儿家庭生活的经验、与同伴交往的经验、与学校和社会互动的经验等。

案例 3-4

粽子里的故事(大班)①

一、活动目标

1. 在看看、说说、猜猜中理解故事的情节。

2. 养成仔细倾听的习惯,能用语言清楚连贯地表达。

二、活动准备

绘本、磁带、录音机

三、活动过程

（一）导入

1. 小朋友你们吃过粽子吗?

2. 粽子是什么味道的呢? 今天方老师给小朋友们带来了一个关于粽子的故事! 你能猜猜故事里会讲些什么吗?

小结:猜了那么多,都很有可能哦,到底是个什么故事呢? 我们来看看。

（二）欣赏故事

1. 听故事,观看绘本(在密密的树林里——也就不能把找来的故事讲给小朋友们听了。怎么办呢?)——这位奶奶有个非常大的本领是什么呀?

——可奶奶不能说话了,那怎么办呢? 你有什么好办法吗? （幼儿讨论）——看看老奶奶是怎么做的?

2. 听故事,观看绘本(老奶奶决定把一个个故事——谁就会讲故事了。)——奶奶是怎么做的呢?

小结:原来奶奶把故事包在粽子里,谁吃了粽子,谁就能讲故事。

——粽子是做好了,可是要有人来吃,谁会来呢? 让我们继续听下去。

3. 出示松鼠卡片,观看绘本。

（吱吱吱、吱吱吱—— 一个劲儿地叫"吱吱吱……"）——谁来了? 小松鼠来干什么? 小松鼠吃了粽子讲出故事了吗?

小结:小松鼠吃了粽子,可是"吱吱吱"地讲不出来——接下来还会有谁来呢? 让我们继续听下去。

4. 出示狐狸卡片,观看绘本(哩哩哩、哩哩哩,来了一只小狐狸——一个劲儿叫"哩哩哩……"）——谁来了? 小狐狸来干什么? 小狐狸吃了粽子能讲出故事来吗?

小结:小狐狸吃了粽子,"哩哩哩"地也讲不出来。

---

① 百度文库.幼儿园《粽子里的故事》应彩云公开课教案[EB/OL].（2012-08-05）. http://wenku. baidu. com/view/a71a39110b4e767f5acfce5b. html.

四、活动延伸

1. 观看绘本(接着,又来了百灵鸟、小白兔和小猴子,他们吃了粽子有了故事可是也不会说,怎么办呢?)——小动物虽然吃了粽子,但它们不会讲话,讲不出故事,怎么办呢?真着急。你有什么办法吗?(幼儿讨论)

2. 观看绘本(小松鼠,小狐狸——扔下竹篮拼命逃。)——动物们找到了谁?

——小姑娘为什么要逃跑啊?(因为小动物们一高兴就冲了上去,吱吱吱,哩哩哩,叽叽叽叫个不停。小姑娘吓坏了。)

3. 观看绘本(糟糕!——一直采到小房子跟前。)——小姑娘吓跑了,动物们用了什么好办法把小姑娘引来?(动物们用蘑菇引来了小姑娘)

4. 观看绘本(美丽的小姑娘——那个也是故事呦。)——小姑娘吃了一个又一个的粽子,发生了什么事?

(二) 从游戏中选取教学内容

游戏是幼儿的主要活动,幼儿喜欢游戏、愿意做游戏、主动玩游戏。因此,从游戏中选取讲述活动的教学内容,是比较能引起幼儿兴趣的。讲述内容可以是幼儿游戏的渊源、游戏的内容、游戏的方法、游戏时的感受等。

另外,如果组织讲述活动时,能与游戏结合在一起,变成讲述游戏,更能引发幼儿的兴趣,活动的效果也会更好。如在下面的案例中,先从游戏"逛三园"说起,激起幼儿的兴趣,再借鉴这个游戏的做法,在活动中边让幼儿游戏边让幼儿讲述,不但发展了幼儿的口头语言表达能力、提高了幼儿对讲述活动的兴趣,还在游戏中培养了幼儿口头语言的准确性和敏捷性。

案例 3-5

逛三园(中班)①

一、活动目标

1. 引导幼儿在游戏情境中,掌握讲述固定的句式。

2. 帮助幼儿巩固对蔬菜、水果、动物名称的认识和发现。

3. 鼓励幼儿在游戏中大胆表现,积极表述。

二、活动准备

1. 知识准备:幼儿已看过江苏卫视少儿频道中"逛三园"的节目,有一定的认识。

2. 物质准备:PPT 课件、魔法棒、贴纸围裙;动物活动的图片、水果园的场景布置。

---

① 沈静.幼儿园中班讲述活动:逛三园[EB/OL].(2013-11-11). http://www.yejs.com.cn/Jiaoan/article/id/45961.htm.

三、活动过程

（一）由生活经验引出活动主题

1. 师：小朋友，江苏电视台少儿频道林子姐姐主持的节目"我爱饭米粒"中有个"逛三园"的游戏，还记得吗？

2. 幼儿个别讲述，引出游戏的玩法：大家一起逛三园，什么园？……（问答形式）

3. 师：今天我们也来玩玩这个游戏，不过我们玩的时候会有点不一样哦，我们在逛三园的时候，要说一句好听的话。看，老师带来了两样东西：魔法棒和奖励贴纸。当魔法棒点到谁，谁就来参加游戏，而且我们在游戏中不惩罚，只要讲得正确，就有奖励贴纸哦。

（评析：从幼儿喜欢、熟悉的生活游戏中引出本次活动的主题，易于被幼儿接受，而且也能激发起幼儿的活动兴趣，魔法棒和奖励贴纸的运用则能充分调动幼儿活动的积极性。）

（二）组织幼儿参与游戏

1. 师：好，逛三园的游戏开始了，看看我们逛的第一个园是什么。

2. 展示 PPT 课件，引出"蔬菜园"，纠正发音。

3. 教师与孩子一起讲述游戏开始时的句式"大家一起逛三园，什么园？蔬菜园。蔬菜园里有什么？"

4. 根据教师指到的蔬菜（放大 PPT 照片），孩子们集体学说"蔬菜园里有××"。

（评析：从简单、常见的蔬菜入手，让孩子在基本掌握问答形式的语言结构的基础上，简单讲述短句，锻炼语言能力。）

5. 组织幼儿游戏"逛三园"。

① 教师点动魔法棒"讲讲讲"，鼓励指到的孩子来讲述"蔬菜园里有××"的句式，讲述正确奖励贴贴纸。

② 教师过渡：蔬菜园逛完了，看看我们第二个园来到了什么地方。

③ 组织幼儿起立来到水果园，鼓励幼儿每人采摘一个水果。

（评析：这个环节中增添了魔法棒，活跃了游戏气氛，采用自由采摘的形式，达到了动静结合的活动目的。）

④ 教师集中："逛三园的游戏又开始了，这一回，你来讲的时候，除了讲出水果园里的水果，还要讲出水果的颜色哦。"

⑤ 教师点动魔法棒"讲讲讲"，鼓励指到的孩子讲述"水果园里有×色的××"的句式。讲述正确奖励贴贴纸，并请孩子将水果送上来。

⑥ 根据教师指到的水果（放大 PPT 照片），幼儿集体讲述"水果园里有×色的××"的句式，巩固认识。

（评析：在这一环节的游戏中，将"水果园里有×色的××"句式加以运用学习，增加了语言讲述的难度,也使活动层层递进。)

（三）鼓励幼儿完整讲述

1. 教师过渡:水果园也逛过了,请小朋友们猜猜第三个园是什么,引出"动物园"。

2. 组织幼儿分散观察动物园的图片,教师个别指导,鼓励幼儿用好听的词语来讲述。

3. 组织幼儿第三次游戏"逛三园",玩法同上,巩固"动物园里××在干××"的句式。教师根据小朋友个别讲述的内容,利用PPT展示大图。

4. 教师鼓励幼儿讲出"动物园里××在××地方干××"的句式,并加上感叹词。

5. 幼儿集体讲述,巩固句式的学习,学习个别感叹词。(采用分组比赛的形式,通过PPT的展示,让孩子在一定的时间内根据展示的图片,进行接龙比赛讲述。)

（四）放松活动

师:我们一连逛了三个园,也有点累了,回去好好休息休息吧。

带领幼儿做放松动作退场。

（三）从文学作品中选取教学内容

文学作品也是理想的讲述活动内容。它不但有利于培养学前儿童欣赏文学作品的能力,还能帮助幼儿接触、学习文学语言,为日后书面语言的学习打下良好的基础。如在案例《一座房子和一块砖》的教学情景中,教师为幼儿选择了幼儿文学作品《一座房子和一块砖》作为讲述的素材,不但引起了幼儿讲述的兴趣,还能帮助幼儿通过阅读文学作品讲述,加深对作品的理解,帮助幼儿把握作品的主线。

案例 3-6

一座房子和一块砖(大班)

师:今天我给大家带来了一本书,书的名字叫《一座房子和一块砖》。我们一起看看封面上的小老鼠为什么要在砖上画上自己的头像呢? 我们一起来阅读这本书,在书中找找答案。请小朋友阅读到红色夹子的部分就停下来。

（幼儿阅读故事的第一部分）

师:小朋友们都看完了故事的第一个部分? 谁说说故事里有谁? 发生了什么事啊?

幼:是大熊和小熊的故事!

幼:不对,那是小老鼠。

幼:故事里有小老鼠和熊,大熊住到房子里面去了。

师:请小朋友翻开书仔细看看,到底是大熊和小熊的故事还是大熊和小老鼠的故事?

幼儿翻书后,说:大熊和小老鼠。

师出示图片,问:房子是谁的? 小老鼠有什么呢?

幼:大熊有新房子,小老鼠没有房子。

师:大熊有新房子,小老鼠有什么呢?

幼:小老鼠只有一块砖。

师:为什么大熊有新房子,小老鼠只有一块砖。

幼:大熊有钱,小老鼠没钱。

师:你在书的哪一页看出大熊有钱,小老鼠没钱的?

幼:在第二页,大熊的脚底下有好多好多金币哦,小老鼠什么都没有。

师:好的,我们知道了大熊有一座新房子,小老鼠只有一块砖。那接下来会发生什么事呢? 我们接着往下看。请小朋友取下红色的夹子,看到蓝色的夹子时就停下来。

(幼儿阅读故事的第二部分)

师:发生什么事了?

幼:大熊没钱了。

师:为什么大熊没钱了? 你从哪里看出来的?

幼:在书的第15页,大熊的钱包都空了。

师:那小老鼠在干什么呢?

幼:在种树。

幼:打工挣钱。

幼:小老鼠在劳动。

师:为什么大熊会没钱了?

幼:他买了好多好多的东西吃掉了,还买了汽车。

师:如果你是大熊,接下来你会干什么?

幼:我会去打工。

幼:我会去找小老鼠和他一起种树。

幼:我会去找他借钱。

师:如果你是小老鼠你会借钱给大熊吗?

幼:不借。因为大熊太爱吃了,不会节约用钱。

幼:会借,大熊没钱了,好可怜。

师:接下来到底会发生什么事呢? 请小朋友取下蓝色夹子,我们接着往下看。

(幼儿阅读故事的第三部分)

师:接下来发生什么事了?

幼:房子变成小老鼠的啦! 大熊只有一块砖了。

(教师根据幼儿回答贴出相应图片)

师：为什么房子会变成小老鼠的？

幼：他努力挣钱，有钱了房子就是他的了。

幼：最后大熊和小老鼠一起去打工了。

师：你喜欢大熊还是小老鼠？

幼：我喜欢小老鼠，因为他会打工挣钱。

幼：我喜欢大熊，因为他后来变好了，也去打工了。

（四）选取教学内容应注意的事项

1. 根据目标选择活动内容

幼儿讲述活动的内容选择，应该紧紧围绕着教学目标，以能够实现教学目标为主要依据。否则，很容易出现活动内容偏离教学目标的情况。教学目标和教学内容无须一一对应，一项目标往往要通过多种内容来达到，一种内容也可以同时体现几项目标的要求。

2. 根据讲述活动的特点选择内容

讲述活动的语言一般选择独白言语，要求有较正式的语言环境。对于儿童来讲，独白言语刚刚开始形成，发展水平较低。因此，教师选择的讲述内容篇幅不能过长，情节不能过于复杂，教师不能将复杂的图书作为儿童讲述的内容。此外，所选的内容还要适于儿童运用独白言语。

3. 根据学前儿童心理发展的特点选择内容

教师在选择讲述活动内容时应充分考虑到学前儿童心理发展的特点。例如：小班幼儿的语言以短小的句子为主，句子中名词、动词等出现的较多，而形容词、介词等出现的较少，所以小班幼儿讲述活动应该以"能讲清发生了什么事"（叙事）为主，尽量避免让小班幼儿讲述那些需要大量描述性词汇、故事性不强的内容（如描述冬天的景色）。

4. 在学前儿童的新旧语言经验间建立联系

要想使讲述活动提供的语言经验能够为学前儿童所用，并成为学前儿童自身语言经验体系中的一部分，教师要在选择活动内容时考虑新旧语言经验之间具有的内在联系。幼儿在讲述活动中所使用的语言，大多是先前已经获得的，在此基础上，让幼儿尝试讲述与已经获得的语言相关的事物，会让幼儿更加有话可讲。

三、讲述方法的选择

只有选择适合的教学方法，才能设计出更好的幼儿园讲述活动。目前幼儿园讲述活动常用的教学方法主要有以下几种：

（一）讲解法

讲解法是指幼儿教师运用生动、形象的语言，深入浅出地向儿童讲解某方面知识的方法，包括教师给儿童讲故事，组织儿童复述故事，帮助儿童理解故事内容，解释词语概念等。

讲解时,教师要考虑本班儿童的语言接受能力,力求语言清楚、生动、简练,易于儿童理解,必要时可以做适当重复,并保证讲解内容要具有科学性、思想性,知识要准确无误。

案例 3-7

仓颉造字(大班)①

一、活动目标

1. 理解故事内容,了解汉字的由来以及汉字的演变过程。

2. 学识一些简单的象形文字,并能与之对应的现代文字进行匹配。

3. 知道汉字是中华民族智慧的结晶,喜欢认读汉字。

二、活动重点与难点

重点:了解汉字的由来以及汉字的演变过程。

难点:汉字与象形文字的配对过程。

三、活动过程

(一)提问引入主题

1. 出示象形文字字卡"⊙"。

提问:这个图案像什么?

2. 小结:这是古代的一种文字,叫象形文字。

提问:它们是怎么来的呢?

我们一起听一个故事就有答案了。

(二)分段学习汉字

1. 看 PPT1,教师讲述故事后提问:

(1) 故事里讲了谁?

(2) "结绳记事"是什么意思呢?

(3) 这样的方法好吗?为什么?

师:我们来看看这种方法是不是很好?

2. 看 PPT2,教师提问:

(1) 你看到了什么?

(2) 仓颉为什么会愁眉不展?

教师总结:打结的方法虽然好,但记得的事越来越多,这种方法就不管用了。

提问:你有什么好办法来帮助仓颉?

师:那仓颉会用什么办法呢?

---

① 妈咪爱婴网.幼儿园大班语言活动设计《仓颉造字》[EB/OL]. (2013-05-22). http://www.baby611.com/jiaoan/db/yy/201305/22110033.html.

3. 看 PPT3,教师提问:

(1) 指"数物画线"你认识这几个字吗? 是什么意思?

(2) 他是怎么想到这个办法的?

(3) 这还有句话"画虎……",这是什么意思呢?

教师总结故事内容。

4. 看 PPT4,教师讲述故事内容后提问:

(1) 仓颉又想到了什么好办法? 是怎么想到的?

(2) 看你怎么读这句话?(指字,让幼儿明白古代写字的顺序与现代是相反的。)

5. 看 PPT5,教师讲述故事后提问:这幅图中都有哪些象形文字?

(三) 听录音完整欣赏故事

提问:仓颉为什么要造字? 文字是怎么出来的? 文字有什么作用呢?

小结:从古代的象形文字,到今天的现代文字,都是我们中国人创造出来的。文字能帮助我们记录看到、听到的很多事物,让我们从小就能学到很多本领。世界上有好多人都在学习我们中国的文字。相信在不久的将来,中国文字还会成为世界上的通行语呢!

(四) 象形文字与汉字的配对

观看 PPT。猜测象形文字,说出对应的汉字。

(五) 延伸活动在区角投放

象形文字与汉字配对的连线操作纸或字卡找朋友。

(二) 游戏法

游戏是儿童生活中必不可少的主题。游戏符合儿童生理、心理发展水平,是处于身体和心理上各种机能尚未成熟阶段的儿童的主要活动,也是儿童学习和发展的途径。尤其对于年龄较小的儿童,应尽可能地进行游戏化教学。

案例 3-8

娃娃(中班)[①]

一、活动目标

1. 指导幼儿用描述性的语言,完整、连贯地讲述"娃娃"。丰富相应的形容词,如:漂亮、可爱、胖嘟嘟等。

2. 幼儿通过有趣的"猜猜谁不见了"、"改错"游戏,对"娃娃"进行由特征到一般的有序感知、表述。

3. 帮助幼儿形成"听清楚了再回答"的倾听表述习惯。

---

① 豆丁网.幼儿园中班讲述活动:娃娃[EB/OL]. http://www.docin.com/p-380295599.html.

二、活动准备

1. 每组一个神态、性别、衣饰不同的玩具娃娃。

2. 已放在"娃娃家"游戏角中让幼儿玩了几天。

（在学前阶段，引导幼儿用描述性、陈述性、议论性及交往的语言进行谈话，是培养幼儿表述能力的具体行为内容。而描述性语言在实物讲述中运用得更为普遍。本次活动就运用了智力游戏"猜猜谁不见了"、"改错"，让幼儿在玩的过程中，自然、生动、有趣地夸赞自己喜爱的娃娃，可以达到从娃娃的特征到一般形态的有序表述的目的。）

三、活动过程

1. 运用游戏"猜猜谁不见了"，引导幼儿感知理解"娃娃"。

老师将六个娃娃(每组一个)展示在幼儿面前。请幼儿闭上眼睛然后拿走一个娃娃。教师提问：哪只娃娃不见了？让幼儿集体回答。幼儿回答后，老师也可以进一步启发幼儿从某娃娃的特征到一般形态进行描述。可以提问：第几个娃娃长得什么样？游戏可以进行多次，由老师藏娃娃大家猜，然后可以请几位幼儿上来藏娃娃大家猜"谁不见了"。

（这一活动重点叙述了游戏"谁不见了"的玩法。游戏的规则即是启发幼儿有序地运用描述性语言讲述娃娃的语言过程。）

2. 运用"抱一抱，亲一亲"，让幼儿结伴讲述。

(1) 幼儿分组进行讲述(每组一个娃娃)大家传着抱娃娃，当抱着娃娃时，可以亲一亲、搂一搂娃娃，并说"我最喜欢娃娃×××(特征部分)，因为娃娃穿着××(长着××)。"或"我的小宝宝，你的嘴长得像一朵小花，你的××长得像××(抓住"特征到一般"进行描述)。

(2) 老师以参与者的身份加入到幼儿的讲述中去，以平行示范的方式引导幼儿用合适的形容词来形容娃娃。

（幼儿自由结伴讲述也是运用游戏的方法进行的。它很像民间游戏"击鼓传花"。可爱的娃娃在每个幼儿的手中传来传去，谁见了都忍不住抱一抱、亲一亲，说句夸奖的话。如果哪位幼儿不愿说或说得不合适不要紧，老师可以以参加者的身份抱抱、亲亲、夸夸娃娃，为他们做示范，同时示意幼儿也来夸夸自己的娃娃。这种以游戏的方式进行的结伴讲述，可以减少幼儿表述时的紧张情绪，使孩子们得以调整自己的讲述经验，为下面的讲述作好准备。）

3. 运用"改错"游戏，提供讲述思路。

(1) 老师抱起娃娃：我的娃娃真快乐，你听，他长着像苹果一样的鼻子，绿绿的嘴唇，两条大大的耳朵，我真喜欢我的娃娃。

(2) 幼儿运用集中讲述的方式，纠正老师不正确的讲述，同时说出正确的表述方式和思路。

老师可以这样启发幼儿：哪里说得不合适？为什么？如果你要说，又应该怎样？怎样说才能让别人一下找到你的娃娃?

（提供新的讲述思路也是以游戏的方式组织起来的,老师故意说错几句话,让幼儿去纠错,因为中班幼儿已具备了初步识别字、词、句错误与否的能力。因此,在欢快的纠错活动中,他们又一次在自然、生动、有趣的玩耍中学习了新的讲述思路,并在纠错游戏中一遍遍地练习了新的讲述思路的表述方式。）

4. 从说"娃娃"到"夸"同伴。

（1）请出一位幼儿。

（2）大家以集中讲述的方式"夸夸××小朋友"。老师注意引导幼儿运用先特点再其他的讲述思路进行"夸同伴"。

（最后的层次,老师设计了"夸自己同伴"的活动,帮助幼儿迁移新的讲述经验。从玩具娃娃迁移到活生生的同伴。虽然人物变了,但是讲述的思路可以是相同的。于是,通过老师的指点,幼儿以与"娃娃"相同的思路,进行了有序讲述,达到了迁移的目的。）

（三）表演法

表演法是指在幼儿教师的指导下,学前儿童学习表演文学作品,以提高口语表现能力的一种方法。使用表演法即可以使儿童的主动性得到发挥,又可以通过表演提高儿童语言表述的能力。表演法要求儿童要熟悉故事,理解故事角色对话。但这种方法需要大量的时间进行讲解和排练,不宜在课堂教学中使用。

案例 3-9

超级模仿秀(大班)[①]

一、活动目标

1. 模仿一些人物、动物,发展表现能力。

2. 满足幼儿模仿欲望,能在集体面前大胆表演。

二、活动准备

1. 幼儿至少准备一个节目以及表演所需的简单道具、音乐伴奏带等。

2. 幼儿每人自制亮分牌,正面为1分,反面为3分。

3. 一个遮脸用的面具。

三、活动过程

（一）简单布置超级模仿秀表演场。

1. 请幼儿回忆电视上的模仿秀节目,说说自己最喜欢看的节目。

---

① 江西省大余县水城幼儿园网站. 大班语言活动——超级模仿秀[EB/OL]. (2011-01-10). http://jxdyyey. jxedu. gov. cn/read. php? id=7050;;573179.

2. 引发幼儿产生举办模仿秀的愿望,启发幼儿简单布置超级模仿秀表演场。

3. 带领幼儿简单布置,把座位排成小组方阵,布置一个后台等。

（二）自由表演——动物篇。

1. 我们第一个板块是"动物篇",请你们用最简单的动作来表现自己喜欢的动物。

2. 鼓励幼儿自告奋勇地上台表演,教师也参与其中,请其余幼儿当观众以抢答方式说出这种动物的名称。

3. 每一方阵幼儿依照自己对表演者的满意程度亮分,教师给予记录,并报出总分。

4. 如果大家看不明白个别幼儿的表演,可以引导幼儿思考怎样才能让人看得明白,并共同设计动作。

（三）自由表演——人物篇。

1. 我们第二个板块是"人物篇",请你们表演大家都比较熟悉的人物,可以模仿这个人经常说的话。

2. 幼儿上台表演,教师也参与其中,渲染周围的气氛,调动幼儿的情绪,请"观众"以抢答的方式猜出该人物,如大风车节目主持人、开心辞典主持人、服装模特、某歌手、卡通片主人公等。

3. 请幼儿说说是怎样看出来的,知道模仿一个人应模仿他的神态、动作、语言风格等。

4. 每一方阵幼儿依照自己对表演者的满意程度亮分,教师给予记录,并报出总分。

四、讲述过程的设计

（一）导入活动

1. 角色导入法:即在导入活动时先把作品中的角色介绍给幼儿,让幼儿更有目的更主动地听,有利于调动幼儿参与活动的积极性和主动性。例如在《小猫过生日》的教学中,教师是这样引入活动的:"今天我给大家带来了一位小客人,看看它是谁？（出示手偶小猫）"

2. 问题导入法:即幼儿教师以问题导入,并且贯穿于整个讲述活动教学过程,幼儿在提出问题、思考问题、解答问题的过程中,理解作品,表达作品。例如在案例《仓颉造字》中,教师先出示象形文字字卡"☉",然后提问幼儿:"这个图案像什么？"在总结了这是象形文字之后,教师接着提问:"它们是怎么来的呢？"通过两个问题,设置了悬念,极大地引发了幼儿的兴趣。

3. 悬念导入法:即在活动的开始部分教师设置悬念,让幼儿情不自禁地去猜想,以集中幼儿的注意力,使幼儿很快进入故事情节,展开丰富的想象。例如在《小猫过生日》教学过程中,通过一个手偶引出了主人公——小猫之后,教师设置了一个悬念:"小猫今天特别开心,猜猜是什么事?""大家想的都不错。那到底是什么开心的事呢? 我们一起来看看吧。"

4. 情境导入法:即设计一种形象生动的教学情境,运用画面、声音、实物等多种媒体营造一种特殊情景,使幼儿产生身临其境的感觉,激发孩子求知的欲望和兴趣。例如在让幼儿讲述《冬天》时,可以先播放轻音乐《第一场雪》,然后再使用多媒体播放下雪时唯美的图片,从而创设一种情境帮助幼儿回忆冬天时的体验,使幼儿可以由感而发地讲述。

(二) 教师示范讲述

幼儿教师可完整讲述,也可边猜测边进行部分讲述。讲述时口气要亲切,注意声情并茂,态势得体,以不同的语调和声音表达自己的情感,为下一步幼儿的讲述提供优秀的示范。

(三) 提问与引导

在示范完成后,教师需要通过提问与引导为下一步幼儿的讲述提供支持。恰到好处的提问可以帮助幼儿更好地理解要讲述的材料。提问时应该注意:第一,严格围绕讲述活动的目标,以免分散幼儿的注意;第二,保证语言要简单明了,言简意赅,不可过于繁琐;第三,提问要准确,力求为幼儿营造一种准确的语言学习氛围;第四,提问必须符合幼儿的认知发展水平,语言理解能力以及注意力保持时间的长短等特征,不可过大,要适中,例如"你是怎么想的"就不是一个好问题;第五,提问的语言要精彩生动,内容要丰富多彩,充分调动幼儿的学习兴趣,避免千篇一律的提问方式,例如"小朋友们,这个故事好不好啊?";第六,在提问的过程中,幼儿也可能随时提出一些意想不到的问题,此时,教师就应该及时"接住"幼儿的问题,并且及时灵活地进行解答,适时地反馈给幼儿。

(四) 激发幼儿用多种方式表现对作品的理解与表达

提问完成后,可以让幼儿通过多种方式表达自己对作品的理解。比如口头讲述、角色扮演、游戏等,通过引导幼儿去表现故事中的情节,加深幼儿对故事的理解,提高口语表达能力。

(五) 拓展故事教学的时间、空间,培养幼儿的语言表达能力

创设语言区在区内投放故事盒、各种画有动物、植物、日常用品的小图卡,各种纸偶、手偶等材料供幼儿选择,使讲述成为幼儿日常生活的一部分。

模块三 幼儿园讲述活动的组织与实施

引导案例

在幼儿园中班"我的家"这个主题系列活动中,教师打算开展《小鸭的一家》的讲述活

动。创设讲述情境的方式很多,李老师建议用音乐创设讲述情境,王老师认为用游戏创设讲述情境更好。

思考:如果您是教师,您会采取哪些方式创设讲述情境?

幼儿园讲述活动的实施是对活动设计的具体呈现。实施过程的得当与否直接决定着讲述活动的成败。

一、讲述材料的准备

在幼儿园讲述活动实施之前,教师需要做好充分的准备,从而为幼儿的讲述提供全力的支持。准备材料要有目的性和计划性,良好的选材是一个优质讲述活动的开端。准备工作主要包括以下几个方面:

(一)准备教材

教材,即是教学的材料。教师还需要根据讲述活动的需要,提前准备其他所需的教学材料,如图片、PPT、实物等。

(二)准备教具

教师还需要准备教学所需要的各种教具,如录音机、多媒体教学设备、头饰等。恰当地运用教具,不仅可以提高学习兴趣,而且可以帮助幼儿更好地理解要讲述的对象。

(三)准备座位

讲述活动与其他活动不同,往往是一人对集体进行的讲述,在这种情况下,座位就显得很重要了。如果还按照正常教学中的座位,会使得幼儿讲述时,其他幼儿听不到、听不清,甚至会干扰讲述幼儿的正常思维。讲述活动时,让幼儿坐成 U 形或圆形比较适宜。

二、讲述情境的创设

(一)用轻松自由的氛围创设情境

要想让幼儿放松地讲述,正常地发挥,首先需要为幼儿创设轻松自由的心理氛围。如中班教学活动《小鸭的一家》,在这一活动过程中,教师始终提供一个轻松的学习氛围。老师甜美的声音,灿烂的笑容,像阳光般温暖着孩子的心灵,活动中教师又营造了一种民主、生动、活泼的学习环境,用点头、抚摸、拥抱、竖起大拇指等支持、鼓励、肯定幼儿,使幼儿的自尊心得到了满足,并且增进了幼儿讲述的自信心。

(二)用音乐设置讲述情境

音乐的旋律使图片中的人物形象变得栩栩如生,大大提高了幼儿学习的兴趣与注意的持久性,可帮助幼儿理解图意,发挥想象力和表达能力。如:大班教材"大象救小兔",配上一段跌宕起伏的音乐,随着音乐旋律的变化,幼儿表现出焦急、快乐、害怕等不同情绪,孩子们都被图片的内容深深吸引住,为小兔们的命运担忧,个人仿佛身临其境。教师在幼儿耳听音乐、眼观图片、精神极为集中之际,引导幼儿细致地观察图片,有条理地加以讲述,还改变了以往只是从时间、地点、人物、情节的顺序上进行讲述的旧方法,充分发挥幼儿的想象力,使幼儿掌握了多种讲述方法。

(三)用纸工、常识等综合活动创设故事情境

幼儿喜欢手工操作,而在操作的过程中又爱自言自语。因此创设语言与纸工、常识的综合活动情境,可有目的地提高幼儿表述能力。如在讲"小蝌蚪找妈妈"的故事以后,老师让幼儿用撕纸的方法,用橡皮泥和各种自然物,每人做一套故事角色:青蛙、蝌蚪、鹅、金鱼、乌龟等。做好后,让幼儿边演示边讲,加深了幼儿对故事的记忆与理解,调动了幼儿学习的积极性、创造力和想象力。再如孩子在认知小兔后,教师给幼儿用纸折成小白兔,边折边说出小白兔的短尾巴、长耳朵、红眼睛。请幼儿讲一讲"可爱的小白兔"。

(四)联系生活实际,触发情境

日常生活中发展幼儿语言,可使他们在不知不觉中提高表达能力和思维能力。如:春天,教师可带幼儿种植,让幼儿在亲自动手实践中得到丰富的印象。带幼儿松土、选种、种植、移植……在做每一项工作时,都是边干边讲,使幼儿知道这种劳动叫什么,相应地丰富幼儿词汇。教师选几种植物的种子,让幼儿观察,比较它们的异同。幼儿会说:"有的像小米粒,有的像橘子瓣……"通过种植与照料花草,不仅丰富了知识,也陶冶了情操,使幼儿充分感受到自然界千姿百态的变化。幼儿生活内容丰富了,思路也就开阔了。然后再请幼儿讲一讲"我的种植活动"。

(五)利用游戏创设情境

心理学家弗洛伊德说:"游戏是由愉快触动的,它是满足的源泉。"游戏是儿童的天堂。在课堂教学中,教师根据幼儿的心理特点和教材内容,设计各种游戏、创设教学情境,以满足幼儿爱动好玩的心理,产生一种愉快的学习氛围。这种氛围不但能增长幼儿的知识,还能发展幼儿的语言表达能力,提高他们的观察、记忆、注意和独立思考能力,不断挖掘幼儿的学习潜力。例如在幼儿园中班语言活动《小鸭的一家》中,教师通过让幼儿找寻"儿歌中的秘密"的游戏形式,激发了幼儿的兴趣,同时也对提高幼儿的观察能力很有帮助。

总之,教师可以采用多种方式创设讲述情境。每一个具体的讲述活动,最终采取何种方式创设情境取决于活动目标、活动的具体内容以及教师组织和实施讲述活动的具体教学条件。如引导案例中《小鸭的一家》,既可以用音乐创设讲述情境,也可以用游戏创设讲述情境,还可以采用音乐和游戏相结合的方式创设游戏情境。

小鸭的一家(中班)①

一、活动目标

1. 在听听、看看、讲讲的过程中自然习得儿歌。

2. 找到儿歌中隐含的数字,对数字儿歌感兴趣。

3. 知道要经过大人的同意才能出去玩耍,体验一家人相亲相爱的情感。

二、活动准备

1. 背景图:小鸭的家。

2. 道具:与儿歌内容相关的小图片、数字 1~10、小磁铁四个等。

三、活动过程

(一) 出示小鸭的家,激发兴趣。

师:呀! 多漂亮的小房子啊,前面还围着一圈篱笆。猜猜这可能是谁的家? (幼儿猜测)

师:到底是谁的家呢? 打开门瞧一瞧,原来是小鸭子啊! 有几只小鸭子呢? (3只)

师:3 只小鸭在干什么呢? 发生了什么事情? 我们一起来听一听。

(二) 通过小图片,感知儿歌前面部分。

1. 教师出示小图片并示范儿歌。

2. 师:听见什么了? 噢! 小鸭从来没有离开过妈妈的怀抱,现在 4 天妈妈没回家,怎么啦? 妈妈会到哪儿去呢? (幼儿猜测,教师回应)

(三) 以故事的形式感知儿歌后面部分。

1. 教师讲述故事。

原来在五天前,鸭妈妈一大清早醒来,突然发现自己的 6 只小鸭全都不见了,这可怎么办呢? 鸭妈妈是又着急又生气:"哼! 到哪儿去了呢?"鸭妈妈嘎嘎嘎地叫了起来,它开始到处寻找小鸭子,屋里屋外找了个遍,没有找到,她还扒开篱笆到处找,也没有找到。呜呜呜——鸭妈妈一下子慌了起来,究竟我的小鸭子到哪儿去啦?

2. 通过提问和小图片,建构儿歌。

师:小鸭子是几天前不见的? 是几只小鸭子一起不见的? 鸭妈妈又是怎样的呢? 会说些什么? 鸭妈妈到处找小鸭子,她是怎样找小鸭子的? (出示小图片)这是什么意思呢?

(四) 猜测想象,知道要经过大人的同意才能出去玩耍。

师:6 只小鸭可能会去哪儿呢? 会遇到什么事情呢?

如果鸭妈妈找到了小鸭子,会说些什么呢?

---

① 浙江学前教育网.幼儿园中班语言活动设计:小鸭的一家[EB/OL]. (2011-01-06). http://www.06abc.com/topic/20110106/54820.html.

小结：离开家一定要和妈妈打招呼，没有得到妈妈的同意是不能随便乱跑的，否则可能会遇到危险。

（五）在寻找数字秘密的探索中，进一步巩固复习儿歌。

1. 师：刚刚小鸭子的故事老师能用最简单的话来念呢，仔细听一听。（教师示范，放入三粒红色小磁铁表示：怎么啦）

2. 师生共同朗诵。

3. 简单地评析，再次请幼儿朗诵，把鸭妈妈生气的表情表演出来。

4. 师：这个有趣的儿歌里还藏着一个小秘密呢！你们听出来了吗？仔细听听老师是怎样念的。（教师示范儿歌前面部分，将每一句话的第一个字重读）

5. 请幼儿尝试练习，提问：秘密找到了吗？

6. 秘密藏在每句话的第一个字里，它们都是数字。还有很多数字呢，请幼儿自己练习朗诵，找出其余的数字。

7. 出示数字1～10，请幼儿将它们送到儿歌中去，再次看着数字朗诵儿歌。

8. 师：为什么要把数字7、8、9送给它们呢？它们藏在哪儿？（帮助幼儿自己发现7、8、9和气得、扒开、究竟发音差不多）

9. 小结谐音：它们的发音很相像，我们叫它"谐音"。

10. 完整地、有感情地朗诵儿歌。

（六）寻找小鸭，学习儿歌最后部分，体现相亲相爱的主题。

1. 师：好像那边有嘎嘎嘎的声音，会不会是小鸭子迷路到我们幼儿园了呀？谁愿意帮鸭妈妈找一找？

2. （将小鸭子送给鸭妈妈）师：哈哈，小鸭子找到啦！（贴上绿色小磁铁）小鸭的一家终于团聚了，看看。它们一家有几个成员呢？我们来数一数。

3. 师：10只小鸭子，数字宝宝10也来了（贴上10）。10只鸭子团聚了，它们会是什么表情，会说些什么呢？（贴上^_^）

师：10只鸭子笑哈哈，相亲相爱是一家。

4. 师：什么是相亲相爱呢？

小结：你爱我，我爱你，互相关心照顾就是相亲相爱。出示标题：小鸭的一家。

5. 师：这个儿歌里藏着很多数字宝宝，有数字1～10，是个有趣的数字儿歌。再次完整朗诵儿歌。

（七）韵律活动《母鸭带小鸭》结束。

师：小鸭的一家玩得真开心，我们也和它们一起到外面玩一玩吧！老师做鸭妈妈，小鸭子们快过来，我们出去玩啦！

附儿歌：

小鸭的一家

1 只鸭，2 只鸭，3 只小鸭想妈妈，4 天妈妈没回家。怎么啦？5 天前，6 只小鸭不见啦！气得妈妈嘎嘎嘎，扒开篱笆到处找，究竟小鸭去哪儿啦？找到啦！10 只鸭子笑哈哈，相亲相爱是一家。

三、多感官感知理解讲述对象

多感官感知理解讲述对象，实质上就是让幼儿通过多种感官渠道（如视觉、听觉、味觉、嗅觉、触觉等）感知讲述对象，建构对讲述对象深入的认知和理解。教师在这一步骤中重点是指导幼儿观察、感知、理解讲述对象，以便为后面的讲述活动打下良好的基础。

（一）可以运用不同的形式方法调动幼儿的学习兴趣

例如许多看图讲述活动，都是先让幼儿仔细观察图片、实物、情景表演来感知、理解讲述对象。这主要是通过视觉通道获得，但不排斥从其他感觉通道去获得对事物的认识，如听觉、触觉、味觉、嗅觉等。在平时的教学活动中我们一般常用的方法有情境表演、谈话、图片、实物、音乐、谜语等方法。教师在引导幼儿观察、感知、理解讲述对象的时候，要依据讲述类型的特点，或凭借物的特点去引导。例如：中班看图讲述活动《送小鸟回家》首先老师出示了一段小鸟的叫声，老师问："小鸟为什么要叫啊？"通过听觉，来激发幼儿的好奇心，引出活动主题；在《快乐的野餐》大班讲述活动中老师选择了幼儿喜欢的手偶大象创设了一个简单的情境，通过老师模仿小象和幼儿进行对话交流，从视觉和听觉的感受去激发幼儿兴趣，为后面的环节做铺垫。

（二）精心设问，帮助幼儿更好地理解讲述对象

好的问题可以帮助幼儿更好地感知和理解讲述对象，启发幼儿完整讲述图片大意，给幼儿提供一定的讲述方法，为幼儿自己讲述奠定基础，是幼儿讲述的"路标"。就看图讲述而言，教师设计的问题一般有以下几类：

（1）描述性问题。这类问题主要指向画面外在的内容，描述画面的人物、景物、动态等，是对画面的感性认识和初步、基本的分析。例如：在大班看图讲述《快乐的野餐》活动中，出示小动物在草坪上野餐的图片。老师引导幼儿观察："这幅图里有谁？远处的天空中有什么？大树下有什么？"

（2）判断性问题。这类问题是综合判断性的，要在对画面分解的基础上进行综合判断，才能回答。例如：《快乐的野餐》通过幼儿观察到天空有太阳，老师逐步提出问题："今天的天气怎么样啊？""小兔和小猪在干什么啊？""小象和小猴在干什么？"

（3）推想性问题。画面是无声、静止的，要回答这些问题，需要根据对画面外在内容的分析与判断进行推想。它是由画面内容联想到画外情节的讲述，是具有创编和发散性

的。例如：大班讲述活动《快乐的野餐》。通过幼儿观察到小兔和小猴在大锅旁拿着勺子煮汤，教师继续提问："它们会说些什么？""会想些什么？""后来呢？"

（4）分析性问题。这类问题具有追究性，是对分析、判断、推想的追究，是说出依据的讲述，是由表及里的讲述。例如：《快乐的野餐》根据孩子们说出对话。小兔说："小猴子你能帮我吹火吗？"老师进行追问："为什么小兔要这么说？""你怎么知道的？"

四、运用已有讲述经验讲述

在任务三中提到的幼儿感知理解讲述对象的基础上，教师指导幼儿运用已有的经验进行讲述。这一步骤的活动组织，要求教师尽量放手让幼儿自由讲述，给他们以充分的发挥机会，充分调动他们参与讲述活动的积极性。教师在指导这个活动环节时，可遵循以下几个步骤：

（一）交代讲述要求

教师要提醒幼儿围绕感知、理解的对象去进行讲述。在大班讲述活动《风筝》中，老师提出，请幼儿按照大图的顺序摆好自己的小图，然后观察图片："这幅图里有谁？在什么地方？它在干什么？"最后把每幅图串联起来编出一个完整的故事，有了教师清楚的要求后幼儿就会有顺序有目的地去思考、去想象，而不是漫无目的地去观察讲述。

（二）创设自由轻松的讲述环境

为幼儿创设真实、丰富、宽松、和谐的语言学习环境，让幼儿浸没在其中，给他们提供大量主动学习和锻炼的机会。它是幼儿自由发挥的阶段，教师要改变以往的老套方法，多给幼儿创设自由发挥的平台。例如在《风筝》讲述活动中，教师运用了分组讲述的方法、给不同水平的幼儿不同的选择，"可以一人讲一幅图片，也可以一人讲完整的四幅图片"。通过分层次的要求，幼儿可根据自己的能力进行选择，这样才能真正使每个幼儿做到"想说、敢说、喜欢说、有机会说"，自由展示。活动中还可以培养幼儿轮流、等待的技能，培养"安静倾听"的好习惯。

（三）了解幼儿在讲述中已有经验

讲述活动中，有时我们会发现同样图片，有的幼儿可以把图上的内容讲述得又丰富又生动，可有的幼儿讲得平淡无趣，缺乏词汇和生动的句子。词汇和句型的丰富程度和表达能力有着莫大的关系。在平时的语言学习中，老师要注意幼儿词汇和句型的积累，创设多看、多听、多学、多用的语言类游戏或活动，让孩子在玩中吸取积累词汇和句型，并学以致用。在幼儿自由讲述时，老师要注意去倾听，发现幼儿是否存在问题并及时进行指导，发现幼儿讲述中的闪光点后要给予肯定。在《风筝》讲述活动中，有一幅图是小猴子爬到屋顶上拿风筝，有个孩子说："聪明机灵的小猴子蹭蹭蹭一下子就爬到屋顶上，取下了蘑菇风筝！"老师听到后发现了他用了象声词和形容词，立刻表扬了他，肯定了他的讲述，后来这个孩子对这个词记得特别牢固。

五、提炼和拓展讲述经验

（一）引进新的讲述经验

幼儿在前面的环节里已经获得了一定的讲述经验。在这一环节里,我们就可以运用示范法引进新的讲述思路和讲述方法。在幼儿园讲述活动中,示范方法运用最多的形式是范讲,即老师对某一物体或事件做简明、生动地描述,给幼儿提供模仿的范例。如传递相应的数量词"一只、""一头";形容词如:"红红的"、"香喷喷的";动词如:"跳、跑";副词如:"现在、还、非常"。连接词:"有……有……还有……","因为……所以……"、"如果……"等词汇和简单规范的句型。可以为幼儿提供有意识的倾听要求,运用标准的普通话、抑扬顿挫的语气和语调来进行讲述活动等,给幼儿提供可模仿及正确的经验示范。在讲述活动《快乐的野餐》中,教师通过讲故事引进示范方位介词,如:"在餐布上……在大树下……在山坡上……在小溪边……",引导幼儿学习从左到右,从上到下观察图片的方法,并运用方位介词进行讲述。老师在讲述前还给幼儿提出了倾听的要求:"仔细听听老师的故事里运用了哪些好听的词语和句子呢?"让孩子带着问题和任务仔细倾听,从而也培养了幼儿良好的倾听习惯。

（二）巩固迁移新的讲述经验

通过教师向幼儿展示了新的讲述思路和方法后,在这一环节里就是给幼儿提供实际操练新思路和方法的机会,可以让幼儿尝试用新的思路和方法讲一讲,以帮助幼儿更好地巩固迁移所获得新的讲述经验。我们可以采用以下方法:

1. 集体、分组、个别讲述相结合

进行幼儿园讲述活动时一般是集体讲述在前,分组讲述在后,再集中个别讲述,分组是集中的延续、扩展,分组讲述可以是教师指定的也可以是幼儿自由组合的。这种自由、灵活的方法可以调动幼儿说的积极性,你一句,我一句,没有顾虑,能够在自由放松的环境下大胆讲述。如在《风筝》的讲述教学中,教师运用了分组和个别讲述相结合的方法,在活动中这种方法既调动了幼儿的积极性,又培养了幼儿的责任感。通过提供小图片让幼儿分组讲述,孩子们在无顾忌、轻松、自由的环境里尽情地发挥了自己已有的经验;在个别讲述时,台上的幼儿能大胆、自信、生动活泼地讲述自己的故事,台下的幼儿也能够安静地倾听着别人的讲述,在讲述完后孩子们能相互做出评价,教师可以挑选出好的句子和词语让幼儿学习,丰富幼儿的讲述经验。让后面的幼儿吸取前面幼儿的优点,更好地做到了《纲要》指出的"发展幼儿语言关键是创设一个能使他们想说、敢说、喜欢说、有机会说并能得到积极应答的环境"。

2. 游戏法,重难点前置

如在《送小狗回家》活动中,根据小班孩子的年龄特点,设计了一个"小动物、送小狗回家"的游戏,通过让幼儿饰演小猫、小鸭等小动物在下雨天是如何帮助小狗回家的情景表演,来感受、体验,从动作到动词,丰富了他们的感性经验,又巧妙地引入了重难点,使幼儿在体验迁移中学习讲述,既轻松又快乐。

3. 层层推进法

如在《小老鼠搬鸡蛋》活动中,教师按照感知理解讲述对象(已有经验)、丰富讲述经验(对话、心理活动的外在描述)、提高讲述经验(幼儿互评,教师新的示范)的流程进行,每一次讲述都有新的要求,每一次要求都有新的策略,整个讲述体现出不断累加、不断丰满、不断提高的过程。

以上这些方法都不可能单一使用,只有相互融合,完美组合,才能让幼儿对讲述活动保持浓厚的兴趣,最终达成讲述目标。

案例 3-11

小老鼠搬鸡蛋(小班)①

一、活动目标

(一) 学习用完整句讲述图片的主要内容,学习运用搬、扛、抱、抬、滚等常用动词。

(二) 学习从整体到局部进行观察的方法。

(三) 初步体验讲述活动的乐趣,学习安静倾听他人和同伴的讲话。

二、活动准备

(一) 老鼠手偶、大鸡蛋。

(二) 讲述图片 PPT。

(三) 讲述图片、手偶操作材料及头饰若干。

三、活动过程

(一) 出示手偶,引出活动主题。

指导语:今天老师给小朋友玩"魔法魔法变变变"的游戏,看变出了几只老鼠? 几个鸡蛋? 今天我们要看图学习讲述一个关于小老鼠和鸡蛋的故事。

(二) 出示图片,引导幼儿学习观察并简单讲述图片的基本内容。

提问:图片上有谁? 在什么地方?

指导重点:提醒幼儿要使用完整句讲述。如完整句:草地上有两只小老鼠。草地上还有一个鸡蛋。

(三) 幼儿分组讲述,引导幼儿学习用完整句讲述图片的主要内容。

1. 幼儿两人一组按要求自由讲述图片。

指导语:小老鼠和鸡蛋之间发生了什么事情呢? 请小朋友用完整的话来编好听的

---

① 妈咪爱婴网.幼儿园小班看图讲述活动《小老鼠运鸡蛋》[EB/OL]. (2013-09-06). http://www.baby611.com/jiaoan/xb/yuy/201309/06115642.html.

故事。

指导重点:引导幼儿用完整的话来编故事。

2. 请每组派代表讲述故事。

指导语:请小朋友仔细听故事。一会儿告诉老师:"你最喜欢小朋友说的哪一句完整的话。"

指导重点:提醒幼儿安静地倾听同伴讲述,并挑选出好的句子和词语让幼儿学习,丰富幼儿讲述经验。

(四) 教师示范讲述,引导幼儿学习用完整句讲述及学习"搬"等基本动词。

指导语:你最喜欢老师故事里说的哪一句完整的话? 故事里两只小老鼠是怎么样把鸡蛋运回家的? 你能帮小老鼠想其他的办法把鸡蛋运回家吗?

指导重点:提醒幼儿用完整的话把故事说出来,并启发幼儿想出更多运鸡蛋的方法。

(五) 幼儿分组讲述、表演,引导幼儿学习运用常用动词。

1. 幼儿两人一组,操作手偶自由讲述。

指导语:请小朋友戴上手偶,用完整的话编出一个好听的故事,再帮小老鼠想一个办法把鸡蛋运回家。

指导重点:引导幼儿操作手偶,学习常用动词,边表演边用完整的话讲述图片内容。

2. 每组派代表分角色表演新的搬鸡蛋故事。

指导语:请每组小朋友把自己编的好听故事边表演边讲给小朋友听,听听他们的故事里,你最喜欢他们说的哪句完整的话和词语?

指导重点:引导幼儿注意倾听同伴讲述,学习新的句子和词语,丰富幼儿新的讲述经验。

四、活动延伸

把活动操作手偶、头饰、图片等投放到语言区中,供幼儿自由讲述。

附故事:

小老鼠运鸡蛋

一天,两只小老鼠来到草地上。它们发现一个圆圆的大鸡蛋。小老鼠想把鸡蛋运回家。怎么办呢? 它们决定把鸡蛋搬回去。嗨哟,嗨哟! 两只小老鼠一起把鸡蛋搬回了家。

案例 3-12

送小鸟回家(中班)①

一、活动目标

（一）学习运用"可是"、"接着"等连接词和伤心、开心、高兴、快乐等形容词,能比较连贯地讲述图片内容。

（二）学习从整体到局部进行观察的方法。

（三）喜欢参与看图讲述活动,体验乐于助人的快乐。

二、活动准备

（一）讲述图片PPT。

（二）每人一份图片。

三、活动过程

（一）播放音频"小鸟的叫声",引出活动主题。

指导语:小朋友听,谁来了? 今天我们一起来看图讲一个关于小鸟的故事。

（二）出示图一,引导幼儿学习观察并简单讲述单张图片的基本内容。

提问:图上有谁? 在什么地方? 发生了什么事情? 它的心情怎么样?

指导重点:引导幼儿观察人物表情和周围环境,提醒幼儿用完整句讲述图一的基本内容。

（三）幼儿分组讲述,引导幼儿学习按图片顺序观察、连贯地讲述三张图片的主要内容。

1. 幼儿两人一组,自由讲述。

指导语:谁来帮助小鸟? 它们是怎么帮助小鸟的? 老师又带来两张图片,请小朋友两人一组按图片顺序用完整语句连贯讲述三张图片内容。

指导重点:引导幼儿仔细观察图片,按图片顺序用完整语句连贯讲述三张图片内容。想象小动物们的内心和神情,并学习运用伤心、开心、高兴、快乐等形容词,描述故事。

2. 每组派代表讲述。

指导语:请小朋友仔细听,听听小朋友是否按照图片的顺序连贯讲述图片内容,听听他的故事里用到了哪些词你最喜欢,一会儿告诉老师和小朋友。

指导重点:引导幼儿初步学会倾听同伴讲述,并挑选出好的句子和词语让幼儿学习,丰富幼儿讲述经验。

（四）教师示范讲述,引导幼儿学习运用"可是"、"接着"等连接词比较连贯地讲述图片内容。

---

① 妈咪爱婴网.幼儿园中班看图讲述活动《送小鸟回家》[EB/OL]. (2013-09-06). http://www.baby611. com/jiaoan/zb/yyan/201309/06115641.html.

指导语:老师也讲一个好听的故事,请小朋友注意听老师用了哪些好听的词语把故事连接起来的。

指导重点:引导幼儿按图片顺序,学习"可是""接着"的连接词连贯讲述图片内容。

(五)幼儿分组讲述,手偶表演,引导幼儿运用"可是""接着"的连接词连贯讲述图片内容。

1. 幼儿四人一组,操作手偶自由讲述。

指导语:请小朋友选择喜欢的手偶并戴上,运用"可是""接着"的连接词,完整地讲述一个好听的故事。

指导重点:引导幼儿操作手偶,学习运用"可是""接着"的连接词,边表演边连贯完整地讲述图片内容。

2. 每组派代表讲述、表演。

指导语:请每组小朋友把自己编的好听故事边表演边讲给小朋友听,听听他们的故事里,你最喜欢他们说的哪句完整的句子和词语?

指导重点:引导幼儿倾听同伴讲述,学习新的句子和词语,丰富幼儿新的讲述经验。

四、活动延伸

把图片投放在语言区让幼儿大胆地发挥想象去创编新的故事。

附故事:

一天早上,三只小鸟不小心从鸟窝里掉了下来。小鸟们很伤心,它们想回家可是回不去。

接着,小兔和小羊走了过来。它们抱起小鸟,想把小鸟送回家,小鸟们很开心。可是,小兔和小羊太矮了,不能把小鸟送回家。

接着,长颈鹿来了。长颈鹿脖子一伸,轻轻松松地把小鸟送回了家。小兔、小羊和小鸟们高兴地说:"谢谢你,长颈鹿!"小鸟们回家了,小动物们快乐地在草地上唱歌、跳舞。

案例 3-13

快乐的野餐(大班)[①]

一、活动目标

(一)学习运用"在……,正在做……""一个……,另一个……"的句式,比较完整、连贯地讲述图片内容。

(二)学习从上往下进行观察的方法。

(三)体验与同伴合作的乐趣,养成倾听他人讲述的良好习惯。

---

① 豆丁网.大班看图讲述活动《快乐的野餐》[EB/OL]. http://www.docin.com/p-697640063.html.

二、活动准备

（一）手偶小象一只。

（二）讲述图片PPT。

（三）每人一份图片。

三、活动过程

（一）出示小象手偶，引出活动主题。

指导语：小象和小动物们一起去森林里野餐啦！你们想知道它们干了些什么吗？我们一起去看看吧！

（二）出示图片，引导幼儿学习观察并用完整的句子简单讲述图片基本内容。

指导语：图片上有哪些小动物？他们在什么地方？在干什么？

指导重点：引导幼儿仔细观察图片，用完整的句子讲述图片基本内容。

（三）幼儿分组讲述，引导幼儿学习连贯、完整地讲述图片内容。

1. 幼儿四人一组，自由讲述。

指导语：图片上还有哪些小动物？它们在什么地方？分别在干什么？

指导重点：引导幼儿连贯、完整地讲述图片内容。

2. 每组派代表讲述故事

指导语：请小朋友仔细听故事，听一听你最喜欢故事里哪一句完整的话，等一会儿告诉老师和小朋友。

指导重点：引导幼儿认真倾听同伴讲述，并挑选出好的句子和词语让幼儿学习，丰富幼儿讲述经验。

（四）教师示范讲述，引导幼儿学习从上往下的观察方法，用"在……正在做……""一个……另一个……"的句式完整讲述图片内容。

指导语：老师也讲一个好听的故事，听听老师是按照什么顺序观察讲述图片内容？图片上的小动物是怎样互相分工合作的？你最喜欢老师故事里说的哪一句完整的话？

指导重点：引导幼儿学习从上往下进行观察的方法，用"在……正在做……""一个……另一个……"的句式完整讲述图片内容。

（五）幼儿分组讲述，表演，引导幼儿从上往下观察和运用"在……正在做……""一个……另一个……"的句式完整讲述图片内容。

1. 幼儿四个一组，操作木偶，自由讲述。

指导语：请小朋友从上往下有顺序讲述，并运用"在……正在做……""一个……另一个……"的句式连贯、完整地编出一个好听的故事。

指导重点：引导幼儿按照从上往下的顺序，运用"在……正在做……""一个……另一个……"的句式连贯完整地讲述图片内容。

2. 每组派代表表演木偶讲述故事

指导语:请每组小朋友把自己编的好听故事边表演边讲给小朋友听,听听他们的故事里,你最喜欢他们说的哪句完整的句子和词语?

指导重点:引导幼儿注意倾听同伴讲述,提取新的句子和词语进行学习,丰富幼儿新的讲述经验。

四、延伸活动

将活动中可操作的图片材料投放到语言区,供小朋友自由讲述。

附故事:

今天天气很好,天空中飘着朵朵白云,太阳公公露出了红红的笑脸。小动物们去森林里的草地上野餐。在远处的山坡上,小猪和小老虎正在烤肉。一个边哼着歌边烤着美味的羊肉串,另一个拾柴火,忙得满头大汗。在草地的中间,小象和小猴正在整理食物。一个从餐盒里拿出香喷喷的面包,另一个摆放食物。在大树下,小白兔和小狐狸正在煮蘑菇汤。一个用竹筒吹火,另一个用勺子搅拌。在小溪边,小熊猫和小老虎正在洗葡萄。一个端着一盘又大又甜的葡萄,另一个洗袋子。小动物们干的可开心了!

项目测试

一、课后练习

1. 什么是讲述活动?开展讲述活动有什么意义?

2. 讲述活动有哪些类型?

3. 在导入讲述活动时有哪些方法?

4. 在组织幼儿讲述活动时应该如何提问?

二、案例分析

请从讲述目标的确定、讲述内容的选取、讲述方法的选择和讲述过程的设计四个方面分析案例 3-8《娃娃》。

三、实训

冬天到了,幼儿园里的梅花开了。小朋友们散步的时候很喜欢观赏梅花。请以"梅花"为活动内容,设计一个大班的讲述活动。

项目四

幼儿园听说游戏活动

学习目标

- 了解幼儿园听说游戏活动的内涵
- 理解幼儿园听说游戏活动的特点和目标
- 掌握幼儿园听说游戏活动的类型
- 学习设计并组织实施幼儿园听说游戏活动

　　幼儿园听说游戏活动是用游戏的方式组织进行的语言教育活动,其主要目的在于培养幼儿认真倾听和快速敏捷反应的语言运用能力。听说游戏活动可以将幼儿学习的因素与游戏的形式结合起来,有效地吸引幼儿参与语言学习活动,提高幼儿学习语言的积极性,符合幼儿园语言教育目标中对于"听"和"说"的能力培养的要求,真正达到"教学游戏化、游戏教学化"的目的。本项目主要阐述了幼儿园听说游戏活动的内涵、特点、目标和类型等基本知识,重点论述了幼儿园听说游戏活动的设计与组织实施。只有理解和掌握幼儿园听说游戏活动的本质特点,才能设计并组织实施幼儿喜欢并乐于参与的听说游戏活动。

模块一　幼儿园听说游戏活动认知

引导案例

　　听说游戏是幼儿园常见的活动。由于它是以游戏的形式开展的活动,孩子们在玩的时候特别高兴,但它同时又有语言教育的内容。因此,教师们很疑惑。有的教师说它是游戏,也有的教师说它是教育活动,那么听说游戏是游戏还是语言教育活动呢?

　　思考:请思考并说出你的理由。

　　要学会设计和组织幼儿园听说游戏活动,首先必须了解听说游戏活动的内涵、特点、目标和类型。

一、听说游戏活动的内涵

游戏本身就是幼儿之间相互接触、积极交流、发展语言能力的一种重要方式。而"听说游戏活动"与传统意义上的"游戏"也有着明显的区别，主要表现在以下方面：

（一）由教师设计的半活动半游戏的教学形式

听说游戏活动不同于幼儿自发产生的游戏，而是由教师设计的语言教学游戏，游戏过程中教师的主导性较强。美国游戏研究专家诺依曼（Neumann）认为游戏与活动主要有以下区别，用表4-1所示。

表 4-1　游戏与活动的区别

内容 ＼ 类别	控制	真实	动机
游戏	内部控制	假象的现实	内部动机
活动	外部控制	真实	外部动机

从表4-1可以看出，随着听说游戏的开展，儿童对游戏规则的熟悉，教师的主导性逐渐下降，幼儿游戏的自主性则逐渐上升，幼儿在活动中由外部控制转为内部控制，幼儿的活动动机慢慢转换为由内部动机激发，活动情景也由真实转向假想。所以，听说游戏活动既非完全意义上的"活动"，也非完全意义上的"游戏"，是一种半游戏半活动的教学形式。

（二）以培养幼儿倾听和表述能力为目标的游戏活动

每一个听说游戏活动都包含有对幼儿语言学习的具体要求，以培养幼儿倾听和表述能力为主要的语言学习指向目标，并由教师有计划有步骤地实施开展。例如，小班幼儿"g""k""h"不分，教师可以选择"买图片"的听说游戏，来帮助小班幼儿学习正确的发音。听说游戏活动与幼儿的语言游戏不同。语言游戏是幼儿自娱自乐的、毫无意义的玩弄语音和语词的语言现象。例如，当一个4岁多的孩子第一次听到妈妈用"知道不?"这句话向他发问时，他会随之编出很多自认为很好玩的相似语言"你知道不，你不知道，道知你不，知道不知道，你还是不知道"，这些都是明显自发的口头游戏，玩弄性较大，与具有具体指向性的听说游戏活动是有所区别的。

（三）由教师组织的规则游戏

幼儿自发游戏的规则往往可以内隐于行为过程中的，也可以是游戏本身的显性规则，且随意性较大。而听说游戏活动属于规则游戏的一种，其规则是由教师根据具体的语言教学目标设定的，幼儿在游戏中必须遵守。听说游戏的规则有助于提高游戏的趣味性，并促使幼儿付出一定的努力按照规则实现自己的目标。例如，小班"买图片"的游戏规则为：幼儿要能正确说出自己要买的图片名称，才能获得图片；如果发音不正确，要请其他小朋友帮助,重新发音正确后,可以重新得到图片。

因此,"听说游戏活动"是含有较多的规则游戏成分,以培养幼儿倾听和表述能力为主,旨在培养幼儿倾听和表述能力而由教师采用游戏的方式组织幼儿进行的语言教育活动。

二、听说游戏活动的特点

作为一种特殊形式的语言教育活动,听说游戏活动主要具有以下几个方面的特征。

(一) 在游戏过程中实现语言教育目标

每一个听说游戏活动都包含着对幼儿语言学习的具体要求,即语言教育目标。幼儿教师可以根据各个年龄段幼儿的语言发展水平和语言学习需要,提出具体的语言学习任务,并设计适宜的听说游戏活动,帮助幼儿获得有关"说得出,听得清,说得对,玩得开心"的经验,从而实现相应语言教育目标。比如,针对小班幼儿发音器官不完善、近似音不易辨别的特点设计的听说游戏《买图片》的活动目标确定为:发准声母 g、k、h 的语音;听懂并理解简单的游戏规则;能在集体游戏中大胆说话。

(二) 游戏规则即是被转换的语言学习的重点内容

听说游戏活动都含有一定的规则。这些规则是教师在设计听说游戏时,把握语言教育目标,选择适当的语言学习内容,将活动的语言学习重点转换而来的。教师可以通过直观地示范、清楚地讲解帮助幼儿理解活动的具体做法,知道如何听、如何说。幼儿在参与听说游戏时,必须遵守游戏规则,按照规则进行游戏,从而锻炼听说能力。比如小班《会变的脸》的游戏规则为幼儿要把五官拼贴摆放在相应位置,摆放完要正确说出娃娃的表情。这就要求幼儿必须说出"哭""笑""微笑"等表示各种表情的词语,从而提高他们的语言表达能力和想象力。游戏的规则可以是竞赛性质的,也可以是非竞赛性质的。无论哪种性质的规则,都可以激励幼儿积极投入活动中,达到掌握学习重点内容的效果。

(三) 从活动入手逐步过渡为游戏

由于游戏是由教师组织的半活动半游戏的教学形式,具有从活动入手,游戏成分逐步扩大的特征。由于听说游戏具有明确、具体的学习任务,活动开始时,教师需要帮助幼儿理解活动的内容,交代游戏的规则,示范游戏的玩法;然后教师带领幼儿进行游戏;等幼儿逐渐熟悉游戏规则,掌握游戏玩法后,再放手让他们作为活动主体独立进行游戏。因此,听说游戏开始时是以活动的方式进入,最后则以游戏的方式结束,教师的主导作用随着幼儿对规则的熟悉程度的提高而逐渐减弱,直至幼儿能完全自主地进行游戏。听说游戏活动是将游戏作为语言教育的活动载体逐渐扩大其成分、体现其作用的过程,促使幼儿听说能力得到进一步巩固和发展。

从活动向游戏的过渡过程主要存在以下三个方面的转换:

第一，由外部控制转换为内部控制。听说游戏开始时，由教师主导创设游戏情境，说明游戏规则，示范游戏玩法，幼儿只是被动地听讲并进行初步的思考、想象；当他们逐步对游戏产生兴趣，产生了主动参与的欲望时，就自然而然地进入了游戏角色。幼儿逐渐成为游戏主角，自觉投入到游戏中去。这一过程实际上就是教师的外部控制转换为幼儿内部思维控制的过程。

第二，由真实情境转换为假想情境。听说游戏开始时，教师向幼儿说明游戏规则、示范游戏玩法，幼儿则以旁观者的身份进行观察思考，双方都处于真实的情境之中。随着游戏的开展，幼儿扮演其中的角色，出现了想象的情节、语言、动作和物品，幼儿能够在脑海中以新的思维模式来指挥自己的行动，这时幼儿所处的环境便由真实情境转换成了假想的情境。

第三，由外部动机转换为内部动机。幼儿刚开始参与游戏活动时，教师组织讲解的成分较多，因此，外部动机决定了幼儿参与游戏的积极性。然而，随着幼儿对听说游戏规则的掌握以及对游戏内容、方式的熟练，他们的主动性、积极性逐渐发挥出来，在游戏中自主的成分也越来越多，活动中保持的内部动机水平也越来越明显。一个设计合理的听说游戏可以产生强大的吸引力，使幼儿能真正投入地参与到游戏中，充分享受这一特殊的语言教育活动所带来的教育效果。

三、听说游戏活动的目标

通过对"项目一"的学习，我们已经明确了学前儿童语言教育的总体目标和内容划分。而在学习听说游戏活动的设计、实施之前，我们还应该明确语言教育目标在听、说层面上的具体表现，以及它与幼儿语言学习水平、身心发展特点等方面相联系的更为具体的内容。

（一）听说游戏活动语言教育目标的结构分类

学前儿童语言教育目标包含着从幼儿语言能力的构成、语言教育的作用以及语言教育目标本身要素的角度而形成的若干分级目标。具体到听说游戏活动，其语言教育目标还包含有以下方面。

1. 倾听能力的培养

"倾听"是对他人口头语言的有意识、有分析地听，是幼儿感知世界和理解思想的一种基础语言运用能力。在3～6岁这个学前儿童语言教育的启蒙阶段，对幼儿进行倾听行为的培养、指导有助于幼儿了解语言内容，提高其语言运用技巧和交际能力。

学前儿童的倾听能力是随着年龄的增长而逐渐发展的，具体表现在：从无意识到有意识倾听转变；对倾听内容的逻辑分析能力不高；对所听内容的理解有所进步，可以连接上下文的意思进行倾听。这些表现决定了教师对幼儿倾听能力的培养应着重于汉语语音、语调及语义的基本理解层面，帮助幼儿逐步建立起以下倾听技能（见表4-2）。

表4-2　幼儿倾听能力的分类

序号	倾听能力的类别	概念解释
1	意识性倾听	按照预定目的,运用语言思维,保持并集中注意去倾听
2	目标性倾听	根据语言目标,探寻结果的倾听
3	辨析性倾听	分析语言内容,具有逻辑的倾听
4	理解性倾听	把握语言信息,连接前后文,联系语境的倾听
5	判断推理性倾听	运用逻辑思维,推断事物结果的倾听

2. 表述能力的培养

"表述"是幼儿有意识、有目的、有方法地说,是幼儿运用特定语言内容、语言形式及方法进行表达和交流的行为。表述能力的培养是学前儿童语言教育目标的重要组成部分。

在学前儿童语言习得阶段,学习正确恰当的口语 表达,从语音、语法、语义以及语用四个方面掌握母语的表达能力是幼儿表述能力发展的重点。我们可以从以下几个角度总结这一语言信息积累、语言能力形成的渐进过程(见表4-3)。

表4-3　幼儿表述能力的发展

序号	表述能力发展趋势	举例说明
1	从口头到书面、随意到规范	从说"我要吃瓜瓜"到"我要吃西瓜"或"请给我西瓜吃"
2	从语音到语义、模仿到理解	从会喊"爸爸、妈妈"到理解爸爸妈妈与自己的关系
3	从语词到句型、零碎到完整	从"药药、苦、不吃"到"因为这种药味道很苦,所以我不想吃"
4	从个人到集体、独自到交谈	从自言自语到自如大方地跟别人对话以及在集体中与更多人进行语言交流

3. 听与说的结合

虽然我们将倾听和表述能力的培养分开来加以说明,但实际上,听、说两项技能的培养是同时进行、密不可分的,基本上听和说的游戏可以采取以下两种结合方式:

(1) 先听再说:先听语言材料或他人说话,再根据教师的活动规则按照一定语言形式进行口语表达。

(2) 听说交替:游戏情节需要听,教师就根据听的内容决定说的内容;再根据说的内容及时更新听的目标,循环往复,从而加深对语言信息的理解、提高语言表达能力。

例如,听和说的游戏活动往往可以结合起来形成"听音传话"游戏,就是说一句话让幼儿依次往下传,然后再通过最后一个小朋友所说的话来判断所传语句的准确性。

(二) 听说游戏活动语言教育目标的主要特点

听说游戏活动中所包含的语言教育目标一般具有以下几个特点:

1. 目标明确具体

通常听说游戏对幼儿提出的语言学习要求都非常明确。如在《买图片》的例子中,幼儿辨别不清近似音,教师采用听说游戏的方式帮助幼儿学习正确的发音。这一活动中发准声母 g、k、h 的字音便是具体的目标任务。再比如,小班的幼儿还不习惯于听他人的指令集体行动,老师可以采用相应的听说游戏来让幼儿体验倾听所带来的快乐。虽然听说游戏的目标非常具体,但并不意味着活动的目标单一,它仍然能够对儿童的语言学习产生多方面的影响。在《买图片》的活动中,幼儿不仅要练习说声母 g、k、h,还需要听懂老师的要求,学习扮演相应的角色,并按照游戏规则说话和行动。因此,幼儿在听说游戏的过程中,不仅锻炼了自己的理解和表达能力,还提高了语言交往的机智性和灵活性。

2. 目标包含有针对性和阶段性练习

听说游戏往往是教师根据近阶段幼儿语言学习的重点而有针对性设计的活动,以供幼儿反复练习,巩固所学内容。这种练习是针对一定年龄阶段的。比如,要设计一个练习发翘舌音 zh、ch、sh 的听说游戏,就要考虑到幼儿语言的发展水平,托班的幼儿还未对 zh、ch、sh 和 z、c、s 的区别产生敏感性,他们无法开展这样的游戏;而大班幼儿已经基本掌握了 zh、ch、sh 和 z、c、s 的发音规则,也不需要开展此类游戏。只有小班幼儿正处于对这种音敏感的时期,又处于发翘舌音的关键阶段,有针对性的听说游戏活动恰好给他们提供了反复练习的机会。

3. 目标具有内隐性

听说游戏不像其他语言教育活动那样直接将学习任务呈现给幼儿,而是将教育目标内隐于听说游戏活动的内容和过程中,让幼儿在特定活动规则约束、交际情境设置和语言信息提供的前提下,在不知不觉中完成了学习任务,实现语言知识的输入和输出,达到预期的教学活动要求。

(三)听说游戏活动语言教育目标的具体内容

听说游戏活动语言教育目标的内容是对听说游戏活动语言教育目标的具体阐述。我们可以从纵向的终期总体目标和年龄阶段目标两个层次,横向的倾听和表述两个方面来具体阐述听说游戏活动中的语言教育目标。

1. 听说游戏活动语言教育的终期总体目标(如表 4-4)

表 4-4　听说游戏活动语言教育的终期总体目标[①]

	倾　听	表　述
能力目标	能集中注意力、有礼貌、安静地倾听	会说普通话,发音及语调清楚准确
	能听懂普通话,能分辨不同的声音和语调	能运用恰当的语句和语调表述意见和回答问题
	能理解并执行别人的口头指令	能用完整、连贯的语句描述图片和事件
情感态度目标	喜欢听,并感兴趣地、有礼貌地听别人对自己说话	喜欢和他人交谈,在适宜的场合积极、主动、有礼貌地与人交谈

① 何芙蓉,胡陵. 学前儿童语言教育[M].成都:西南交通大学出版社,2013:116.

2. 听说游戏活动语言教育的年龄阶段目标(如表4-5)

表4-5 听说游戏活动语言教育的年龄阶段目标①

	小班(3～4岁)	中班(4～5岁)	大班(5～6岁)
倾听	乐意听别人说话	能有礼貌地、集中注意力倾听他人说话	无论在集体场合或个别交谈时都能认真、耐心地倾听他人的谈话
	能听懂普通话	能区分普通话和方言的发音	能辨别普通话声调、语调和语气的不同变化
	听别人说话时,能保持安静,不打断别人说话	能理解多重指令	能理解并执行复杂的多重指令
表述	愿意学说普通话,喜欢与他人交谈	积极学说普通话,发音清楚,积极而有礼貌地参与交谈,不随便打断他人的谈话	坚持说普通话,发音清楚准确,能主动、热情、有礼貌地用正确的交流方式与人交谈
	知道在集体面前要大声发言,在个别交谈时音量要适当	说话声音的音量和语速适当	在不同的场合,会用恰当的音量、语速说话
	会用简单的语句回答问题,表达自己的请求、愿望、感情与需要等,能讲述图片和自己感兴趣的事	能用完整句较连贯地讲述个人经历以及图片内容	能连贯地讲述事件以及对图片和物品的认识
		能大胆、清楚地表达自己的请求、愿望、情感和需要等	能主动、大胆地使用适当的词、句、语段来表达,乐于参加讨论和辩论,敢于发表不同的意见

四、听说游戏活动的类型

根据听说游戏的语言教育目标,我们可以把听说游戏活动分为两大类型——练习听的游戏和练习说的游戏。

(一) 练习听的游戏

练习听的游戏是通过游戏培养幼儿倾听能力,提高幼儿积极倾听水平的一种活动,具体包括练习意识性倾听、练习目标性倾听、练习辨析性倾听、练习理解性倾听和练习判断推理性倾听五种。

1. 练习意识性倾听的游戏

幼儿的无意注意占主导地位,注意力容易分散。让幼儿练习有预定目的地倾听,在活动中引起并保持有意注意,对于锻炼幼儿的注意力、提高倾听能力起到了积极的促进作用。

---

① 何芙蓉,胡陵. 学前儿童语言教育[M]. 成都:西南交通大学出版社,2013:116.

案例 4-1

猜猜我的好朋友(托班)

一、游戏目的

培养有预定目的地倾听语音的能力。

二、游戏准备

小猫、小狗、小羊、小鸭子等幼儿熟悉的布绒玩具若干。

三、游戏玩法

托班宝宝围坐在老师身边,老师手里拿着小动物的布绒玩具,嘴里说出动物叫声的象声词,如发出"喵喵喵"的声音让小朋友指出是哪种动物。当宝宝指出是小猫后,宝宝们需要一起说:"好朋友,手拉手,抱一抱,亲一亲。"老师就让每人依次抱抱小花猫玩具并在脸上贴一下。老师再发出"汪汪汪""嘎嘎嘎""咩咩咩"等声音。如果没有猜出,就让该布绒玩具转过身去表示不高兴。

四、游戏规则

幼儿猜对后要依次轮流抱抱布绒玩具。如果猜不出,动物转过身去,宝宝不可以再去抱它。

2. 练习目标性倾听的游戏

3岁以前的幼儿基本上只有无意识记,还不会进行有意识记。在整个幼儿期,无意识记的效果都优于有意识记。这就造成幼儿有时虽然听到了相关信息,但是具体操作时往往丢三落四,或者无法做出相应要求的动作。练习目标性倾听,有助于发展幼儿的有意识记能力,扩大有意识记的信息量,加强幼儿倾听与反应之间的联系,积累"只有听得清,才能做得对"的经验。听懂指令的游戏属于此类游戏。

案例 4-2

小蚂蚁搬豆(小班)

一、游戏目的

(1) 能听懂指令,并按指令做出相关动作。

(2) 培养注意倾听的态度和习惯。

二、游戏准备

布置好活动场景:草地、路、蚂蚁洞;蚂蚁头饰,玩具豆子若干。

三、游戏玩法

老师将小朋友们带到预先布置好的场地中,让他们戴上蚂蚁头饰在草地上听指令做出相应动作:A. 小蚂蚁,快快爬;B. 小蚂蚁,慢慢爬;C. 小蚂蚁,去搬豆。一只蚂蚁搬一粒,搬进洞里放放好。

四、游戏规则

游戏可变换指令重复进行。

3. 练习辨析性倾听的游戏

幼儿的有意注意时间短,注意力容易转移,通常表现在"听"的状态,但是不注意分辨"听"的内容。练习辨析性倾听,可以帮助幼儿练习准确把握和传递有细微区别的信息,以提高倾听的关注程度。例如在中大班开展的《听话判对错》游戏中,教师说出一句话,要求幼儿判断正误,同时看谁的反应最快。如:

西瓜长在又高又粗的树上。(　　　)

真漂亮,衣服。(　　　)

小明是个好孩子。(　　　)

表停了,我家的,所以迟到了。(　　　)

也可以玩《你说,我来做》的游戏,要求幼儿理解语句,按指令行事。给幼儿的指令中可以带有连词、方位词、动词、数词、量词等,指令中句子成分可以相似,要求幼儿仔细区别。如:

请把水杯和报纸给我拿过来。

把杯子或报纸给我拿过来。

从阳台上把我的红拖鞋拿来。

请把我的红拖鞋放到阳台上去。

请把书包里的钱包拿给我。

请把书包和钱包拿给我。①

4. 练习理解性倾听的游戏

游戏时,幼儿往往会听了上句,不听下句,造成对事情只是一知半解。练习理解性倾听主要是锻炼幼儿掌握倾听的主要内容、连接上下文意思的倾听能力。

案例 4-3

传令官(中班)

一、游戏目的

培养理解性倾听的能力。

---

① 朱海琳.学前儿童语言教育[M].北京:科学出版社,2013:180.

二、游戏准备

小熊头饰一个,小鼓一个。

三、游戏玩法

全体小朋友排成一队,排头小朋友头戴小熊头饰扮演"传令官"。当"传令官"听到老师传给他的命令后传令给第二个小朋友说"我在敲鼓咚咚咚",然后依次传下去,到最后一个小朋友时,请他说出他听到的小熊在做什么,如果他说"小熊敲鼓咚咚咚",就请他戴上小熊头饰,然后在小鼓上敲出三声响。凡是听得准也做得对的小朋友可以扮演传令官,做得不对的小朋友则被罚出场。

四、游戏规则

传令官传话时只能让其身后的一个小朋友听到。依次向后传的小朋友必须准确地将听到的话传下去,没听清的小朋友可以当时问令,但不允许延时问令或者隔人问令。

5. 练习判断推理性倾听的游戏

幼儿在中班后期出现了逻辑思维的萌芽,判断推理性倾听有助于提高幼儿倾听的效果,而且还可以锻炼幼儿的思维能力。

案例 4-4

猜猜我是谁(中班)

一、游戏目的

培养判断推理性倾听的能力。

二、游戏准备

小熊头饰每人一个,其他小动物的头饰若干;游戏前会唱《生日快乐》歌,会齐声说儿歌"动物园里欢乐多,又跳舞来又唱歌,小熊今天过生日,我也要去送礼物"。

三、游戏玩法

小朋友头戴小熊头饰围坐成一个圆圈,拍手唱《生日快乐》歌。"叮咚"门铃声响后,圈外屏风后站着戴小狗头饰的小朋友开始说:"动物园里欢乐多,又跳舞来又唱歌,小熊今天过生日,我也要去送礼物。"围圈小朋友齐声问:"你是谁呀?"屏风后的小朋友介绍说:"我会看家,鼻子特别灵,很多人家都把我养在家里当宠物。"如果幼儿们猜出是"小狗",核对屏风后小朋友的头饰后,可以入座共唱歌,如猜不出,可以降低难度说出小动物的叫声和爱吃的食物。猜出后,小狗可以和大家一起唱歌;如果猜不出,可以走出请任意小朋友表演节目。

四、游戏规则

小朋友不可以随意提出降低难度的要求。如果有两次都需要降低难度,则可以要求全体小朋友集体表演节目。

（二）练习说的游戏

练习说的游戏为儿童提供了一个提高其语言表达能力的机会，是幼儿园最常用的游戏，可以分为语音练习游戏、词汇练习游戏、句子和语法练习游戏、描述练习游戏四种。

1. 语音练习的游戏

这种游戏是以练习幼儿正确发音，提高儿童辨音能力为目的的一种活动。它的形式和结构都很简单。在游戏过程中，可以为幼儿提供练习发音、练习他们感到困难的或者容易发错语音的机会，以便复习巩固他们的发音。但是每次练习的语音不要过多，以免难点集中，影响学习效果。一般来说，小班幼儿应重点练习强化发音，错误发音尽量回避。对于中大班幼儿，可以根据方言干扰音的练习、声调的练习等方式来加深发音游戏。教师在设计语音游戏时，可以根据本班幼儿发音中常见的问题确定语音游戏的目的、设计并组织适宜的活动。

（1）难发音的练习。这一部分的练习内容主要集中在小班。由于3岁左右的幼儿发音器官不够完善，听音的分辨能力和发音器官的调节能力都很弱，因而有发音不准确不清楚的表现。教师可以将较难发出的语音要素借助特别的听说游戏让幼儿有针对性地反复听、练习说，有的放矢地提高学习效果。小班幼儿普通话发音的难点主要有翘舌音 zh、ch、sh 和 r，教师选取这些声母与某些韵母相结合的平翘舌混合发音游戏来帮助幼儿练习。

案例 4-5

山上有个木头人(小班)[①]

一、游戏目标

（1）练习"山"、"上"、"三"的发音，区分 s 和 sh，an 和 ang。

（2）提高对指令性语言的倾听水平。

二、游戏准备

幼儿提前学会游戏儿歌。

三、游戏玩法

幼儿一边念儿歌一边自由做动作，儿歌念完后，不能动，也不能发出声音。如果谁动了或发出声音，就必须将手伸给同伴，同伴拉住他的手说："本来要打千千万万下，因为时间来不及，马马虎虎打三下。"然后边轻打手心边说："一、二、三。"游戏结束。

四、游戏规则

三名幼儿为一组进行游戏；念儿歌时可以做各种有趣的动作。

---

① 冯婉桢.学前儿童语言教育[M].郑州：郑州大学出版社，2013：85-86.

附:

山上有个木头人

山,山,山,

山上有个木头人。

三,三,三,

三个好玩的木头人。

不许说话不许动。

（2）方言干扰音的练习。因幼儿出生及生活所处的地域不同,故就存在着地区方言对幼儿学习普通话产生干扰的问题。教师可以利用听说游戏给幼儿提供集中和比较学习的机会,逐步增强语感,发准这些受方言影响的语音,产生正确的发出这些语音的敏感性。比如,在南京方言中,人们对 n 和 l 混淆不清,会把牛奶(niu nai)说成 liu lai。对此,我们可以选择儿歌《兰兰和奶奶》,让幼儿一边表演一边说:"奶奶爱兰兰,兰兰爱奶奶,奶奶从前抱兰兰,兰兰现在搀奶奶。奶奶说:'兰兰是个好孩子。'兰兰说:'我要天天帮奶奶'。"

（3）声调的练习。声调也是决定普通话发音是否标准的一个环节,是幼儿语音学习的重要部分。练习和记忆是掌握普通话声调的根本办法。声调练习适合在中大班进行。教师应该以听说游戏活动为载体来确定训练目标,让幼儿熟悉声调的运用,从而掌握准确的声调。教师可以运用绕口令来进行游戏,让小朋友轮流读一段区别声调的绕口令"堂堂端糖汤,要去塘上堂,汤烫糖又淌,汤淌糖又烫,堂堂躺堂上",读错的小朋友罚演节目。再比如《声调火车接力赛》游戏,每四人一组,要求用带调的 a、o、e 说一句话或一个词,如:ā 阿姨好! á 啊! 你说什么? ǎ 啊? 这是怎么回事? à 啊! 好漂亮的花! ō 噢,我懂了。ó 哦,是这样吗? ò 哦! 我明白了。

（4）用气和节奏练习。3 岁幼儿刚入园时,还有很大一部分人存在用气不均匀、节奏步调混乱的现象,如有时吐字急促、随意停顿,说话时有气喘嘘嘘的感觉。尤其是在表述复杂长句时,还会有上气不接下气的情况。听说游戏的发音练习,有助于帮助幼儿掌握正确的用气方法、调整说话的节奏,以使语言表达更加顺畅自然。

2. 词汇练习游戏

词汇练习游戏是为幼儿丰富、理解、运用和巩固词汇而设计并组织的游戏。学前儿童语言学习的一个重要目标就是积累大量的日常词汇,丰富口语表达的信息。在这类游戏中可以让幼儿做同一类词汇的扩词游戏,也可以学习不同类词搭配的经验。教师应根据各年龄班幼儿掌握词汇的特点,设计出目标明确、玩法有趣的游戏。如三岁前应该以丰富名词、动词为主,小班应注重动词的丰富和运用,中大班在丰富各种词汇的同时,还要注重提高词汇的运用能力。而扩展词汇的练习在各个年龄班都适用。

（1）同类词组词练习。教师可以将同一类词汇作为具体语言目标，鼓励幼儿在听说游戏过程中按照一定的活动规则进行灵活的组织和扩展，以便于提高幼儿对这类词汇的熟悉程度以及口语表达能力。例如听说游戏《什么样的苹果》，要求幼儿用不同的词来形容"苹果"这一水果，幼儿可以说"红红的苹果"、"圆溜溜的苹果"、"甜甜的苹果"、"好吃的苹果"、"脆脆的苹果"等等。再比如《怎样走》的听说游戏，要求幼儿用一定的词汇来描述走的动作，幼儿可以说"快快地走"、"慢慢地走"、"一蹦一跳地走"、"小跑着走"、"笑嘻嘻地走"等等。教师还可以把幼儿带着肢体动作进行表演作为描述走的动作的语言情境，让幼儿把有关的同类词汇进行灵活运用。

（2）不同类词搭配练习。将不同类别的词汇进行搭配来表达符合某种情境的语义也是很有必要的听说训练内容。词汇的搭配通常与语言习惯经验有关，但也有一定的规则。例如，量词有明显的搭配规则。中大班幼儿对量词产生了一定的敏感性，教师可以为他们提供听说量词的游戏机会，帮助他们掌握一般量词的使用方法。在《娃娃过生日》的听说游戏中，教师准备好各种礼物，并向幼儿说清楚实物的名称和量词。游戏开始后，教师和儿童一起参加，说出送什么给娃娃，如"我送娃娃一个杯子""我送娃娃一条裙子"。注意要正确使用量词。当幼儿说对了就把礼物放在娃娃面前，若出现错误，则要及时更正。此外，介词的学习、动词的搭配以及一些像四字格的词（高高兴兴、蹦蹦跳跳等）、双音词尾的词（胖乎乎、香喷喷等）的固定格式搭配都可以通过听说游戏活动产生良好的教育效果。

3. 句子和语法练习的游戏

听说游戏活动除了可以帮助幼儿实现语音的规范、词汇的积累外，还可以促使幼儿掌握较高难度和层次句型的运用。教师可以设计专门的听说游戏活动帮助幼儿迅速把握某一种句法的特点规律，并在尝试运用过程中提高使用的水平。一般说来，学前儿童先从简单句过渡到复合句水平，然后在学前阶段后期开始进入理解嵌入句的水平。教师耐心细致的引导和形式多样的训练才能保证幼儿对不同类型、结构的句型和句式进行正确地理解、熟练地运用。汉语常见的句型是主谓句，而动词谓语句在日常交际过程中占了很大的比例。托小班可以练习"我是×××""某人做某事"等，中大班可以在此基础上进行扩句练习"我是什么样的×××""某人在某地做某事"等。大班则可以在单句中加上"把"字句、"被"字句以及复句关联词的练习游戏。再比如大班听说游戏《盖楼房》，儿童通过用"……越来越……"和"……越……，……越……"的句式学习句型。

案例 4-6

我的本领大（小班）

一、游戏目标

练习句型"我是……""我会……"。

二、游戏准备

小朋友熟悉的小动物头饰若干；游戏前熟悉儿歌"小动物，本领大，我们都爱它"。

三、游戏玩法

全班小朋友坐在条桌前，齐声朗诵儿歌："小动物，本领大，我们都爱它。"老师用点兵点将的方式点出一个小朋友，请他到桌前拿一个喜欢的动物头饰戴上，并面对全体小朋友说："我是……"，如果拿到小猫的头饰戴上就说"我是小猫"。当幼儿玩熟后，游戏升级，让小朋友说完"我是……"，再说出小动物的叫声，如拿到小猫头饰戴上就说："我是小猫，我会喵喵喵。"当幼儿熟悉这种玩法后，游戏继续升级，还要说这种小动物有什么本领，如拿到小猫头饰戴上就说："我是小猫，我会捉老鼠。"当小朋友都会玩这个游戏后，可以再升级到小朋友自身，不必再戴动物头饰，齐诵儿歌变成："小朋友，本领大，我们都爱他。"然后再让小朋友自己说出自己的本领，如："我是张璐璐，我会系纽扣。"

四、游戏规则

当小朋友不能按照老师要求的句型说出时，就空一轮，站在条桌前表演一个节目。

4．描述练习的游戏

描述练习的游戏是通过有趣的方式训练幼儿用比较准确的、连贯的语言对事物进行具体形象描述的游戏。教师可以通过在游戏中与幼儿对话、对答等方式，培养幼儿语句的完整性、用词的准确性，发展幼儿的观察能力和表达能力。这类游戏适合在中班后期和大班进行。如大班听说游戏活动《金锁银锁》，让儿童念儿歌以对答的形式，帮助幼儿学习用简短而有节奏的词语形容和描述一件事物。

案例 4-7

开商店（大班）

一、游戏目标

练习用完整、准确的语句表达自己的愿望和动作。

二、游戏准备

幼儿提前帮助老师将洋娃娃、洋娃娃的各种服饰、各种玩具式的餐具、枪、汽车等收集到一起。

三、游戏玩法

老师当售货员坐在各种玩具商品后面，幼儿做顾客来买东西。老师要求幼儿在游戏过程中用完整、准确的语言说出自己要买的东西。如"我要买一条娃娃穿的白裙子。""请您给我拿那支枪看看。""您这儿有饼干吗？""我想买一辆玩具汽车。"等把东西买好后，可以让幼儿用买来的东西"过家家"，给娃娃穿衣服、吃东西、和娃娃一起玩玩具，并用完整的句子表达出来，如："我给娃娃穿裙子。""我给娃娃穿上鞋。""我和娃娃一起开汽车。"

四、游戏规则

幼儿轮流来"买"东西,如果说的句子不符合要求,可以重复一次,如果再不符合要求,则要唱一首儿歌。

模块二　幼儿园听说游戏活动的设计

引导案例

办公室里,教师们正在讨论如何设计一个中班的听说游戏活动《击鼓传花送礼物》。

思考: 如果您是幼儿园教师,您会怎样设计呢?

听说游戏活动可以作为教育活动的一个环节,也可以作为一个完整的教育活动,也可以作为延伸活动在幼儿掌握游戏的玩法和规则后在活动区自发进行。听说游戏活动的设计、组织和实施有其独特的规律,按照一定的结构或步骤来设计实施活动,会产生理想的教育效果。

一、创设游戏情境,激发幼儿兴趣

任何一个教育活动都要把激发幼儿的兴趣、调动幼儿的情绪作为活动开展的导入点。在听说游戏活动开始时,教师也需要采用一些手段来设置游戏的情境,为幼儿创设宽松愉快的氛围,调动幼儿参与游戏的积极性。创设听说游戏情境的方法有很多,归纳起来主要有借用实物、动作和语言创设游戏情境三种方式。

(一) 借用实物创设游戏情境

教师使用一些与听说游戏活动相关的教具、玩具等实物来布置游戏情境、创设游戏氛围,这是由幼儿的具体形象思维决定的。这些形象直观的实物可以迅速地将幼儿带入游戏的气氛中,达到引发儿童愿意参与游戏的效果。比如在《买图片》的听说游戏开始时,老师可以手拿卡片说:"老师手里有很多漂亮的卡片,小朋友们想不想知道上面画了些什么?"这些"卡片"会激起幼儿的好奇心,急切想知道图片的内容和游戏的玩法。再比如小班听说游戏《可爱的小动物》开始时,老师为幼儿呈现出来小鸽子、小鸭子、小鸡、小花猫、小白兔等生动形象的教具,来激发幼儿参与游戏的兴趣,启发幼儿回忆儿歌《可爱的小动物》。

(二) 借助肢体动作创设游戏情境

教师可以借用自己的动作表演、表情甚至语调的变化,来使自己的表现更为直观形象,易于帮助幼儿想象出游戏的角色或场景,从而产生游戏情境的气氛。例如听说游戏

《谁来了》开始时,老师可以学做小兔跳或者小鸟飞的动作让幼儿猜猜谁来了,然后教幼儿玩游戏。

(三) 借用语言创设游戏情境

教师可以运用深入浅出、生动有趣、活泼可爱的语言来描述或者说明游戏中的角色或所处情境,从而感染幼儿,引导幼儿进入角色,营造游戏的气氛。比如在听说游戏《摘苹果》开始时,老师可以指着图片说:"小朋友们,秋天到了,苹果树上结满了红红的大苹果,我们一起去摘苹果,给爸爸妈妈爷爷奶奶品尝,好不好啊?"这样的语言就要比直白的"我们来做一个摘苹果的游戏"要有更多感染力。

一般说来,在听说游戏开始时,老师不会仅仅使用单一的实物、肢体动作或语言来创设游戏情境,往往会根据需要将三种方式结合起来综合运用。例如听说游戏《怪车开开》开始时,老师将四把椅子排成一排搭成汽车,老师扮演汽车司机坐在第一把椅子上,手握方向盘,口中念儿歌"嘟嘟嘟,汽车开,我的汽车真奇怪。小朋友,要坐车,不要你把车票买。只要对上我的话,就能坐到车上来。"这样,形象的实物、逼真的动作加上生动的语言可以充分吸引幼儿的注意力、调动幼儿参加游戏的积极性。

二、交待游戏规则,明确游戏玩法

让幼儿掌握游戏规则是顺利进行游戏、达到教学目标的关键。因此,在创设游戏情境后,教师要接着向儿童交代游戏规则。这一步骤的目的实际上就是教师向幼儿布置任务,讲解要求的过程。以大班听说游戏《接车厢》为例,教师借用玩具火车提出游戏主题后,然后采用口头讲述的方法向幼儿交代游戏规则:游戏时大家要一起念儿歌,扮火车头的人,边用双手在胸前做开火车的动作,边在活动室里走动请"车厢";儿歌念完后,"火车头"必须站在一幼儿面前,这位幼儿也要站起来;"火车头"说一个词或者一个句子,"车厢"必须对上相反的词句;如果回答正确,扮火车的幼儿一起说:"对对对,请你快来做车厢";若回答错误,大家就说:"错错错,请你好好想一想,"她(他)就不能上来接车厢。

三、引导幼儿游戏,熟悉游戏过程

老师带领幼儿开展游戏,是一种以老师为主导指导幼儿游戏的过程。在此阶段,教师在游戏中充当重要的角色,可以主宰游戏的进程。教师的指导有利于幼儿在活动过程中熟悉游戏规则,进一步明确和掌握游戏的玩法,掌握在游戏中运用语言交往的基本思路,从而为独立开展听说游戏做好准备。我们仍然以大班听说游戏《接车厢》为例。在老师引导幼儿游戏时,老师先扮演火车头的角色,儿童扮演等待上火车的车厢。玩过一遍游戏后,教师与儿童互换角色,教师通过扮演游戏中不同的角色,帮助幼儿掌握游戏中的对话规则。在对话过程中,老师应该注意有意识地引导、鼓励幼儿说出更多的反义词,并且注意语言的完整性。

四、幼儿自主游戏，教师观察监督

完成前面三个阶段的任务后，幼儿已经比较熟悉和掌握游戏的规则和玩法，基本具备独立开展游戏的能力。在幼儿自主游戏阶段，教师可以放手让幼儿自己开展活动。这个环节的时间一定要充足，教师间接指导的质量一定要保证。在这个环节中，教师应该放弃游戏领导者的身份，不要过多限制和束缚幼儿，而应以间接控制为主要策略而处于旁观者的地位，充当游戏活动的观察者和监督者，让幼儿在游戏过程中主动地吸收并加工语言信息，更加准确地运用语言。

模块三　幼儿园听说游戏活动的组织与实施

引导案例

　　大班幼儿正在兴高采烈地进行《山上有个木头人》的听说游戏活动。李老师坐在一边低头写自己的总结；王老师站在一边仔细观察幼儿的游戏。

　　思考：如果您是教师，您会怎么做？为什么？

　　幼儿园听说游戏活动的设计的四个组成部分是环环相扣，循序渐进的。在具体组织与实施听说游戏活动时，还要把握好以下任务要点。

一、适时适度地创设游戏情境

教师在创设游戏情境时，不管是借用实物、肢体动作还是语言，都应该把握适时适度的原则。

（1）适时地创设游戏情境。教师在创设游戏情境来导入游戏的这一环节要注意把握适当的时间，以1～2分钟为宜。幼儿的注意力容易分散，时间过长就会影响后面游戏规则掌握的积极性和稳定性。

（2）适度地创设游戏情境。这一原则要求教师在为幼儿创设游戏情境时，要根据幼儿的年龄和班级的特点，选用借用实物、肢体动作和语言等游戏情境创设方式的不同组合，或者对于某种方式有所侧重，而不是一味地追求新奇、好玩。对年龄小的孩子，由于其思维更加直观、具体、形象，教师应尽量使用肢体动作或实物直接将幼儿"拉进"游戏场景，使幼儿能尽快将自己想象成游戏活动的一部分，进入游戏角色，这更有利于交代下一步的游戏规则。而对于中大班的幼儿应该更多采用语言描述介绍的方式，同时辅以动作和实物，让幼儿有更多观察分析教师展示的游戏情境的机会。

二、清晰明了地讲清游戏规则

为了使幼儿真正听懂并理解游戏规则,教师在交待游戏规则时应注意以下几点:

(1) 使用简洁、明了的语言。教师在交待游戏规则时,要注意语言的简洁性、生动性,尽量使用幼儿能听懂的词语和幼儿喜欢的简短句式,切忌冗长、啰唆、重复的解释,以避免幼儿无法抓住要领,不能及时领悟理解游戏的规则而转移注意力,影响游戏的进程。

(2) 讲清规则要点和活动步骤。游戏规则的要点一般都是游戏中幼儿要按照规范说出的话,教师要让幼儿明白说什么和怎么说。同时,还要帮助幼儿清楚地了解游戏的步骤或顺序,即先做什么,后做什么,什么角色做什么等。这样,他们才能顺利开展游戏。

(3) 把握音量和语速。在交待游戏规则或示范游戏玩法时,教师要考虑到幼儿的反应速度和听力水平,适当放缓语速、提高声调和音量,尤其是在针对游戏规则中回答问题或说一句话时。这种语言是示范性的,可以帮助幼儿参照、理解,一定要让幼儿听清楚,以便加深印象。同时,也让幼儿感觉这部分信息的重要性,提高倾听理解规则的自觉性。

(4) 讲解与示范相结合。教师可以通过示范和讲解相结合的方式,帮助幼儿更加清晰地理解游戏的基本规则。正确的示范可以使幼儿掌握正确的玩法,避免游戏中可能出现的问题,高质量地完成任务。教师可以通过语言的解释或语言、动作示范相结合的方式,增强语言表达的感染力,促进幼儿对规则含义的理解。因此,教师在交待游戏规则时,不仅仅需要"动口",必要时还需要做到声情并茂、"手舞足蹈"。

三、以多种方式引导幼儿游戏

教师在引导幼儿开展游戏时,可以根据听说游戏的不同内容而选择恰当的方式来进行。

(1) 教师可以引导幼儿轮换参与游戏。教师可以引导幼儿分组轮换参与游戏过程,即一部分幼儿先参与游戏,其他幼儿观察这部分幼儿的游戏情况。如有问题,教师可以及时进行点评,也给了其他幼儿熟悉游戏规则的机会。然后实行小组轮换,让每一个幼儿都有体验游戏规则的机会。

(2) 教师可以引导幼儿分步参与游戏。如果游戏过程较复杂,教师可以先引导全体幼儿参加游戏的一部分,待幼儿熟悉这部分游戏的规则和玩法后再继续下一部分的内容,直至幼儿熟悉了整个游戏过程。

(3) 教师可以引导幼儿分层参与游戏。教师分层指导有两个方面的含义。一方面是指根据幼儿的能力层次来进行引导。游戏开始时,教师可以请部分能力强的幼儿和自己一起玩游戏,给其他幼儿起到示范的作用,然后逐步过渡到全体幼儿参加游戏。另一方面是指根据幼儿的年龄层次来进行引导。对于三岁前幼儿和小班幼儿,教师引导游戏时可以直接参与,担当主要的角色。而在中、大班,教师在讲清玩法和规则后,再根据幼儿的能力层次,先请部分能力强的幼儿试做游戏,既可以起示范作用,又可以检查幼儿是否明确游戏的玩法和规则,如发现有错,教师应及时纠正。当全体幼儿都明确玩法和规则后,就可以正式开始幼儿的自主游戏。

(4)教师可以引导幼儿选择适合的形式参与游戏。为了保证幼儿自主游戏的顺利开展,教师可以根据每一个听说游戏的具体要求来加以引导。有的游戏可以以集体活动的形式进行,全班幼儿共同参与其中;有的游戏则以小组活动的形式开展,允许幼儿自由组合选择适当的场地进行游戏;有的游戏也可以以一对一结伴的方式进行。教师采用哪一种活动形式完全取决于幼儿参与活动的最佳效果。哪种活动形式能够促进幼儿更积极主动地参与游戏、哪种方式有利于幼儿口语水平的提高,教师在引导并组织幼儿游戏时就采用哪种活动形式。

四、注意观察并总结幼儿的自主游戏

在自主游戏阶段,教师在发挥幼儿主体性的同时,也需进行角色换位而成为游戏的观察者。教师观察游戏的目的有两个:一是了解幼儿对游戏规则的掌握情况和游戏目标的完成情况,督促幼儿遵守游戏规则;二是及时发现问题,及时给予帮助和教育。具体任务包括以下几个方面:

(1)及时进行个别指导。在听说游戏过程中,教师要针对不同幼儿的游戏水平和个性特点采取相应的指导方式,因人施教。对于不熟悉游戏规则和玩法的幼儿,教师应及时提供帮助,使他能更快地融入到游戏中去;对于注意力不稳定、易受干扰的幼儿,教师要关注他们,引导他们专心游戏,遵守游戏规则;对于交往能力较差的幼儿,教师可以通过与他一起玩或引导小朋友带着他玩的方式,激发他对游戏活动的兴趣;对于胆小、内向的幼儿,教师要及时鼓励他们,提高他们的自信心。

(2)及时解决游戏中可能出现的矛盾和纠纷。幼儿在自主游戏过程中,难免会出现一些因为角色分配不当或其他问题而引起的矛盾和纠纷,从而影响游戏的顺利进行。教师应注意尽量避免和较少强行控制、禁止或批评等否定性的言行,更多地给以赞许、鼓励、肯定等激励的指导方式,有针对性地解决问题。

(3)及时评价总结幼儿参与游戏的行为表现。认真观察是对幼儿的游戏行为表现进行总结评价的依据。幼儿顺利完成听说游戏、回到座位后,往往还在继续兴致勃勃地谈论着刚刚玩过的游戏。这时教师应再回到主导者的角色,根据对整个活动过程的观察了解,对游戏过程进行客观的评价。对游戏的评价一般由教师主持,教师和幼儿共同参加,也可以分组进行现场讲评。教师对幼儿的长处要提出表扬,对不足之处也要提出意见和建议,鼓励幼儿在下一次活动中更加积极参与。对于年龄较小的幼儿,可以用游戏的口吻进行讲评;对于年龄较大的幼儿,教师可以提一些合理的建议或让幼儿自我评价。及时的总结评价可以强化游戏的正确玩法,进一步明确游戏的规则,纠正游戏中出现的

问题,为日后更好地开展自主游戏奠定基础。另外,教师对幼儿游戏行为表现的评价与态度不仅能让幼儿感受到游戏带来的满足和快乐,还可以更好地发挥听说游戏的教育功能,提高幼儿的分辨能力,促进幼儿语言能力的发展。

案例 4-8

击鼓传花送礼物(中班)[①]

一、活动目标

1. 学习正确使用量词:块、条、本、辆、双等。

2. 理解并遵守游戏规则,按照要求进行语言交往。

3. 积极参与游戏,在集体面前大胆发言。

二、活动准备

蓝猫的卡通玩具一个,小礼物若干;糖、毛巾、书、汽车、鞋子等;一个用来装礼物的盒子。

三、活动过程

(一) 创设游戏情境

教师出示蓝猫的卡通玩具,告诉幼儿:"今天是蓝猫的生日。这里有很多礼物,请你们想一想,该怎样为蓝猫庆祝呢?"

教师引导幼儿说出"蓝猫,我送你×××,祝你生日快乐!"与幼儿讨论量词的用法,让幼儿明确必须使用量词来表示自己要送的礼物。

(二) 交待游戏规则和玩法

教师告诉幼儿,今天要和小朋友来玩一个游戏,游戏的名称叫"击鼓传花送礼物"。

教师和幼儿共同讨论,制定游戏规则,讨论从以下几方面进行:传花的时候应该怎么传? 鼓声停了应该怎么办? 拿到礼物你该怎样说? 说错了怎么办? 讨论后制定以下规则:

1. 大家围成一个圆圈,听鼓声一个一个传花,不能有间隔。鼓声停止时,传花立即停止,花在谁手上,谁就选一件礼物。

2. 拿到礼物的人要大声用量词表示出来,如"我要把一个皮球送给蓝猫"。

3. 说对的人可以做擂鼓手,说错的人由教师指定的人纠正后可继续游戏,由纠正者担任擂鼓手继续游戏。

(三) 教师指导幼儿游戏

教师先和幼儿一起游戏,有教师担任擂鼓手。游戏时教师注意提醒幼儿正确使用量词,并且可有意识地让花停在一些幼儿手上,如量词掌握不太好、胆小内向的幼儿等,尽

[①] 冯婉桢.学前儿童语言教育[M].郑州:郑州大学出版社,2013:92-93.

量让幼儿都有机会参与到游戏中来。

（四）幼儿自主游戏

1. 在幼儿对教师准备的礼物都能正确地用量词表示后,教师引导幼儿脱离实物,结合生活经验来继续游戏。要求幼儿思考:在你过生日的时候收到过什么礼物? 现在,你想送给蓝猫什么礼物?

2. 将幼儿分为几组,当花传到一个人手上时,属于这一组的幼儿全部起立,轮流讲述自己送的礼物。全班幼儿对这个集体作出评价。对于幼儿用得较好的词,教师让幼儿集体学说。

项目测试

一、课后练习

1. 什么是听说游戏活动? 听说游戏活动的特征有哪些?

2. 听说游戏活动有哪些类型? 它们对幼儿的语言发展有什么意义?

3. 听说游戏活动的语言教育目标有什么特点?

二、案例分析

1. 请结合所学知识,分析上面中班听说游戏活动《击鼓传花送礼物》设计与组织的结构。

2. 请分析说明该案例中的教师把握了哪些幼儿园听说游戏活动的实施要点。

三、实训

请根据教材内容,以小组的形式讨论并设计一个中班的儿歌《荷花荷花几月开》的听说游戏活动。

荷花荷花几月开

荷花荷花几月开? 一月不开二月开。

荷花荷花几月开? 二月不开三月开。

荷花荷花几月开? 三月不开四月开。

荷花荷花几月开? 四月不开五月开。

荷花荷花几月开? 六月荷花朵朵开。

项目五

幼儿园文学作品学习活动

学习目标

- 了解幼儿园文学作品学习活动的价值
- 理解幼儿园文学作品学习活动的概念和特点
- 熟悉幼儿园文学作品学习活动的分类
- 学习设计并组织实施幼儿园文学作品学习活动

文学作品能给儿童带来纯真的快乐。幼儿园文学作品学习活动是以文学作品为基本内容而设计组织的语言教育活动。作为幼儿园语言教育的重要内容,文学作品学习活动可以帮助幼儿感知不同类型文学作品的特点和构成,学习提供规范化的语言,培养幼儿对书面语言的兴趣和敏感性。本模块主要是从幼儿园文学作品学习活动的价值、概念、特点及分类入手,着重阐述了幼儿园文学作品学习活动的设计与组织实施。此外,谜语和绕口令也是幼儿喜闻乐见的文学作品,教师可以根据不同年龄幼儿特点,选择并开展相应的猜谜语、编谜语和学习绕口令的活动。

模块一　幼儿园文学作品学习活动的认知

引导案例

李教师发现这段时间小朋友们很喜欢文学作品。于是她准备了谜语、儿歌、散文、童话、绕口令等语言学习内容。但王老师说谜语、绕口令不属于文学作品。

思考:您同意谁的观点? 如果您是教师,您还会为幼儿准备哪些体裁的文学作品?

儿童文学伴随着人类一起诞生。有人类就会有儿童,儿童有他们自己的文学需求。

如孩子入睡时,母亲即兴创作的催眠曲;父亲为使哭闹的孩子安静下来,也常会随口编个孩子爱听的故事转移他的注意力。这些也许是最原始的儿童文学。文学作品学习历来是儿童喜闻乐见的一种活动,有巨大的教育潜能。因此,幼儿园文学作品学习活动是以低幼儿童文学作品为基本教育内容而设计组织的语言教育活动类型。

一、文学作品学习活动的价值

文学作品对儿童究竟有什么教育意义,其教育价值体现在哪里?首先,儿童文学作品包含了作家对所描写的对象以至整个人类社会和宇宙的认识和评价。儿童文学作品种类丰富,需要给儿童传递的各种文化知识、观念、态度和情感,都可以编到作品中。其次,儿童文学是用语言塑造文学形象的艺术。读者必须通过对语言文字信息进行理解和想象,才能在头脑中产生画面,因此文学的形象不在时空中,而是在人的头脑中,读者大脑中的形象越细腻、越丰富、越鲜活,也就越激动人心。

从上述特点看,幼儿学习文学作品的价值意义包括:

(一)有助于培养儿童的美感

儿童文学的美学特征决定了儿童文学对于培养儿童美感、提高其审美能力具有重要作用。儿童文学是充分考虑到儿童的理解能力和审美需要的文学,它具有儿童乐于体验、能够接受的审美情趣,呈现出其他文学作品所不具有的清晰、明确、温和、美丽,从而可以让儿童得到纯正的美学观念的熏陶,进而陶冶情操,丰富情感,培养健康的审美观念。

(二)有助于完善儿童的人格

儿童时期是身心迅速发展的关键期,也是人格塑造的重要阶段。儿童文学理所当然担当着完善、塑造儿童人格的使命。儿童文学对于完善人格的作用,大致是通过宣泄和补偿情感两种方式来实现。所谓宣泄,也即"清除",即将人内心的某些不良情感(如自卑、自私、嫉妒、吝啬等)清洗掉,以保持心灵的明澈和个性的高尚。所谓补偿,是指文学作品在陶冶情感方面具有的替代性满足。优秀的儿童文学作品总是善于以细腻的笔调来展示人与人、人与世界的诗意之美,从而给儿童以强烈的情感体验。

(三)有助于发展儿童的语言

儿童通过欣赏和阅读文学作品,可以极大地丰富他们的词汇库,可以将熟悉的作品语言运用于口语之中,也为他们日后由口语转向书面语的学习打下基础。如儿歌可以帮助儿童学习正确的发音,掌握新词语,把握概念和认识事物,增进语言表达上的连贯能力和发展逻辑思维;儿童诗有助于丰富儿童的词汇,提高他们鉴赏语言和恰当表达情感的能力;童话和故事可以让儿童在进行复述练习的同时,逐步习得一种成熟的语言状态。

二、文学作品学习活动的概念和特点

幼儿园文学作品是指与 0～6 岁儿童的心理发展水平及阅读能力和接受能力相适应的各类文学作品的总称,包括童话、儿歌、儿童诗、谜语诗、绕口令、儿童散文、儿童小说、儿童故事、儿童科学文艺等多种体裁。

幼儿园文学作品学习活动是以文学作品为基本教育内容而设计组织的语言教育活动类型,它的主旨在于引导幼儿积极主动地感知、学习文学作品,并能创造性地运用所接触的经验观点,或者是艺术表现方法来表达自己。幼儿学习文学作品的过程,不是一个简单的听说过程,它是成人围绕文学作品引导儿童开展一系列丰富多彩的活动,通过视觉、听觉的参与,对儿童产生潜移默化影响的过程。学习文学作品会对儿童的成长产生全方位的、多通道的促进作用。幼儿园文学作品学习活动主要有以下特点:

(一) 以文学作品为中心展开活动

幼儿园文学作品活动首先要从学习文学作品入手,也就是说,在文学作品学习活动中,教师要围绕一个文学作品开展系列活动,给儿童提供各种层面的学习机会。

(二) 发展儿童听、说、读等方面的语言能力

在文学作品学习活动中,儿童通过倾听某个文学作品,将自己对作品的理解用语言表达出来。可以通过阅读文学作品和折纸、绘画、表演等多种方式理解作品的内容并表达自己的感受。

(三) 整合其他相关领域的知识

优秀的儿童文学作品不仅给幼儿提供了学习语言的机会,它们往往还包含了丰富的社会生活内容,儿童可以通过学习文学作品来了解和认识周围的世界。在幼儿学习文学作品的过程中,可以从语言领域的角度来整合相关的内容,开展教学活动。

(四) 提供多种与文学作品相互作用的途径

儿童的发展是儿童自身的操作活动与环境相互作用而建构起来的。幼儿园的文学活动,应当着重引导儿童积极地与文学作品相互作用,通过多种操作途径让儿童得到发展。

三、幼儿园文学作品的分类

在幼儿园文学作品活动中常见的作品类型有:童话、诗歌和散文、生活故事等。

(一) 童话

童话是儿童文学最基本、最重要的题材之一,它主要通过丰富的想象、夸张和象征来塑造形象,反映生活,使儿童获得快乐。

(二) 诗歌和散文

学前儿童诗歌主要包括儿歌、儿童诗、谜语、绕口令和浅显易懂的古诗。

儿歌和儿童诗都源于"童谣"。其中，儿歌朗朗上口，趣味性强，能陶冶性情，开启心智，促进儿童语言的发展。

穿衣歌

我的小手真能干，

自己的事情自己办。

穿衣服，脱鞋袜，

勤劳聪明人人爱。

儿童诗是自由体短诗，它注重创造意境，含蓄地表达、抒发情感。

伞

下雨的时候，满街的雨伞开了花。

一朵朵，一朵朵。

红的、绿的、黄的，

开得好热闹。

下雨的时候，满街的雨伞开了花。

伞花儿底下，有爱娃娃的妈妈，有爱妈妈的娃娃。

谜语一般是以歌谣作为谜面。猜谜是富有游戏趣味的文化活动，有助于提高儿童的认识能力、分辨能力和联想能力。

袜子

两只小口袋，

天天随身带，

要是少一只，

就把人笑坏。

绕口令是利用一些读音相近的字词，组成语言拗口的儿歌。它结构巧妙，幽默风趣，深受儿童的喜爱。绕口令活动能提高儿童的思维敏捷性，训练其口语发音能力。

虎和兔

坡上有只大老虎，坡下有只小兔兔，

老虎饿肚肚，想吃小兔兔。

虎追兔，兔躲虎，

老虎到处找兔兔。

兔钻窝，虎扑兔，

刺儿扎疼虎屁股。

气坏了虎，乐坏了兔，

饿虎肚里咕咕咕，窝里笑坏了小兔兔。

学前儿童散文以记叙真人真事、真情实景为主要内容,真实地抒发作者的内心感受和生命体验。它意境优美,情感真挚,便于儿童吟唱。但是由于散文的篇幅较长,所表达的内容较复杂,因此,只适合中、大班的儿童欣赏。

春天的色彩

一声春雷惊醒了正在冬眠的小熊,小熊在黑黑的树洞里睡了一个冬天。小熊想:过了一个黑色的冬天,春天来了,春天是黑色的吗? 春天是什么颜色的呢?

小草告诉小熊:"春天是嫩嫩的绿色。"

草莓告诉小熊:"春天是甜甜的红色。"

小白兔告诉小熊:"春天是跳跳的白色。"

小熊听了说:"哦! 我知道了,原来春天是嫩嫩的绿色、甜甜的红色、跳跳的白色。"

古诗是我国特有的一种吟咏言志的文学题材与表现形式。孔子曾曰:"不学诗,无以言。"开展古诗教学,可以让儿童直面经典,学习中华民族博大精深的文化。学前儿童主要学习浅显易懂的古诗,如:

游子吟

孟郊

慈母手中线,游子身上衣。

临行密密缝,意恐迟迟归。

谁言寸草心,报得三春晖。

(三) 生活故事

生活故事一般取材于社会现实生活,以叙事为主,向儿童呈现经过提炼概括或者虚构的人物和事件,比较贴近儿童的生活。

吃点心①

魏佳把点心丢了。休息时,小朋友都去吃早点,只有魏佳站在一边。郭良问:"你怎么不吃呢?""我把点心丢了。"

"真糟糕,"郭良一边吃一大块面包,一边说,"到吃午饭还有好长时间呢。"

米沙问:"你把点心丢哪儿了?""我不知道。"魏佳小声说,把脸转了过去。米沙说:"你大概放在口袋里不小心丢的。往后得放在书包里。"可是沃洛佳什么也没有说,他走到魏佳跟前,把一块抹着奶油的面包掰成两半,拉着魏佳的手说:"你拿着吃吧。"

---

① 郑荔.儿童文学[M].南京:江苏教育出版社,2009:172.

模块二　幼儿园文学作品学习活动的设计

引导案例

办公室里,教师们正在讨论如何设计一个大班的文学作品学习活动《虎和兔》。

思考:假如您是幼儿园教师,您会怎样设计呢?

一、文学作品学习活动目标的确定

确定活动目标是设计幼儿园文学作品学习活动的第一步,也是极为关键的一步。明确、适宜的活动目标是良好的幼儿园文学作品学习活动必不可少的要素。

活动目标可分为认知目标、技能目标和情感目标。设计教学活动目标时,应该尽可能地考虑各方面的目标,以促进幼儿全面发展。

在制定文学作品学习活动的目标时,应该结合本班幼儿的实际水平和具体的活动教材,对于情感态度目标、认知目标和操作技能目标分清主次。目标的表述要明确、简洁,切忌"大而空"的目标。

那么,什么是"大而空"的目标呢? 以下是两个教学目标的对比,如表5-1所示。

表5-1　两个教学目标的对比

"大而空"的目标	具体可行的目标
培养幼儿语言表达的兴趣 激发幼儿运用语言与人交流的愿望 帮助幼儿学会说普通话 培养幼儿早期阅读的兴趣	尝试按儿歌的句式"××会变××"进行仿编 运用"你好"、"谢谢"和"请"与同伴对话 能用普通话朗诵本节课所学的儿歌 理解故事,并能将故事讲给别人听

从表5-1可以看出,"大而空"的目标往往是阶段教育目标,无法通过一次教学活动实现,在活动结束之后无法评量目标是否实现。而右侧的活动目标则比较具体,是可以通过一次教学活动实现的,在活动结束之后可以逐条评价目标是否实现。当我们在确定教学目标时,要尽量将目标表述得具体、清晰、可以评量。

制定语言活动的目标,需要考虑以下几个因素:

(一) 幼儿语言教育的目标

《幼儿园教育指导纲要(试行)》中指出,幼儿语言发展的目标是:

①乐意与人交谈,讲话礼貌;②注意倾听对方讲话,能理解日常用语;③能清楚地说出自己想说的事;④喜欢听故事、看图书;⑤能听懂和会说普通话。为了实现幼儿园语言

教育领域的五大目标,《纲要》指出:要创造一个自由、宽松的语言交往环境,支持、鼓励、吸引幼儿与教师、同伴或其他人交谈,体验语言交流的乐趣,学习使用适当的、礼貌的语言交往;要养成幼儿注意倾听的习惯,发展语言理解能力;要鼓励幼儿大胆、清楚地表达自己的想法和感受,尝试说明、描述简单的事物或过程,发展语言表达能力和思维能力;要引导幼儿接触优秀的儿童文学作品,使之感受语言的丰富和优美,并通过多种活动帮助幼儿加深对作品的体验和理解;要培养幼儿对生活中常见的简单标记和文字符号的兴趣;要利用图书、绘画和其他多种方式,引发幼儿对书籍、阅读和书写的兴趣,培养前阅读和前书写技能;要提供普通话的语言环境,帮助幼儿熟悉、听懂并学说普通话。少数民族地区还应帮助幼儿学习本民族语言。

在设计幼儿语言教学活动时,务必要考虑《纲要》提出的幼儿语言教育的目标,只有每一次教学活动的目标都紧紧围绕着《纲要》,《纲要》中提出的幼儿语言教育的总体目标才能实现。

(二) 幼儿的语言发展水平

教育目标的制定,永远不能忽视幼儿的语言发展水平,这是教育的规律。如果我们忽视这个规律,就会受到规律的惩罚。

正常情况下,孩子0~1岁为语言准备期,只听不说,我们除了能大量地同儿童交谈外,训练孩子开口说话的工作大多是徒劳的;1~2岁是儿童语言的爆发期,这时儿童的词汇量大幅增加,应该多带孩子到户外去活动、见识新事物、学习新词语;2~3岁是儿童的语言逐渐复杂的时期,此时我们不但要关注儿童的词汇发展,还要关注儿童句式的学习、语言表达的方式等;3~5岁儿童要在大量与人交往中学习使用语言,并培养对文字和符号的兴趣。

儿童语言发展的规律先是听和说,然后才是读和写。如果我们违背这个规律,让孩子更早地、更多地识字,从小就开始让孩子通过认识字卡片、重复抄写等方法让孩子识字,则会对孩子有害无益。我们见到过太多由于识字太过而导致厌学的孩子。

我们制定语言教学的目标时,就需要考虑不同年龄阶段幼儿的语言发展水平,制定出符合儿童身心发展特点的目标。

(三) 集体教学活动的特点

集体教学活动是教师对幼儿进行的有目的、有计划、有组织的学习活动。集体教学活动能够使幼儿在短时间内获得相应的教育信息;教师能在一定的空间和时间里,充分利用教育资源,促进所有的孩子在原有水平上得到一定发展。

集体教学活动的优点是促使幼儿学会倾听,并大胆表达自己的看法;促使幼儿学会遵守活动规则,并会适当地自律;促使幼儿集中学习某方面的知识技能;对幼儿社会性的发展和知识的获得有积极的帮助。集体活动的缺点在于,同一时间内全班幼儿以同样的速度学习相同的内容,教师难以关注幼儿的个别差异,因为每个幼儿的发展水平是不一样的。

可以为幼儿开展的语言教育活动有很多，可是并不是每一个语言教育活动都适合在集体中进行。如果面对一名幼儿，讲一个趣味性强、互动较多的故事，制定目标"增加幼儿与教师的互动"会收到很好的效果，可是如果面对 30 个幼儿，互动太多的故事则会引起课堂的混乱，"增加每个幼儿与教师的互动"则成为几乎不可能实现的目标。因此，制定语言教学目标时，要考虑到集体教学的特点，选择那些适合集体教学的素材，制定适合集体的教学目标。

二、文学作品学习活动内容的选择

学前儿童文学作品是教育目标的载体，又是活动的依据。作品选得好，教育目标的实施就有了保证。选择作品内容既要考虑到作品的教育功能，又要考虑到学前儿童的欣赏趣味和欣赏能力。可用于学前儿童文学教育作品的体裁主要有生活故事、童话、寓言、民间传说、儿歌、绕口令、儿童诗、抒情散文以及童话剧等。无论哪种体裁，都要选择适合儿童年龄特点的作品，为儿童所喜爱。

（一）选择丰富幼儿社会认知的文学作品

社会认知在社会性发展中起基础作用，社会情感、社会行为技能只有在社会认知的基础上，才会表示出稳定性和自觉性。社会认知包括幼儿对自身、对他人、对社会环境、对社会活动、对社会行为规范以及对社会文化的认知。围绕社会认知的内容选择儿童文学作品，能够更好地丰富幼儿的认知水平，并为更好地激发幼儿的社会情感，形成优良的社会行为与技能奠定基础。

（二）选择能激发幼儿积极的社会性情感的文学作品

积极的社会性情感主要是指幼儿在社会活动中表示出来的依恋感、自尊感、同情心、羞愧感、是非感、爱憎感等。选择能给予幼儿以美的情感熏陶和美的感受的作品，能适时地调控他们的情绪与行为，为不时进行自我激励、锻造真善美相融合的人格积累珍贵的经验。

童话故事《白雪公主和七个小矮人》就集中体现了这一点，白雪公主失去母亲的伤心难过，恶皇后的凶狠残酷，仆人接受杀害白雪公主任务时的犹豫不忍，白雪公主和七个小矮人在一起生活的开心快乐，等等。幼儿在赏析中获得了怜悯、同情等丰富的情感体验，形成了对事物泾渭分明的态度。

（三）选择能发展幼儿亲社会性行为的文学作品

亲社会性行为主要指交往中分享、合作、谦让、助人等方面的技能，社会性行为技能除了在实践中练习外，借助文学作品使幼儿形成正确认识、习得良好的交往方式也是一种有效的教育途径。

总之，选择适宜的儿童文学作品对促进幼儿社会性的发展是一项精心、慎重的工作。

不可否认,不同的文学作品内容对幼儿社会认知、社会性情感以及社会性行为技能的促进作用并不是同等的,但是在教育的实践过程中,教师应该树立一种整合协同的思想,即在选择文学作品时或者在挖掘文学作品内涵的过程中,从社会认知、社会性情感、社会行为技能等方面综合考虑,更好地促进幼儿社会性的发展。所有的文学作品不是为了教育幼儿而存在的,它们有其独立存在的价值。无论选择什么样的文学作品,都必须能给幼儿带来快乐!

三、文学作品学习活动方法的确定

好的教学方法能发挥教学素材的优点,极大地引发幼儿的学习兴趣,有助于教育目标的实现。不适当的教学方法则会导致教材无法施展,幼儿的学习兴趣不高,从而导致教学目标难以实现。因此,要根据教学目标和教学素材,妥善选择适合的教学方法。

(一)多媒体演绎情景

帮助幼儿理解作品是幼儿园儿童文学作品教学活动中的重要环节,也是深层学习的前提。但由于一些作品文体结构与内容的局限,使其具有抽象与跳跃的特点,幼儿难以理解。这就需要教师在幼儿和作品之间搭建平台,通过这个平台,让幼儿直接面对作品,感受、体验、理解作品。

变色的房子

小兔盖了一间房子,它把种子拌在泥浆里,刷在房子上。春天,种子发芽了,绿油油的,房子藏在绿叶里,狐狸看不见。夏天,小树开花了,红艳艳的,房子藏在红花里,灰狼看不见。秋天,小树结果了,金灿灿的,房子藏在果子里,老虎看不见……小兔住在房子里,又安全,又舒服,好快乐呀![①]

这篇散文中有两点让小班幼儿难以理解:一是植物的生长过程;二是房子随植物的生长变成绿房子、花房子、果房子,并因此逃避了猛兽的袭击。为此,教师可以用 flash 将散文制作成动画,让幼儿看到房子上的种子是怎样一点点地发芽、长大、开花、结果,怎样盖住泥房子,变得绿油油、红艳艳、金灿灿,怎样让狐狸、灰狼、老虎扫兴而归的。幼儿看后印象深刻,再配以同步的朗诵,他们非常容易地理解了作品,感受到作品中诗意而又生动的语言,体验到作品中小兔子的房子不断变化以抵御敌人的意趣,基本把握住了小兔机智的形象特点。

(二)游戏中体验快乐

在儿童文学作品中,童话最受幼儿欢迎。那离奇的情节、特定的动作在幼儿看来就像是一场超级游戏。他们可以不受时空限制,完全沉浸在最本真的游戏动作中,并从中

---

① 美国迪士尼公司.译者:童趣出版有限公司.小熊维尼快乐大礼盒[M].北京:人民邮电出版社,2010.

得到现实生活中得不到的情感、幻想和愿望的满足。教师在组织角色言语极少、动作感强、情节有趣又便于操作的童话作品教学活动时,可以大胆放开,让幼儿根据自己对作品的理解去尽情游戏,在动作中体验、理解作品。

神奇的蓝色水桶

宝宝有一只蓝色小水桶,在宝宝的一次次心念中变成了洗脚的大水桶、洗澡的大澡盆、有小鱼嬉戏的小河、有许多鲨鱼的大海,当宝宝在大海中逃避鲨鱼的追击时,大海决堤了,蓝色的大海变回蓝色的小水桶[①]。

幼儿听完故事后非常兴奋:"这桶真好玩。我们也要变一个。"他们自由选用了绳子、纸棒、皮筋、旧挂历等材料,嘴里喊着"变变变,变成×××",和同伴变成小水桶、大水桶、大澡盆、小河、大海。变成宝宝、小鱼、鲨

图 5-1 《神奇的蓝色水桶》示例

鱼,他们在变出的桶里洗脚,在盆里洗澡,在小河里和小鱼(幼儿同伴)一起玩,在大海里躲避鲨鱼(幼儿同伴)的追杀……幼儿在整个游戏中虽没有多少言语交流,但他们在"变"的动作中进一步理解了作品,体验到作品带给他们的惊喜和快乐。

(三)表演中走入角色

儿童文学作品中鲜活而有趣的角色是幼儿爱模仿的对象,虽语言简单、重复、动作零碎,幼儿却乐此不疲。为此在组织以角色语言(反复、流畅)见长、情节不太复杂的儿童文学作品的学习时,根据作品内容,提供给幼儿角色表演所需的场地、道具和指导,让他们在扮演中走入角色,在角色中体验、理解作品。

金鸡冠的公鸡

森林小屋里住着猫、画眉鸟和金鸡冠的公鸡。一天,猫和画眉鸟出门砍柴,让公鸡在家把门窗关好。狐狸听到猫和画眉鸟不在家,就跑到小屋前……

幼儿一接触作品就被公鸡呼救和狐狸骗人的个性化语言所吸引,但此时他们对整个作品还没有完全了解,教师可以引导幼儿先学角色语言,贴近角色,为表演打基础。当幼儿对整个作品有所了解后。再组织他们连贯、完整地进行角色表演。教给他们学猫和画眉鸟语重心长地嘱咐公鸡,用夸张而焦急的动作与表情救回公鸡,用甜甜的声音学狐狸骗公鸡把头探出窗口……幼儿仿佛身临其境,通过设身处地的想象和表现,进一步理解了猫、画眉鸟、狐狸、公鸡的心理和情绪,体验到作品语言的丰富与多样。将作品中的角

---

① 成田雅子.神奇的蓝色水桶[M].北京:北京少年儿童出版社,2004.

色经验纳入个人的经验范畴,同时将个人有关角色的经验内容附加到作品内容的想象中去,完成了一次颇具个性化的学习。

(四) 拓展中彰显个性

儿童文学作品向幼儿展示的是建立在幼儿生活经验基础上的间接经验,这种间接经验既使幼儿感到熟悉,又让他们觉得新奇有趣。但如果让幼儿的学习仅仅停留在理解这些间接经验上,不及时、充分地将其与幼儿个体的直接经验联系起来,这些经验就只能是肤浅的、昙花一现的经验,不足以对幼儿形成影响。为了帮助幼儿及时强化和迁移从作品中积累的经验,在幼儿深入理解、体验作品的基础上,教师可围绕原作品内容组织开展一些可操作性的、具有相当自由度、有利于幼儿形成个性化经验的拓展活动。

春天是一本书

春天是一本彩色的书,黄的迎春花,红的桃花,绿的柳树,白的梨花。春天是一本会笑的书,小池塘笑了,酒窝圆又大,小朋友笑了,咧开小嘴巴。春天是一本会唱的书,春雷轰隆隆,春雨滴滴嗒,燕子唧唧唧,青蛙呱呱呱……①

在幼儿对原作品有了一定认识的基础上,带领幼儿走进大自然,用诗歌的眼睛去观察、理解周围环境中"春天这本书里还有什么美丽的色彩? 还有谁在春风中欢笑?"……由于幼儿个人经验的不同,对诗歌理解的差异,使得他们对同样的景色有了不同的观赏角度、感受和表达。站在护城河边,A 说:"我看见白色的月季花啦,还看见青青的小草上开着蓝色的小花,好漂亮呀!"B 说:"我看见许多东西在动——柳树枝在跳舞,小蝌蚪在游泳,小蚂蚁在爬。"……回园后,鼓励幼儿选择绘画、剪贴、泥工、身体表演等不同方式进行个性化感受的表达。幼儿有的画五颜六色的花朵,有的画小鸟在柳树间穿梭,有的画小蝌蚪在池塘里嬉戏……在这个过程中,幼儿个性化地将他们的直接经验与文学作品的间接经验实现了双向迁移。

四、文学作品学习活动过程的设计

(一) 引导儿童通过多种途径感知作品

导入活动是整个教学活动成功与否的关键,其目的在于吸引儿童的注意,激发他们的学习兴趣,了解儿童的已有经验,为学习新知识做准备。导入活动时,要引导儿童通过多种途径感知作品,为开展后面的活动做铺垫。在文学作品活动中,教师常用的导入方式有:

第一,提问导入,即结合儿童的生活经验和文学作品的内容,提出几个儿童感兴趣的问题,让儿童讨论,激发他们欣赏文学作品的兴趣。例如:

---

① 江苏省南通市市级机关第一幼儿园网站. 诗歌《春天是一本书》[EB/OL]. (2013-03-15). http://www.nt-sjjgyy.com/Article/20130315154629.html.

没牙的老虎

提问：

你见过老虎吗？（见过）在哪里见过？（动物园、电视里、图书柜、照片上……）你认为老虎哪里最厉害？（牙齿、爪子、眼睛、耳朵……）接下来我们看看小动物们认为老虎哪里最厉害？是不是和我们认为的是一样的？①

教师在引导幼儿为活动做准备时，除了引起他们已有的经验准备外，还应从故事所涉及的内容等方面适当地提问，创设一个问题情境，使幼儿对接下来的活动充满期待，进而调动幼儿的活动积极性。这次活动中，从幼儿投入的表情中看出幼儿对活动内容产生了浓厚的兴趣。

第二，游戏导入，即教师结合教具，以生动有趣的游戏导入活动。例如：

高老鼠和矮老鼠（大班）

一、导入

组织幼儿学习"高人走"（踮起脚尖，双手举高），"矮人走"（蹲下来双手背后）。

二、欣赏故事

师：今天，我们教室来了两只老鼠，它们也是一只高，一只矮。小朋友先听听它们的自我介绍。（出示高老鼠）你们好！我今天穿了一件红衣服，我的名字叫高老鼠。（出示矮老鼠）你们好！我今天穿的是蓝衣服，我是矮老鼠。②

图5-2 《高老鼠和矮老鼠》示例

在开始部分教师采用了"高人走，矮人走"的热身活动，引出故事，为后面的情境游戏做好铺垫，这也大大地激发了幼儿的学习兴趣。孩子们积极主动地参与到活动中，在愉悦的氛围中感悟高矮的优劣，教师和幼儿间产生了良好的互动。

第三，观察图片导入，即教师出示故事或诗歌的图片或幻灯片，让儿童分析对比不同的画面，感知和理解画面中的内容，激发儿童欣赏文学作品的兴趣。例如：

小熊醒来吧（小班）

导入环节：教师打开森林的PPT，运用开门见山的方法问道："宝宝们，这是哪里呀？"幼儿："森林。"幼儿异口同声地回答道。教师面带微笑马上问道："你们想不想到森林里去玩呀？"幼儿不假思索地说："想！"于是，点击小熊睡觉发出呼噜声的喇叭，教室里马上

---

① 都昌县金阳光幼儿园——陶金丽工作室网站. 没牙的老虎[EB/OL]. (2012-06-04). http://www.jxteacher.com/jinyg/column25362/98a11b61-0780-4d27-9576-d90ead06fd3f.html.

② 柯三苗. 大班故事教案《高老鼠和矮老鼠》[EB/OL]. http://www.chinajiaoan.cn/you3/onews4.asp?id=4415.

传出了小熊睡觉打呼噜的声音。教师用夸张的动作把一根手指放在一只耳朵旁:"听,这是什么声音呀?"幼儿立刻回应道:"是呼噜声。"教师皱着眉头问:"那会是谁在打呼噜呢?"一个幼儿猜道:"是爸爸在打呼噜。"另一个幼儿猜道:"是小狗在打呼噜。"还有的幼儿猜道:"是恐龙在打呼噜。"这时有好多的幼儿都举起了小手都想说一说。"到底是谁在打呼噜呀,我们一起看看吧。"于是教师点击了小熊睡觉图。幼儿们很兴奋地说:"是小熊在打呼噜。""你们喜欢小熊吗?想不想和它做游戏呀?那我们来叫醒它吧!"幼儿一起跟着教师将手放在嘴边叫:"小熊、小熊快醒来吧!""小熊睡得可

图 5-3 《小熊醒来吧》示例

真香,我们叫不醒它,还有好多的动物朋友也来叫醒小熊呢,看看都有些什么小动物呢?让我们一起来听听故事《小熊醒来吧》。"于是在幼儿很高的学习热情下进行了重点环节的展开。①

以幼儿熟悉的森林画面呈现在幼儿面前来开展环节的导入,问幼儿:想不想到森林里去玩?在得到呼应以后,幼儿就好像真的身临其境,注意力集中,学习的欲望强烈。在这样的活动中,不管是能力强的还是能力弱的幼儿都积极地投入到活动中,学习的主动性得以激发。

(二) 带领幼儿学习文学作品

1. 学习作品内容

学习作品内容是文学教育活动的中心环节。根据作品的难易程度不同、幼儿的发展水平、活动环境是否适宜,需要选用不同的形式来组织教学。例如,我们可以采用图片、幻灯、录像、多媒体等直观的教学辅助手段来帮助幼儿加深对作品的理解,或通过观看情景表演来体会作品内容。

2. 体验作品

在幼儿初步感知了作品内容之后,教师需要进一步引导幼儿去理解作品、体验作品,让幼儿通过亲身感受来体验作品所表达的情感、内涵。教师可以围绕作品内容,让幼儿通过多种渠道体验作品中表达的情绪情感及内涵,例如观看影片,组织认识自然和社会的活动,让幼儿对作品的内容有进一步的体验,并采用手工、摄影、绘画等艺术创作手法,帮助引导儿童表达和表现文学作品内容。需要注意的是,不管采取何种方式,都需要紧扣作品的内容。

---

① 唐武英. 以《小熊醒来吧》为例谈小班文学作品教学细节的设计[EB/OL]. http://www.sjedu.cn/sjjyzz/2012/201202/201204/t20120424_97832.htm.

3. 迁移作品经验

在对作品内容进一步地感知和体验之后，教师还需要进一步引导幼儿将所学内容迁移到其他情境中去。文学作品展示的是一种间接经验，这种间接经验有助于幼儿快速地积累知识和经验。然而，仅仅停留在学习间接经验上还是不够的，不足以将所学内容与幼儿真实的生活情境联系起来。所以，老师需要进一步组织和开展相关的游戏和活动，为幼儿提供将文学作品迁移到其他情境中的机会。

4. 想象与表达

最后，教师需要发挥幼儿的想象，并引导幼儿创造性地运用语言去表达自己的想法。想象和表达需要立足于原有的文学作品。教师可以让幼儿学习续编故事，或仿编诗歌，培养他们的想象力和语言表达能力。主要可以从以下三个方面着手培养：

（1）指导幼儿艺术地再现文学作品

许多方式中用以再现文学作品：复述、朗诵、表演、用艺术手段再现其作品等。教师需要指导幼儿在准确理解作品的基础上，运用作品的词句，加上自己的解释以及辅助性的表情、声调、动作变化等，生动地再现文学作品。

（2）指导幼儿学习仿编文学作品

同再现相比，仿编对幼儿创造性的要求更高。仿编是一个再造或仿造的过程。幼儿需要先感知理解作品的语言特点，然后凭借想象构思出内容，再借用原作品的结构，通过换一个词或换几个词完成仿编。教师可以鼓励幼儿大胆想象，创造性地选择词语的搭配组合，表达丰富的思想内容。在这个过程中，幼儿不仅从自己仿编的作品里体验到成功所带来的快乐，还在练习组织语言能力之余，大大提高了语言学习的兴趣。

（3）指导幼儿创编文学作品

在大量感知文学作品以及仿编文学作品的基础上，教师可以进一步鼓励幼儿进行文学创编活动。最初幼儿在进行文学创编时，往往需要教师提供支持，如语言知识和材料知识，因此教师需要在必要时为幼儿的创编提供线索，帮助幼儿编出一定的故事情节。

（三）设计幼儿园文学作品学习活动过程的注意事项

在幼儿文学作品活动教学中，教师应树立通过一个文学作品，开展系列活动，给幼儿提供各种层面的学习机会，促进幼儿全面发展的观念。文学作品本身的特点决定了包含丰富的语言信息。一个文学作品，对幼儿而言，则是不同层次的学习。

首先，幼儿聆听和阅读作品，主动感知各种语言符号连接的作品，即学习和欣赏作品，是第一层次的学习。

其次，透过语言和概念认识作品所表现的社会知识，通过开展幼儿体验作品的主题活动，帮助幼儿认识周围的世界，这是第二层次的学习。

再次，通过开展作品主题相关的幼儿动手动脑的活动进行对话，将作品经验迁移到幼儿的实际生活中，以检验和加深幼儿对作品的理解，这是第三层次的学习。

最后,文学作品本身是语言艺术的结晶体。幼儿园文学作品教学活动,不仅要让幼儿感受艺术性建构语言的美,更要让幼儿学会创造性想象和表达,大胆尝试作品的艺术性建构语言的方式,学以致用,达到对作品深层次的掌握。例如小班故事《兔子找太阳》,在幼儿熟悉故事内容之后,可以开展表演游戏活动、师生户外散步观察太阳活动,让幼儿体验理解作品中人物的心理;然后让幼儿画一画"我眼中的太阳",说一说"我心中的太阳"、"太阳的朋友——圆形物体"等活动,通过相关的四层次活动,不仅帮助幼儿感知理解、学习掌握文学作品,也有利于增加幼儿的科学知识、提高幼儿的绘画能力。

模块三　幼儿园文学作品学习活动的组织与实施

引导案例

教师在组织和实施文学作品学习活动时,经常会引导幼儿仿编或者创编文学作品。

思考:如果您是教师,在组织中班幼儿学习《绿色的世界》这首诗歌的时候,会怎样引导幼儿仿编或创编诗歌?

绿色的世界

绿色的天空,绿色的小猫,绿色的蛋糕,绿色的手套。

这儿一片绿,那儿一片绿,到处都是绿绿绿。

当我把绿色的眼镜拿掉,绿色的世界忽然不见了。

一、文学作品学习活动材料的准备

(一) 准备教材

教材,即是教学的材料。尽管幼儿园语言教育教材中提供了一定数量的文学作品。但在教学中,教师还需要根据本班的情况,适当准备其他所需的教学材料,如挂图、录音、视频、图片等。

(二) 准备教具

教师还需要准备教学所需要的各种教具,如录音机、多媒体教学设备、头饰等。恰当地运用教具,不仅可以提高学习兴趣,而且可以帮助幼儿理解作品的内容,加深印象,巩固记忆。

(三) 自制特色材料

教学活动开始前,教师不仅需要准备教案,还需要根据教案准备教学所需的特色材料。如《长大尾巴的兔子》中,教师根据自己的教案剪辑动画《长大尾巴的兔子》,而且还自己制作了各种各样动物尾巴的 Flash 动画。这些都属于能给自己的教学活动增添亮点的特色材料。[1]

二、文学作品学习活动情境的创设

在活动开始之前,教师要先创设有利于幼儿学习文学作品的情境,为文学作品的欣赏活动做好铺垫。良好的情境要求在物质材料上要适宜、适度,能为达成目标服务;在呈现方式上要由易而难,由简而繁,既是幼儿感兴趣的,又要能提升幼儿的经验;在气氛上要是宽容接纳的,如应引发幼儿多角度的思维、以协商的口吻、积极地评价幼儿、忽略幼儿的小错误等,这样的环境才是积极有效的,才能够使幼儿获得主动发展。

案例 5-1

让心在多元情境中"灵动"起来(小班)

1. 引入:教师创设"白白的世界",幼儿通过触摸、观察感受白色的世界。

(1) 教师带领幼儿用触觉进入"白白的世界"。

师:今天我们要走进一个白色的世界,请小朋友们闭上小眼睛,不准偷看哦,我们去摸一摸。你们都摸到了什么呀?(幼儿回答)

幼:好多软绵绵的东西。

师:软绵绵的会是什么呢?

幼:棉花糖、白云、玩具……

(2) 教师请幼儿睁开眼睛,通过各种感官验证自己的猜想。

图 5-4 《白白的雪,白白的猫》示例

幼:哇,好多雪哦!

幼:这是白白的雪花。

幼:这里还有白白的雪球呢!

师:看这里有个白白的雪娃娃,我们来和它打个招呼吧。

孩子们开始"疯狂起来",他们去摸雪、玩雪球、抱抱雪娃娃……

2. 散文诗欣赏:白白的雪,白白的猫。教师边表演边朗读散文诗,幼儿欣赏。

(1) 教师随着音乐,边表演性地朗诵散文诗,边舞蹈出来。

师:你们喜欢白白仙子吗? 白白仙子的散文诗好听吗?

幼:喜欢。

---

[1] 视频:幼儿园大班动画片整合视频活动计划优质课展示《长大尾巴的兔子》(第二部分)http://v.youku. com/v_show/id_XNTQyOTE0Nzk2. html?tpa=dW5pb25faWQ9MTAyMjEzXzEwMDAwMl8wMV8wMQ

幼：我还要带妈妈到白白的世界来玩。

（教师扮演成白白仙子从幕布后面走出来，是情境中带给幼儿的另一个冲击。小班幼儿喜欢动的、变化的事物，教师在表演中，将孩子完全置身于散文诗的意境中，学习就是游戏。）

（2）教师朗诵散文诗。

师：对，散文诗听起来很美很美，让我们就像看到了一幅美丽的画一样，好美啊！那我们再来听一遍。嘘，孩子们，闭上眼睛。

幼：我听见一只小猫跳到树上，刚才小猫还碰了我的头呢。

幼：我听见有小猫的声音。①

在本次活动中，教师充分调动了幼儿的触觉、视觉、听觉等多重感官来欣赏散文诗。其实，在带孩子进入情境时教师不需要过多的引导，幼儿会情不自禁地走进教师精心创设的情境；在欣赏中不用教师的过多解释，幼儿自然而然地就把自己的生活和散文诗联系起来，温暖、轻松而平静。

三、幼儿感知文学作品的途径

文学作品的传递是活动展开的第一步，选用何种方式将作品呈现在孩子面前，这关系到能否调动儿童学习兴趣的问题。主要有以下几种传递形式：

（一）成人口述作品的内容

有些文学作品内容浅显易懂或是儿童有一定的相关生活经验，教师则可以直接口述，无须画蛇添足地运用教学等辅助教学材料。如托班儿歌《小雨点儿，慢慢下》：

小雨点儿，慢慢下，妈妈下班快回家。

淋到我不要紧，可别淋湿我妈妈。

对妈妈的深厚情谊与母子情深渗透在字里行间，孩子对妈妈的热爱溢于言表，每个儿童对此都有体验，像这一类的作品完全可以直接传递。

（二）利用图书或者图片

有些文学作品的内容知识性强，儿童在某一经验上比较欠缺，对作品内容在理解上具有一定的困难，教师必须为孩子提供一些直观材料，增强孩子的感性认识，以帮助儿童更好地把握和理解内容。

（三）录音、录像和情景表演

可以通过视、听文学作品在儿童的头脑中形成知觉表象，由文学作品的具体形象唤起儿童的情感体验和情感反映。

---

① 曾雪.让心在多元情境中"灵动"起来——小班散文诗欣赏活动《白白的雪，白白的猫》教学案例[EB/OL].(2012-11-23). http://essay.cnsece.com/article/6657.html.

无论哪一种形式,为了引起儿童的共鸣与兴趣,教师的描述都要抑扬顿挫、栩栩如生,绘画要画得活灵活现,呼之欲出,才能很快抓住儿童的注意从而进入心理加工状态。

案例 5-2

有趣的象形字(大班)

主题(一)

一、活动目标

1. 乐意参与阅读活动,对文字产生兴趣。
2. 通过阅读图片和象形字卡,了解象形字的特征。
3. 能细致观察并进行大胆地猜想与讲述。

二、活动准备

1. 象形字演变图一份,象形字卡(人、鱼、龟、象、牛、羊、日、目、木)九张,相应的汉字卡九张。
2. 象形字组合图画一幅。
3. 动画片《三十六个字》。

三、活动过程

(一) 观察象形文字,导入活动

1. 师:老师今天带来了一幅有趣的画,你从画里看到了什么?请你用一句完整的话告诉大家。

2. 师:小朋友观察得非常仔细,在这幅画里还藏着一个小秘密,你想知道吗?那请仔细听在结尾处爸爸说了一句什么话。记好了告诉我,让我们一起来看动画片吧!

(二) 观看动画片,激发对象形文字的兴趣

1. 师:请问你们在动画片里看到了什么?

2. 师:动画片里爷爷画了一个太阳,小朋友说了什么呢?

3. 师:刚才爸爸还说"咱们的祖先就是这样创造了象形文字"这些看上去像图的东西其实是古代的象形字。

(三) 分组观察讨论象形字,了解象形字的特征

1. 师:今天老师也给你们带来了很多象形字,请你们来猜猜它会是什么字。看的时候,小朋友可以交换着看,相互讨论,把你想到的和其他小朋友谈一谈。

2. 师:你刚才猜了几个?你猜的是什么字?把你的理由告诉大家好吗?

3. 师:刚才我们认识了许多的象形字。你们看"象"字,这是它长长的鼻子,四条腿,就像大象一样,所以觉得它是象字;还有这个"雨"字,就像许多小雨点从天上掉下来,所以说它是雨字。我们想一想,古代人是怎样造出象形字的呢?

4. 师:古时候的人就是照着事物的样子画下来,形成了象形字。所以你们看到的象形字跟它所指的事物的样子很像。

(四) 再次观察象形字图,结束活动

1. 师:小朋友今天表现得真棒! 还记得老师带来的那幅图吗? 我说里面有个小秘密,我们再来看看,你们发现了这个秘密吗?

2. 师:原来这是一幅由象形字组成的画。我的动画片里还有许多有趣的象形字,我们接着看看吧!

主题(二)

一、活动目标

1. 尝试书写和创造象形字。

2. 体验象形字和现代汉字的差异。

二、活动准备

1. 象形字组合成图画一幅。

2. "山""水""月""木"的图片(可以自己绘制,绘制要求为图画线条要简洁,并和现代汉字的书写接近,利于幼儿观察模仿绘画)。

3. 象形字"山""水""月""木"的卡片。

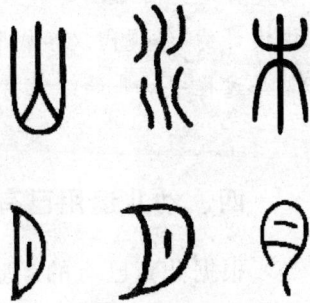

图 5-5 象形字示例

三、活动过程

1. 我也来写"字"。

(1) 出示"山"的图片。

(2) 师:这种图片上画的是什么? 你能写个字来表示这幅图画吗?

(3) 出示象形字卡片"山"。

(4) 师:这个象形字大家认得吗? 和你刚才写的像不像?

(5) 依次出示"水""月""木"的图片,并请幼儿尝试书写所代表的字。

2. 观察象形字演变图,比较汉字与象形字的不同。

(1) 出示象形字"日",提问:这是什么字?

(2) 出示现代汉字"日",提问:这是象形字"日"的现代字朋友,两个字哪里不一样?

(3) 幼儿观看象形字演变图。

(4) 师:古代象形文字是圆圆的,而现在的汉字都是方方的,我们叫它方正字。象形文字经过很多年的演变,变成现在的汉字,它更加清楚、简单,便于人们交流和书写。

3. 游戏"找朋友",激发幼儿对文学的兴趣。

(1) 师:今天老师又给小朋友带来了许多汉字,请你们从椅子下的篓子里把它拿出来。

（2）师：这些字我们有的认识，有的不认识，不过没关系，这里面的每一个字都有一个古代象形字朋友，仔细观察，你觉得它和哪个古代的象形字是朋友，请你把它贴在象形字的下面。让我们一起来帮它们找朋友吧！

（3）每位幼儿手上拿着一个现代汉字，请幼儿找到它的象形字朋友，然后一一对应贴好。找朋友时分成两个组，用两个展板展示，上面贴象形字，下面贴好双面胶，幼儿找到"朋友"后可以直接贴上去。

（4）师：小朋友都帮汉字找了象形字朋友，我们一起来看看！你们找对了吗？

四、活动材料

活动中的象形字字卡与图画均由作者自己制作，并参与电影《三十六个字》（1984 年上海美术电影制片厂出品）。[①]

活动开始先由一幅有趣的象形字图画引发幼儿的兴趣，教师并没有直接给出答案，而是让幼儿带着问题进入下一个环节，紧接着动画片形象生动地将幼儿带入主题。活动中设计的"给现代汉字找朋友"的游戏，让幼儿更好地感知象形字的特征，达到教学目标。整个过程中幼儿始终保持着浓厚的兴趣，积极参加活动。

四、幼儿运用已有经验开展学习活动

根据儿童已有的经验，儿童可以对文学作品的形象再创造，也就是自外向内的文学再加工过程中的表达活动，可以促进幼儿感知、理解文学作品。主要有以下两方面：

（一）复述和朗诵

复述和朗诵是建立在感受体验基础上的艺术形象创造的活动，是欣赏过程在大脑中产生的作品意象的表达或表现。故事复述有全文复述和细节复述两种形式。用于全文复述的作品大致需要具备下列特征：篇幅不长，结构比较工整，语言和情节有适当反复，词语优美爽朗，通俗易懂，形象富有童趣。有些作品难度较大、篇幅较长，但文中的有些描述或人物对话特别精彩动人，可让儿童在欣赏的基础上学习某一段或某几段的复述。儿歌或儿童诗的篇幅都特别短，而且整体形象感特别强，基本上都可全文朗诵，一般情况下，不作部分朗诵的要求。

出声的复述和朗诵，是儿童对作品语言的语音、语调、音量、语气、韵律、节奏的体会。出声操练语言的过程，是寻找特定声音、节律与文学内涵相契合的过程。经常性的欣赏和朗诵、讲述的双重练习，儿童就会对各语言层次如语音、语感、语义、语法、修辞以及各语言单位如词、词组、句子和篇幅结构等所具有的特征产生较强的直觉敏感性。与具体

---

① 小精灵儿童网站. 大班语言教案：有趣的象形字[EB/OL]. (2012-04-24). http://new. 060s. com/article/2012/04/24/558762. htm.

作品结合时,就能自发地进行声韵的自我调整,找到自己喜欢的感觉。所以,有美感的复述和朗诵是绝对不可缺少的,而不是背书式的机械重复。

(二) 表演

表演一般都是由复述自然转入。从文本的复述到表演,从语言到动态形象的表达,使早期的戏剧创作实践活动极具创造性。而且儿童十分喜欢作品表演活动,教师完全可以利用一个作品尽可能地扩大教育效益,凡学会复述的作品都可以组织儿童进行表演。

表演的分层次内容如下:

(1) 情境性的对话;

(2) 根据现有的作品或自创作品进行出声或不出声的表演,包括个人的哑剧表演;

(3) 主要人物形象的立体动态塑造;

(4) 作品段落的表演;

(5) 作品完整形象的表演;

(6) (1)~(4)层次的表演,可以在欣赏和朗诵活动中穿插进行,也可以即兴进行。大班可以由儿童互相邀请,谁表演什么角色,表演哪个片段。第(5)个层次一般在学会复述的基础上表演会达到更好的效果,这样儿童不必再为回忆语言而分散注意力,可以把注意力集中在动作表情以及彼此的相互关系上。同时也在表演中加深体验,提高表演水平。

需要注意的是:文学作品的表演一定要在幼儿充分理解和了解作品内容的基础上进行。只有对作品的结构、情节、人物以及对话有了深层次的理解,幼儿才可能更好地表现作品。

(三) 讲述

讲述是幼儿在理解作品内容的基础上,把故事讲给其他人听。讲述也是一种很好的帮助幼儿感知、理解文学作品的活动。通过给他人讲述文学作品,幼儿可以更深地体会文学作品中的语言,理解人物的心理,感受文学作品的优美,增强对书面语言的敏感性。

五、幼儿文学作品学习活动的拓展和延伸

在幼儿对文学作品学习、理解和体验的基础上,教师可为幼儿提供机会,创编、仿编文学作品,拓展幼儿的想象,引导幼儿运用语言表达自己的想象,挖掘幼儿语言的潜力。

儿童文学作品的创编大致可分为以下三类:

(一) 对欣赏的作品内容进行仿编和编构

仿编活动是儿童在欣赏、理解文学作品内容及构成的基础上的一种创造性学习活动。要求儿童仿照某一篇作品的框架或某一个段落,调动自己的个人经验进行扩展想象,编出自己的文学作品或段落。例如,中班文学作品学习活动《绿色的世界》,教师准备了绿色、红色、蓝色等各种各样颜色的眼镜,帮助幼儿理解诗歌。幼儿理解诗歌后试戴其

他颜色眼镜,特别容易进行仿编。

编构活动包括扩编和续编等形式。扩编是通过想象和联想,对原作品的某些部分进行扩充。续编是让儿童根据故事的开头和发展编出结尾或者是情节高潮部分,或者在原有诗歌的基础上继续编出新的段落。

(二)根据语义内容转换成描述和叙述性语言

提供语义内容的材料有乐曲、声音、绘画、图片、表演(哑剧)及其他儿童化情境。过去这一部分都作为语言教育中的连贯性讲述内容而作出安排,其实这一做法并不全面。这些语义材料是否能够作为文学制作的材料,要看是否具有故事要素:主题、虚构的人物形象、场景和情节发展、儿童情趣等。我们可以安排将艺术符号相互转换的活动,将画面或乐曲等转换成故事或诗歌,如根据剪贴拼成的画面编故事;根据儿童自己的绘画作品编故事;观察儿童手帕上的图案编故事;用桌面玩具编故事;用木偶编故事;表演编故事;听音乐编故事等。儿童可以依据这些语义材料编出不同的作品。

(三)凭借想象独立编构完整的文学作品

这类编构是不凭借作品,只凭儿童的独立想象和联想构思而成的,如同绘画中的意愿画。它可以分为两种类型:一是根据题目进行口头的创编,当儿童具有较多的编构故事的经验和生活经验后,可让儿童自己随意编故事,不要给儿童过多的制约因素,扩大他们的自主范围;二是让儿童先把用来编构故事的事件画成图画,再根据图画编故事。它可以避免儿童"前讲后忘"现象的发生,使故事的内容和儿童的语序变得比较稳定。在编讲时又会围绕中心产生新的联想,使故事更加丰满。成人可以把儿童绘画作品内容的口述记录在他的图画旁边。如果成人能把儿童每次的绘画和语言创编积累成册,就能从中看到儿童在图画和故事内容两方面的心理发展进程。

六、特殊的儿童诗歌活动——谜语、绕口令活动

(一)谜语活动的设计与组织

猜谜和编谜是启迪儿童智慧的趣味游戏,可以巩固儿童的社会认知,提高儿童的概括能力和思维敏捷性。由于此类教学活动要求儿童有一定的生活经验和分析事物的能力,因此,此活动只适合有一定认知能力的中班和大班儿童进行。

学前儿童猜谜活动设计与组织的主要步骤为:

第一,创设情境,引发兴趣。即教师通过实物、动作或语言游戏等,引发儿童参与活动的兴趣。

第二,教师示范讲解。在教师示范环节,可结合各种教具引导儿童观察谜面事物的特征。例如,教师出示西瓜的完整图片和切面图,让儿童观察西瓜皮、西瓜瓤和西瓜子,并描述其特征。

第三,教师引导谜语。在猜谜环节,教师首先朗读谜面,让儿童注意倾听;其次带领

儿童逐步分析谜面,引发儿童思考、讨论和判断;最后,得出答案。

第四,儿童识记谜语歌。

案例 5-3

猜谜编谜游戏(大班)

一、活动目标

1. 初步了解谜语的结构特点,知道谜语有谜面、谜底。

2. 尝试根据动物的外形、声音、生活习性等特点创编谜面。

3. 乐于参与猜谜、编谜活动,体验猜谜、编谜游戏带来的成功与快乐。

二、活动准备

各种动物小卡片、课件、音乐。

三、活动重点

初步了解谜语的结构特点,知道谜语有谜面、谜底。

四、活动难点

尝试根据动物的外形、声音、生活习性等特点创编谜面。

五、活动过程

(一) 活动导入

师:"小朋友们,今天严老师要带你们到智慧树乐园去郊游,现在,我们开着小汽车出发吧!"(律动进入活动室)

(二) 感知谜面的特点,掌握猜谜的方法

1. 初步感知谜面的特点。

(1) 演示课件,提问:

① 这是什么? 胡子是什么样子的?

② 这是什么呀? 脚印像什么?

③ 这是什么呀?

④ 听到的声音是怎么发出的? 谁来学一学?

(2) 猜谜语。

① 演示图谱,教师完整说谜面。

② 幼儿看图谱集体说谜面。

③ 提问:这首儿歌说的是谁?

(3) 小结谜语的特点。

2. 进一步感知谜面的特点,掌握猜谜的方法。

(1) 讲解猜谜的方法并提出要求。

(2) 引导幼儿猜谜语"老鼠"。

（3）再次猜谜"萤火虫"。

（三）尝试创编谜语

1．集体创编。

（1）结合课件引导幼儿找出兔子的特征和生活习惯，并说出兔子的四个特征编成谜面。

（2）结合课件引导幼儿回忆袋鼠的特征和本领，说出袋鼠的四个特征编成谜面。

2．分组创编。

（1）为每位幼儿提供一张动物小图片，幼儿自编谜语。

（2）分组，互相猜谜语。

（四）猜谜游戏

请个别幼儿在集体面前说谜面，其他幼儿竞猜谜语，谁猜对谜底，谁就得到一颗智慧星。

（五）结束小结

师：今天，小朋友们在智慧树乐园里学会了猜谜和为动物编谜的本领，以后我们还可以为植物、人物编谜语，小朋友们回家后可以再编些谜语来考考爸爸妈妈，好吗？好，现在时间不早了，我们一起回家吧！（列队出活动室）①

（二）绕口令活动的设计与组织

绕口令又称"急口令""吃口令""拗口令"，具有结构巧妙、短小活泼、语言直白、生动有趣的特点，深受儿童的喜爱。绕口令活动能使儿童口齿清晰、辨音咬字准确，有利于其口语能力的提高。

在开展绕口令活动时，教师应根据各年龄段儿童的发音特点，结合本班实际发音水平，选择难易不同、发音内容不同的绕口令。例如，小班重点练习正确的发音；中班、大班可进行平、翘舌，前、后鼻音的绕口令练习；加强其语速练习和反应能力的练习等。

案例 5-4

虎和兔（大班）

一、活动目标

1．理解绕口令内容，乐意口齿清楚地朗诵绕口令。

2．感受绕口令诙谐、幽默的感情色彩，尝试变换速度进行朗诵。

---

① 仙游县实验幼儿园的博客. 大班语言活动"猜谜编谜游戏"（听说活动）[EB/OL]．（2012-07-06）. http://kt.fjcet. com/Blog/ContentDetail. aspx? Id=2112&blognumber=10140.

二、活动准备

1. 与绕口令内容相关的图片。

2. 歌曲《中国话》截取。

三、活动过程

（一）复习绕口令，感受朗读绕口令的乐趣

1. 师：今天，我给你们带来了一首好玩的歌曲，我们一起来听听。

2. 欣赏《中国话》。

师：刚才这首歌叫什么名字？歌曲里有个特别的地方，你们发现了吗？

3. 师：原来这首歌里有我们熟悉的绕口令，那我们一起来读读其中这两首绕口令吧！

《板凳和扁担》《打醋买布》

4. 师：你们喜欢绕口令吗？为什么？

谁来用最快的速度朗读你喜欢的绕口令？（1～2位小朋友）

（二）出示老虎和白兔图片，引出活动主题

1. 师：今天，我们来学一个新的绕口令，它的名字叫《虎和兔》。（边讲边出示两张图片）

2. 师：虎和兔之间会发生什么故事呢？

3. 个别幼儿讲述。

4. 师：小朋友们说得都很有道理，那他们之间到底发生了什么故事呢？我们一起来听听绕口令中是怎么说的。

（三）欣赏绕口令《虎和兔》，理解绕口令的故事情节。

1. 教师完整朗诵绕口令：坡上有只大老虎，坡下有只小白兔，老虎饿肚肚，想吃白兔兔……

2. 师：绕口令中你们听到了什么？

（根据幼儿的回答老师揭示出图片，并念出相应的绕口令内容。）

3. 师：除了这些，你们还听到了什么？（幼儿答不出时，老师则说：那我放慢速度再念一遍，请你听听，还有什么？）

（若有一两句没找出，老师则直接揭示出并念相应的内容）

4. 教师与幼儿共同完整地念一遍。

师：我们看着图，来完整的朗读一遍。

（四）教师与幼儿合作对念——进一步熟悉绕口令的内容

1. 师：嗯，我发现你们朗读的真不错。那我要给你们增加一点难度了，你们想挑战吗？

师：我来念前半句，你们念后半句，我们一起来试试看吧！

2. 看图进行，幼儿想不起来，老师语言提示。

3. 交换，幼儿前半句老师后半句。

师:我们来换一换,你们读前半句,我读后半句,好吗?

(五)尝试变换朗诵的速度——感受绕口令诙谐幽默的趣味

1. 师:这首绕口令有趣吗?你觉得哪里最有趣?怎么可以让它变得更加有趣呢?

2. 幼儿根据已有经验讲述,其他幼儿跟着一起念一遍。

3. 师:我也有个好办法,请你来听听。

4. 老师快速念一遍。

5. 师:你们想来试试吗?

师:那请你自己先在下面练一练,练好了我们来比比谁念得快!

6. 幼儿自由练习。

7. 请三个幼儿分别以三种速度念一遍,再次感受语速不同带来的乐趣。

8. 在老师的带领下幼儿一次一次加快速度。

师:我们一起来试试,好吗?我们念三遍,速度慢慢加快。

9. 小结。

师:绕口令是需要多加练习的,如果你们想要和我读的一样快,就要多多练习哦!

第二次活动后的情况:

1. 经过调整后活动的有效性提高了,活动显得更紧凑。幼儿在活动中也更加投入,参与积极性很高。

2. 最后一部分的自由练习可以有,但是请幼儿以比赛的形式进行,只要请2~3位幼儿就可以,把重点发在后面的集体练习中。另外,在学念中,还应再强调绕口令的特点——口齿清楚、快速地念。

附:

绕口令《虎和兔》

坡上有只大老虎,
坡下有只小白兔,
老虎饿肚肚,
想吃白兔兔。
兔钻窝,虎扑兔,
刺儿刺痛虎屁股。
气坏了虎,乐坏了兔,
饿虎肚里咕咕咕,
窝里笑坏了小白兔。①

图5-6 《虎和兔》示例

卯兔

寅虎

---

① 城厢镇幼教中心梅园幼儿园双周组.大班绕口令活动《虎和兔》课例研讨[EB/OL].(2010-04-30).http://myyey.news.tcedu.com.cn/art/2010/4/30/art_11635_64536.html.

项目测试

一、课后练习

1. 什么是幼儿文学作品欣赏活动？开展幼儿文学作品欣赏活动有什么价值？

2. 什么样的目标才是好的幼儿文学作品欣赏活动目标？

3. 请根据教材内容,仿编小诗:

> 爸爸是一棵大树,
>
> 妈妈是一棵大树,
>
> 我是一只快乐的小鸟,
>
> 在两棵大树间飞来飞去。

二、案例分析

1. 请结合所学知识,分析以下幼儿文学作品欣赏活动设计与组织的结构。

2. 请分析说明以下案例中的教师把握了哪些幼儿园文学作品欣赏活动的实施要点。

"没长耳朵"的小老虎①(中班)

一、设计意图

《"没长耳朵"的小老虎》这个故事比较长,但是很诙谐生动,容易理解。而且这个故事主要的目的在于让孩子理解小老虎一错再错的原因,从而知道专注倾听的重要性。因为在幼儿语言的发展过程中,学习做一个乐于听并善于听的人,是幼儿运用语言进行交往的重要方面。幼儿园的语言教育,包括了这样一个目的和内容,教师在日常的教学和活动中,应当注重培养幼儿听的能力。语言文学作品的教学,是与幼儿的"听"紧密联系在一起的,它给幼儿提供了有意识的、评析性的、欣赏性的倾听机会,并能在实践中培养倾听技能。

二、活动目标

1. 倾听故事,理解小老虎一错再错的原因,知道专注倾听的重要性。

2. 能用语言和动作表现小老虎的角色特征。

三、活动准备

1. 故事头饰:小老虎、小熊、小兔、袋鼠、小猪等。

2. 故事磁带。

3. 生日蛋糕、彩带、气球等布置生日晚会的场景。

四、活动过程

(一) 出示图片,引起幼儿的兴趣

---

① 儿童资源网."没长耳朵"的小老虎[EB/OL]. (2011-10-15). http://www.tom61.com/ertongwenxue/yizhigushi/2011-10-15/23893.html.

1. 出示生日蛋糕:今天小猪过生日,看小熊请来了很多动物朋友,他们想干什么呢?

2. 可是朋友们来了以后,却发生了一些不愉快的事情,我们一起来听一听!

(二)倾听故事,引导幼儿理解故事内容

1. 教师完整讲述故事。

2. 小熊想怎么为小猪庆祝生日? 需要准备些什么?

3. 准备生日晚会的时候,小老虎做了哪些事情? 结果怎么样呢?

(1)袋鼠请小老虎帮忙绑气球,小老虎没听清,结果发生了什么事?

(2)小兔请小老虎倒点蜂蜜,小老虎没听清,结果发生了什么事?

(3)生日晚会换到小兔家,小老虎听清楚了吗? 结果发生了什么事?

4. 朋友们感到满意吗? 为什么?

5. 小老虎应该怎样做呢? 最后大家有没有原谅小老虎? 为什么?

(三)我们来表演

1. 完整倾听故事录音,注意角色之间的对话。

2. 引导幼儿一起学学小老虎道歉的话,知道认真倾听的重要性。

3. 如果小老虎不再是一只"没长耳朵"的小老虎,它会怎样参加生日准备会呢? 我们来表演一下吧!

4. 请班上个别幼儿扮演小老虎,参与情景表演。表现小老虎听清指令、做好事情的新形象。

三、实训

选择一个你喜欢的题材,创编故事、童话或者诗歌。

幼儿园早期阅读活动

学习目标

- 了解幼儿园早期阅读活动的概念
- 理解幼儿园早期阅读活动的特点和目标
- 学习设计并组织实施幼儿园早期阅读活动
- 学会因地制宜创设幼儿园早期阅读空间

　　早期阅读是幼儿借助有意义的阅读材料展开的理解读物的过程。幼儿园早期阅读活动是教师根据一定的教育目标,选择合适的阅读材料,有计划开展的语言教育活动。本模块从早期阅读活动的基本概念及目标入手,关注幼儿园早期阅读活动的特点以及幼儿园早期阅读空间的创设,重点讨论了幼儿园各种类型早期阅读活动的设计与组织实施。

模块一　幼儿园早期阅读活动的认知

引导案例

　　涛涛的奶奶兴冲冲带来几本图书给老师:"老师,我们家宝宝很喜欢看书听故事的。你看,这是我刚才在超市里买的,都是经典的故事《司马光砸缸》、《孔融让梨》,里面有很多字,还有拼音。以后宝宝认字、学拼音都能用。孩子的爸爸妈妈总是买那种没有几个字的书给孩子看,那能学到什么呀?"

　　思考:你同意涛涛奶奶的想法吗?

一、早期阅读活动的概念

　　早期阅读是指0～6岁学前儿童凭借变化着的色彩、图像、文字或凭借成人形象的读讲来理解读物的活动过程。①

《3～6岁儿童学习与发展指南》（以下简称《指南》）以及《指南解读》中指出：3～8岁是儿童学习早期阅读和书写的关键期。教育者要切实把握这个发展的时机，在培养幼儿口语交流能力的同时，帮助幼儿做好书面语言学习准备。

从涛涛奶奶身上能折射出比较传统的对"早期阅读"的一种认识，即"阅读就是读文字"，"早期阅读"等同于"早期认字"。事实上，由于幼儿在进行早期阅读时主要借助的是观察图画，听取成人的讲解，因此，"文字多"的图书对于幼儿来说不仅没有必要，而且还更会影响幼儿对画面的观察、图意的理解。此外，超市里出售的那些所谓"经典绘本"，往往内容比较简略，画面比较粗糙，虽然幼儿能根据故事内容看出个大概意思，但不利于培养幼儿的审美能力。

此外，涛涛奶奶把读书与认字、学拼音等功利目的画上了等号，似乎看书仅仅是为了学习。事实上，明白道理、培养情感、丰富知识、培养听说能力等都是阅读能给孩子们带来的好处。最主要的是幼儿在阅读中获得身心的满足，得到快乐，并从中培养起终身阅读的兴趣。家长切不可在亲子阅读的认识中"捡了芝麻，丢了西瓜"。

二、早期阅读活动的特点

（一）丰富的阅读环境

幼儿园的早期阅读活动最重要的特点就是具有丰富的阅读环境，这是其他场合的幼儿早期阅读行为所不具备的特征。幼儿园创设丰富的阅读环境，给幼儿提供能够获得丰富阅读经验的机会，比如幼儿园专门的阅读室、每个班级专门的阅读角。阅读室可以每周安排固定的时间对每个班级的幼儿开放，允许幼儿办理借书证，自由借阅图书；也可以每天固定的时间对全园幼儿开放。班级阅读角相对自由，不需要专门的教师负责管理图书。中、大班的幼儿可以自己学习整理图书。创设丰富的阅读环境不仅包括给幼儿提供图书，还包括给幼儿提供可以随时拿到的纸笔，方便幼儿写写画画的前书写行为。

（二）有意义的阅读材料

幼儿的早期阅读能力是在幼儿园的日常生活中日积月累慢慢培养起来的。早期阅读活动是幼儿与各种具体、形象、有意义的阅读材料互动的过程。阅读材料范围广泛，可以是图画书、绘画；也可以是视频、图画等。幼儿观察读物画面与日常生活中的"看"是不同的，需要对图像的意义进行加工，如对不同符号的转译、对画面图像之间关系的梳理、对不同图片之间的联系推测等等，从而理解、想象故事的发展。这一过程从对单图的观察、理解逐步向单图多页、多图多页逐渐完成，教师一定不能操之过急，而是需要一步一步根据幼儿的年龄特点逐步实施。

---

① 张明红.给幼儿园教师的101条建议-语言教育[M].南京：南京师范大学出版社,2007：22.

（三）阅读中有同伴的支持

幼儿的早期阅读活动特别喜欢成人的陪伴。幼儿早期阅读的方式与成人（中小学生）阅读有很大的差异。因为已经具备了一定的书面语言能力，成人（中小学生）主要借助文字来开展阅读，在看到文字的同时，会在脑海中对文字所表达的内容产生联想，从而对图书内容产生理解和情感共鸣。而幼儿则因为不具备相关的能力，因此在阅读时需要借助图画书中直观的图像来理解，而且往往需要成人陪伴并对图书内容进行读讲。也就是说，幼儿的早期阅读最好需要成人的参与。

幼儿园的早期阅读行为是教师有目的、有计划组织的教学活动。在这种集体教学活动中，不仅有同伴的陪伴，还有教师的指引。随着年龄的增长，中、大班幼儿在早期阅读中两个或两个以上同伴阅读的行为也越来越多。幼儿的阅读需要陪伴，而幼儿园的早期阅读活动最大程度上满足了幼儿早期阅读中的心理需要。目前流行的分享阅读就是非常好的阅读方式，不仅有助于对幼儿早期阅读能力的培养，也是很好的亲子交流、师幼交流和幼儿同伴相互交流的途径。

三、早期阅读活动的目标

幼儿园早期阅读活动的主要目标是培养幼儿的阅读兴趣，发展幼儿早期阅读的核心经验，为他们的终生学习奠定最初的自主阅读能力。具体表述为：提升幼儿早期阅读的意识和对图书的感悟能力，激发幼儿好奇好问的兴趣和学习行为；培养幼儿自主阅读的能力，能观察画面和关注画面间的相互关系，学习判断推理；培养幼儿对相关文字、符号、图画的兴趣，感受画面与口语的关系、口语与文字的关系、画面与文字的关系；培养幼儿同伴间互相沟通交流信息、互相补充的合作学习能力。

《指南》分别从兴趣、能力、前书写准备三个方面分三个年龄段详细阐述早期阅读活动的目标：

（一）喜欢听故事，看图书

表 6-1　喜欢听故事，看图书

3～4 岁	4～5 岁	5～6 岁
1. 经常主动要求成人讲故事、读图书。 2. 喜欢跟读韵律感强的儿歌、童谣。 3. 爱护图书，不乱撕乱扔。	1. 经常反复看自己喜欢的图书。 2. 喜欢把听过的故事或看过的图书讲给别人听。 3. 对生活中常见的标识、符号感兴趣，知道它们表示一定的意义。	1. 经常专注地阅读图书。 2. 喜欢与他人一起谈论图书和故事的有关内容。 3. 在阅读图书和生活情境中对文字符号感兴趣，知道文字表示一定的意义。

（二）具有初步的阅读理解能力

表 6-2　具有初步的阅读理解能力

3～4 岁	4～5 岁	5～6 岁
1. 能听懂短小的儿歌或故事。 2. 会看画面，能根据画面说出图中有什么，发生了什么事等。 3. 能理解图书上的文字是和画面对应的，是用来表达画面意义的。	1. 能大体讲出所听故事的主要内容。 2. 能根据连续画面提供的信息，大致说出故事的情节。 3. 能随着作品的展开产生喜悦、担忧等相应的情绪反应，体会作品所表达的情绪情感。	1. 能说出所阅读的幼儿文学作品的主要内容。 2. 能根据故事的部分情节或图书画面的线索猜想故事情节的发展，或续编、创编故事。 3. 对看过的图书、听过的故事能说出自己的看法，能初步感受文学语言的美。

（三）具有书面表达的愿望和初步技能

表 6-3　具有书面表达的愿望和初步技能

3～4 岁	4～5 岁	5～6 岁
1. 喜欢用涂涂画画表达一定的意思。 2. 尝试正确握笔。	1. 愿意用图画和符号表达自己的愿望和想法。 2. 在成人提醒下，写写画画时姿势正确。	1. 愿意用图画和符号表现事物或故事。 2. 会正确地写自己的名字。 3. 写写画画时姿势正确。

模块二　幼儿园早期阅读活动的设计

引导案例

　　萱萱的妈妈问老师：我家宝宝总是爱看一本《小红帽》的书，每天晚上都要求我给她讲一遍，反反复复的不觉得厌烦。这个现象已经持续好几周了，其实她已经能背出来了，因为当我讲错的时候她还会帮我纠正。但还是每天要听我讲。为了鼓励她换口味，有时我会塞给她一本新书，可是她要么拒绝不想看，要么听完了，还要求再听《小红帽》。孩子怎么这么傻呢？

　　思考：如果你是老师，你同意萱萱妈妈的判断吗？

　　我国幼儿园班级的教师少幼儿多，教师在开展早期阅读教育时，更多采用集体教学活动方式来组织。幼儿园的早期阅读活动，是教师有目的、有计划组织的教育活动。这种早期阅读活动，是在集体学习的环境中，帮助幼儿接触书面语言，培养幼儿对书面语言的敏感性，发展幼儿学习书面语言的行为，为他们学龄期正式的书面语言学习奠定基础。

一、早期阅读活动的材料选择

在当前图书市场中,图画书内容丰富,品种繁多。但并不是所有的儿童图画书都符合幼儿园阅读活动的需要,也不是个别幼儿喜欢的图画书就适合所有的幼儿阅读。因此,教师如何选择合适的图画书进行早期阅读,显得尤为重要。

(一) 根据幼儿的年龄特点,选择早期阅读材料

处于不同年龄段的幼儿在身心发展、语言、思维、观察、想象等综合能力方面的差异是显而易见的,因此,我们需要根据不同年龄阶段幼儿的发展特点选择合适的图画书。另外,不同年龄的幼儿注意力集中时间不同,《幼儿园工作规程》中对集体教学活动时间作了如下规定:小班15~20分钟,中班20~25分钟,大班25~30分钟。因此,一次集体教学活动,适合选择篇幅适宜、主题明确、重点突出的图画书进行阅读。一般而言,小班的阅读内容以主题背景简单的单幅单页图书为主,页幅以6至8幅为宜。有些可操作的翻翻书系列尤其受到小年龄幼儿的喜欢。如:《熊叔叔的生日派对》、《小兔乖乖》、《好饿的小蛇》、《噼里啪啦》系列丛书等。中班的阅读内容以单页单幅图书为主,页幅可适当增加至10幅左右。如:《鼠小弟》系列、《看图说话》等。大班的阅读内容以单页多幅图书为主,页幅可适当增加,但不宜超过20幅。如:《我家是动物园》、《亲爱的小鱼》、《天生一对》等。一般图画书通常在20~30页,因此可以根据不同年龄特点,删减适宜数量的画面制作成PPT,开展集体阅读,或通过分次阅读的方式,让幼儿对整本图书的内容有更好的了解。

(二) 根据阅读形式的不同,进行选材

幼儿园的阅读活动大致分为集体阅读(鼓励分组)和幼儿自主阅读两种基本形式。此外,幼儿园也应适当开展亲子阅读的相关指导,以帮助家长更有效地开展亲子阅读。在这三种不同的阅读形式中,由于成人与幼儿的人数比例不同,阅读目的不同,阅读方式有很大的差异,阅读内容也应有所区别。因此我们应根据不同的阅读形式,选择不同的图画书,开展早期阅读活动。

1. 集体阅读活动选材依据

(1) 依据幼儿的兴趣进行选择

幼儿天生对周围的世界充满好奇,对自然界和社会中的各种事物表现出极大的兴趣。兴趣极大程度地影响幼儿的阅读热情,也支持幼儿阅读能力的发展。选择幼儿感兴趣的素材,能够促进幼儿园早期阅读活动的高效开展。

(2) 依据幼儿的语言能力、认知经验进行选择

同一年龄段幼儿的语言发展能力、认知经验等也存在差异。教师在选择阅读材料时,一定要考虑本班幼儿的能力、经验水平,寻找与之匹配的内容开展阅读活动,从而有

效促进班级幼儿的发展。

2. 自主阅读活动选材依据

在自主阅读中，最大的障碍来自于幼儿对画面之间转换的理解能力不足。因此，适合幼儿自主阅读的材料，需要呈现这样的特点：图画突出，以一个事件发展为序，画面之间有一定的关联。如：《蚂蚁和西瓜》、《大卫，不可以》等。此外，幼儿对画面图符的理解能力、生活及认知的经验是否具备也影响幼儿的自主阅读是否能顺利进行，因此教师在进行这部分选材时也需要综合考虑。

3. 亲子阅读活动选材依据

亲子阅读是带有一定目的性的阅读形式。家长应根据对幼儿阅读兴趣、阅读能力的了解，选择难度适中，幼儿喜爱的图画书。在图书内容的选择中，可根据幼儿最近关心的热点话题，生活中需要的情感品质培养等进行挑选。亲子阅读活动最大优势在于成人与幼儿的人数接近，多为一对一，因此家长能有效地观察参与阅读的幼儿，对其提出的问题能及时进行解答，互动有效而积极。因此当亲子阅读习惯建立、兴趣激发后，对于一些篇幅较长，信息量较大，情节曲折的图画书也可以进行阅读。

在亲子阅读中，幼儿普遍会出现某一段时间特别喜欢特定的一本图画书的现象，例如引导案例中的萱萱。这其实是幼儿心理发展中的一种普遍现象。孩子们不仅喜欢反复听同一个故事，还喜欢反复看某一动画片，有些孩子还总喜欢穿同一件衣服，等等。他们在不厌其烦地重复自己中得到满足。

从心理学的角度分析，幼儿之所以出现这样的行为，是因为这本图书的阅读过程能给他们带来很大的快乐。因此，他们希望在一遍遍的重复阅读中，重温这种快乐。比如这本图书中的某些情节，孩子特别喜欢，每次读到那里就会高兴地模仿人物对话或是哈哈大笑。因此，在之后的阅读中，孩子往往会等在那里，预先就做好哈哈大笑的准备。而从幼儿阅读能力发展的角度而言，小年龄幼儿的理解力、观察力仍然是粗浅的。因此，在每一遍的阅读中，孩子得到的讯息都是比较零散的，需要通过反反复复许多遍，才能真正看懂听明白。第一遍可能只是产生了好感，有了兴趣；第二遍可能搞明白了其中的主要人物；第三遍开始听懂情节；第四遍听细节；第五遍学会模仿其中的一些语言……而每一次阅读画面也会得到不同的信息。每阅读一次，幼儿都会有新的收获。因此，如果遇到孩子出现这种情况，成人不必担忧。等幼儿觉得从这本书中得到的快乐不能满足自己需要的时候自然会把自己的兴趣转移到新的图书上。

二、早期阅读活动的过程设计

即使教师从理论上理解了幼儿园的早期阅读活动，但当真正进行教学设计时，教师还是会迷茫，而且设计出来的活动会过于单薄。在设计幼儿园早期阅读活动时，教师需要树立正确的早期阅读教学观念，把握幼儿园早期阅读活动设计的基本原则。

(一) 树立正确的早期阅读教学设计观念

1. 树立幼儿为主体的观念

以幼儿为主体,要尊重幼儿需要、鼓励大胆说、帮助幼儿在早期阅读活动中建立自信、引导其获得成功。早期阅读活动面向全班幼儿,教师在选材、提问设计、回应策略、组织形式上除了要考虑本班幼儿的年龄特点、发展水平外,还要保证每位幼儿都有机会参与学习,每位幼儿从中得到适合个体发展需要的指导。

2. 树立综合语言教育观念

早期阅读活动不能从字面理解为看和读,应该是听、说、读、写等各种语言交流方式同时并进,在发展幼儿口语的同时帮助幼儿获得认读和理解经验。特别是在实际教学组织中幼儿的倾听、理解能力很大程度上影响阅读活动的质量,教师在阅读活动开展初期就要培养好幼儿的倾听习惯与能力。

3. 树立整合发展的观念

我们要把早期阅读看成是幼儿的一个整合学习,充分认识阅读能力发展与其他方面发展是整合的关系,将阅读教育内容整合渗透到教育的各个方面。例如:发挥音乐元素对阅读情感的渲染与激发作用,挖掘阅读素材中的数学、科学、绘画等其他领域的价值,才能设计出一个立体的教学活动。

(二) 早期阅读活动的过程设计

1. 看听结合

为了让幼儿更有效地读懂图书内容,保证阅读质量,在集体阅读中,教师可采用朗读的方式,让幼儿"看听结合"地读。成人将图书中的文字大声地朗读给儿童听,是听说读相结合的阅读活动。大声朗读将图书中的无声文字转化为有声语言,口耳并用,这不仅使阅读真正达到活学活用的程度,而且使儿童印象深刻,便于记忆和理解。在朗读时,教师可以根据图书的内容,配以合适的语音语调和动作表情,以准确地传达其文字中蕴含的知识和情感,更可以根据教学目标的设定,有详有略,有效掌握阅读的速度。

2. 自主阅读

同样一幅图书画面,不同的幼儿因阅读能力和兴趣的不同,可能会有不同的解读。在集体阅读教学中,教师也应该为幼儿的"个性化"阅读留有一定的时间空间,让幼儿能更自主地想象和表达。如在引出今天的阅读主题后,可以让幼儿先去翻阅图书,然后在集体中分享自己的理解,再通过集体阅读,将更完整的信息传递给幼儿。也可以在集体阅读了图书第一段后,提出后半部分的阅读任务,请幼儿独自或分小组进行自主阅读。然后通过交流分享,将故事的实际内容与幼儿阅读时预期的答案进行比较。

3. 有效提问

在集体阅读中,教师可以通过提问,将重点信息加以强调和提升,如主要的人物关系、关键的情节发展、事件发生间的逻辑关系、情感延伸等。教师应注重提问技巧,积极引导幼儿对图书内容进行大胆的预测和想象。一些图画书中常常会出现情节上的反复，针对这类图书，教师提问的侧重可以不同。如针对人物间的对话、表情、画页上的图符所代表的意义、故事背后蕴含的情感等，通过提问引发儿童思考，让每段的问和答都能带给幼儿不同的阅读体验。

例如，《小熊的尾巴》是一则小班阅读材料。故事围绕小熊觉得自己的尾巴不好看，于是逐一向动物朋友换尾巴展开故事。故事画面停留在第一页，几只小猪玩捉迷藏。针对这幅画面进行提问设计，提问设计成两种方式：

方式一：小猪在干什么？你从哪里看出来的？

方式二：有谁？它们在干什么？怎么做游戏的？

方式一是很多教师自然而然的提问方式，我们称之为普适性提问。这样的提问无论针对什么样的画面都可以问，放在任何年龄段幼儿也都听得懂，这样的提问也就称不上好的提问。方式二传递出教师与幼儿共同学习、同伴互助式的学习理念。"有谁？"提示幼儿关注画面主要角色。"他们在干什么？"提示幼儿注重角色动作之间联系。"怎么做游戏的？"立刻将小班幼儿的游戏经验调动起来，在游戏再现、经验迁移中体验到小猪你我拉钩做游戏的快乐，一下子把作品与幼儿的生活经验贴合起来。

4. 拓展形式

集体阅读中，为了让幼儿更好地体会图书中蕴含的一些知识或道理，可以运用游戏或表演等形式，让阅读过程变得生动多样。如在《方格子老虎》（应彩云）中，玩玩方格子的多种游戏，以感受与众不同给别人带来的快乐；《好饿的小蛇》，模仿小蛇吃啥变啥的样子，感受变形的快乐。

三、早期阅读活动的教学策略

在早期阅读活动中，教师需要采取各种教学策略去帮助幼儿领略阅读的魅力、感受不同阅读材料的独特之处，使幼儿喜欢并积极参与阅读活动。

（一）情境创设策略

我们根据幼儿的学习特点及教学活动的需要，创设多样化的情境，调动幼儿思维，引发幼儿兴趣，以更好地感知、理解作品。例如：小班阅读活动《小兔乖乖》中我们将整个教室划分成两个区域：小兔的家和森林草地场景。教师戴上兔耳朵头饰、围兜扮演兔妈妈，幼儿选择兔耳朵头饰、短尾巴或者红眼睛装饰扮演小兔宝宝，给幼儿营造一种身临其境的感觉。

（二）提问设疑策略

教师应善于质问设疑，精心设计明确、具体、难度适宜、富于启发性的、有思考价值的问题，这样的提问称之为开放式提问。此类提问引发幼儿认知冲突，激活思维。在阅读活动中，讲完故事后，我们往往会听到这样的提问："故事名字叫什么？故事里有谁？故事讲了一件什么事?"这一系列问题,可能有多种语言描述,答案指向单一。我们可以将"怎么说的? 怎么做的?"调整为"会说些什么? 可能怎么做?"等,思维就打开了。例如:中班早期阅读活动《大卫,不可以》中有很多开放式提问,如"如果大卫继续这么做,你猜会发生什么事? 猜猜这会儿大卫的妈妈会说什么呢? 大卫听了妈妈的话,心情怎样?"这些问题联系幼儿的生活,强化幼儿的体验,容易打开幼儿的话匣子,让阅读与幼儿的生活更贴近。

案例 6-1

我的幸运一天(大班)

教师 A 从网络上找到了一篇阅读活动教案《幸运的一天》,并在班级里尝试。活动后,她和观摩本次活动的教师进行讨论。

A:我觉得这节课,孩子们基本能理解这个故事,目标基本能达成。

B:但是今天的这个活动,你进行了将近 45 分钟,后半段孩子们都没啥看和听的兴趣了。

A:对呀,我也有同感,那是为什么呢?

B:我记录了你中间部分的提问,有些问题太细碎,有些问题重复。每幅图片出现时,问题平均在 5 个左右,孩子的思维完全被你的问题左右,主体性没有得到发挥。

比如在说到狐狸抓住小猪,小猪想办法时,你一共问了以下这些问题:"①小猪想了几个办法? ②第 1 个是什么? ③他是怎么说的? ④狐狸有没有听小猪的话呢? ⑤为什么会听小猪的话,按小猪说的去做呢? ⑥后来,狐狸便忙了起来,他干了什么事呢?"

A:看来其中很多问题是封闭式的,并不需要。

B:是的,而且对于大班孩子来说,他们的逻辑思维到了一定的水平,你可以尝试将几个问题连起来一起问。

一些教师在阅读活动设计时,常常会犯"一问到底"的毛病。似乎没有问题,孩子们就一点也不会看,一点也不会读了。确实,好的提问,能帮助孩子理清阅读的思路,加深对阅读材料重点的了解。但如果在整节课中,始终以教师发起的问题贯穿,那整个活动就会感觉是"牵着孩子的鼻子读",气氛会变得拖沓沉闷。

(三) 情绪感染策略

从情感上进行渲染,引导幼儿感知体验,营造情感氛围,用作品中的情感感染幼儿,使之感动而支配行为。例如:大班阅读活动《亲爱的小鱼》。故事讲述加上轻柔的音乐较好地渲染了情感,引发幼儿专注地欣赏。完整欣赏故事后模仿小猫称呼小鱼,试着用"亲爱的……"叫叫老师、同伴、说说听到这样称呼的感觉,幼儿一下子感受到了那种甜蜜的感觉。当他们能够有感情地称呼朋友时,相信他们已经能够体会到小猫对小鱼的那种喜欢。

（四）多元表达策略

整合性原则提示我们阅读活动可以与其他活动整合，以期使阅读活动更为生动、有趣、立体。因此，我们可以为幼儿提供多种想象、尝试与表达表现的机会与条件，运用多种形式，创设有利于幼儿表达的情境，鼓励幼儿大胆而有兴趣地表述。例如：大班阅读活动《一根羽毛也不能动》。围绕反复出现的对白"一根羽毛也不能动"将体育游戏"我们都是木头人"纳入到阅读活动中，在反复游戏中体味故事中两位主角的感受及心理体验。又如：大班阅读活动《老鼠娶新娘》（应彩云），教师通过小游戏鼓励幼儿敢于表达并且了解每个人都有自己的长处。在感受娶嫁这一民俗风情时，放大故事中的唢呐唱词及抬花轿动作，在说说唱词、抬抬花轿中将活动推向高潮。

（五）生活迁移策略

早期阅读活动不应该仅仅停留在故事本身，而是应该启发幼儿调动个人的经验来进行补充想象。根据作品内容，创设能引发幼儿迁移的情景，给幼儿以适当的暗示与启发，激活情感，引发行动，在生活化应用的过程中学会变通。例如：中班阅读活动《老鸭过生日》。老鸭通过打电话、写信、发短信等方式邀请朋友来过生日，但是它给每位朋友所留的地址信息都是不完整的，给大家造成了困扰。教师通过请幼儿帮助老鸭想办法解决问题来积极调动幼儿日常的生活经验，同时也帮助幼儿梳理了邀请朋友做客时需要注意的事项，让阅读活动走进幼儿的生活。

（六）留白留疑策略

优秀的阅读材料在情节、画面处理上留有一些恰当的空白点，就如经典的水墨画作品总有巧妙的留白，给观者以无限遐想空间。我们在设计活动时也要适时、适宜地留给幼儿思考的余地，充分调动其个体经验来进行想象，促进幼儿想象能力的发展。例如：中班阅读活动《逃家小兔》。小兔有一天宣布要离家出走，由此和妈妈展开了一段有趣的对话。对话中小兔想出各种办法、变成各种模样逃离妈妈，兔妈妈总能想办法找到小兔陪伴在她身旁。教师在设计活动时无需拘泥故事内容，鼓励幼儿自由想象、发挥，感受到想象的乐趣。又如：大班阅读活动《我的幸运一天》。每一次小猪转危为安之时，教师可以充分运用反问、假设、推理等方式将幼儿引入到故事情节的预测中，分析想象故事中小猪与狐狸的表情、动作与心理，激发幼儿的思维。

总之，很多好的早期阅读活动体现在教师对阅读材料独特的解读后所呈现出的设计优势。同一素材，教师自身的特长、敏感点、对幼儿发展需要的不同期望都会造成活动设计时不同的侧重点。例如，小班早期阅读活动《好饿的小蛇》。有的教师认为这本图书最凸显的就是形状认识，因为图画书中小蛇吃食物后肚子的变化是最有趣的。因此，在教学设计中应重点突出小蛇肚子变化的形状，帮助小班幼儿掌握基本的形状。而另一位教师则认为画面中有的形状明显，但有的形状不明显，如葡萄、菠萝就没有确切的形状。相反，故事里的时间表述很清晰，第一天、第二天、第三天……可以在教学设计中将时间与数联系起来,帮助幼儿形成数与物的对应。

因此,教师在设计活动时对一个阅读素材解读得越多,活动设计时的思路就越宽广。教师一定要先对材料分析透彻后再进行设计,切不可盲目抓到一点就胡乱拼凑。《好饿的小蛇》素材比较简单,很多素材除了解读故事本身的结构、画面或者语言特点等内容外,要善于挖掘情感线索,才能让整个阅读活动更加细腻、感人。

模块三　幼儿园早期阅读活动的组织与实施

引导案例

办公室里,两位老师在争论。苏老师说:"我觉得《猜猜我有多爱你》更适合小班上课时用,我的孩子3岁,我上个月就给她讲过这个故事,她很喜欢听,也能听得懂。"黄老师说:"我觉得这本书更适合大班。故事里蕴含着妈妈和孩子间浓浓的情感,小班孩子理解没有那么透彻。母亲节的时候进行亲子活动最合适了。"

思考: 你同意哪位老师的观点呢?

幼儿园早期阅读活动绝不仅限于一次与图画书的亲密接触,而是按阅读目标开展的由浅入深、循序渐进的活动。阅读活动中幼儿的语言、思维、经验等差异造成发展水平不均,需要教师通过丰富多彩的延伸活动帮助幼儿获得更佳的发展。教师在选择早期阅读的材料时都会遇到这样的困惑:一本图书究竟适合哪个年龄段进行集体教学活动? 有些图画书的年龄特征非常明显,换一个年龄段就无法引起幼儿阅读讨论的兴趣。而也有些图画书却可以在不同年龄段展开教学。例如引导案例中的《猜猜我有多爱你》,在不同年龄阶段,教师都可以进行教学活动。教师在执教时,不仅设定的活动目标要考虑到幼儿的年龄特点,采取的教学方式也一定要有很大差异。而且不同年龄阶段的幼儿从同一本图画书中得到的情感体验也不相同。同一个幼儿三岁的时候看《小黑鱼》和六岁时候看《小黑鱼》,得到的感悟肯定是不同的。另外,早期阅读活动的素材也不仅限于如今热门的绘本,而是需要教师拓展阅读材料品种(包括材料体裁),满足不同个性幼儿的发展需求。值得注意的是我们在强调阅读设计与实施策略、要点之外一定要关注幼儿倾听习惯及阅读习惯的培养,为幼儿的终身阅读打下扎实而良好的基础。

请网上搜索《熊叔叔的生日派对》(应彩云)的教学视频,自由分组观摩讨论。尝试从目标定位、环节的设计、教学策略、幼儿发展等方面进行思考讨论,课堂讨论时每组派一位代表发言。有余力的小组可以深入思考并梳理这个教学活动并考虑还可以进行哪些拓展活动以拓宽设计教学活动的思路。

一、多元题材的阅读活动设计

儿童图画书的范畴非常广泛,除了最常用的故事类图画书,还包括科学类图画书、儿歌图画书、散文图画书。这些不同类型的图画书在阅读内容、价值观念、问题形式和审美表现等方面具有独特功能。[①]

(一)科学类图画书的阅读活动设计要点

科学类图画书是幼儿园早期阅读资源的重要组成部分,其包含自然和社会的真实信息,知识丰富,信息全面,可弥补和补充幼儿无法亲历的科学实践过程。研究证明,科学类图画书的早期阅读活动能够很好地锻炼儿童的逻辑思维能力。通过预期、假设、质疑、反思几个环节,儿童在早期阅读活动中能够极好地锻炼作为一个成功阅读者所需要的思维能力。另外,科学类图画书的结构和语言强调说明和解释,逻辑性强,儿童在阅读中能够从词汇、句型等不同层面了解书面语言的运用,为今后的学业成功奠定基础。

1. 合并画面数量,精简阅读内容

科学类图画书经常运用单页多幅的排版形式,用小插图进一步深入展开主题,或做类比比较。针对"图片数量多"的特点,教师可以适当缩减画面,精简集体阅读内容。例如:《好吃的草莓》一书中共有大大小小的草莓图片24张,从各个角度充分展现了草莓的不同特征。完整地读完这些图,幼儿视觉比较疲劳,往往在后续互动中,注意力分散,倾听和讨论效果差。因此,教师最终精选了14张图片制作成PPT进行播放,阅读效果大大提高。

2. 忽略、重组信息,突出阅读重点

科学类图画书表现的不是完整的故事情节,而是围绕一定主题的相关知识或信息。如果幼儿认知、理解能力有限,在一次集体教学时间内,难以完全消化。教师在设计教学活动时,要依据幼儿阅读能力、已有知识经验,对内容进行一定的精简,有取又有舍。比如《莲花》这本图书,既介绍了莲藕、莲花、莲叶、莲蓬、莲子是莲的不同部分,又介绍了莲在不同季节的生长状态,以及莲各部分不同的作用。在教学设计时,就可挑选其中的一、两点作为教学重点,适当忽略图书中其他有价值的信息。

另外,科学知识图画书的编排相对自由,页面之间通常没有严格的逻辑顺序,前后页可相对独立。页面的编排形式也不尽相同,有时单个页面就可以说明一个问题或一个事物的特征,有时则用双页面乃至多页面来说明。针对科学类图画书这一特点,教师可以根据幼儿的经验储备及理解能力重新组合素材,以期达到更好的阅读效果。例如《我们

---

① 李季湄,冯晓霞.3~6岁儿童学习与发展指南解读[M].北京:人民教育出版社,2013:86.

身体里的洞洞》,教师可用 PPT 的图片形式,将身体各个部位的"洞洞"做成超链接,幼儿想先了解哪个洞,就点开这一页阅读。由幼儿来决定阅读的先后顺序,更好地激发了其阅读积极性。

3. 创设丰富情境,增加阅读兴趣

大部分的科学类图画书,语言比较平实,以说明性文字为主。没有跌宕起伏、扣人心弦的情节,没有诙谐幽默、滑稽风趣的语言。同时图书中还会出现比较难的生词或专用词汇。这些潜在因素往往会影响幼儿主动阅读的兴趣,或让一些阅读能力较弱的幼儿望而生畏。如《海豚》一书,教师在导入环节增加了声光同步的一小段视频:蓝蓝的海水,跃动的海豚,低低的鸣叫。幼儿如同置身于大海的情境,与海豚共同嬉戏,充分激发了他们参与阅读、了解海豚的兴趣。

4. 重视操作探索,扩大阅读成效

科学类图画书特点之一在于知识的准确性、科学性,以及可操作实践性。教师可以指导幼儿在生活中观察、学习使用图画书中呈现的知识,具有较强的操作性和趣味性。例如《纸真好玩》是一本玩纸的工具书。教师可以先呈现书中的几个纸玩作品,让大家通过看一看、玩一玩,发现这些作品的来历。随后在阅读中发现"照着书上的方法制作,就可以得到这些好玩的纸玩具"。这一让人兴奋的事实,让阅读带给幼儿直接的操作体验,感受到科学类图画书的独特魅力。

(二) 儿歌类图画书的阅读活动设计要点

儿歌是儿童最先接触的文学样式。在学前期,儿歌发挥着其他文学样式无法替代的作用,儿歌类图画书亦如此。儿歌类图画书呈现的内容较为浅显易懂,主题单一。一首儿歌单纯集中描写或叙述一件事物。儿歌类图画书篇幅短小精悍,句式朗朗上口,易记易唱。因此,儿歌类图画书阅读重在理解与创造性表达。

1. 突出反复、多种方式朗读,感知韵律美

儿歌的特点之一是"节奏分明,朗朗上口,易记易背"。这是儿歌受到幼儿欢迎的主要原因。因此,我们要通过反复朗读,来充分感受儿歌内容的幽默有趣,体会儿歌特有的韵律感、节奏感。

不同的语言结构也可以用不同形式的朗读来感知和区辨,特别是在不同的年龄段幼儿从儿歌中获得的需求满足感存在差异。例如我们可以改变语调获得不同的韵律:问句的声调上扬,答句的声调下沉;或分角色朗读,一组读问句,一组读答句,充分发现问答调特点。同样,我们可以在前后连锁、重复的字部分,加强语气,加重读音,引导幼儿发现连锁调的特点,还可以在韵脚转换的字词处,突出朗读韵母部分。通过这些方法的朗读,能有效地引发幼儿感知和发现儿歌的语言韵律特点,且富有一定变化。

2. 重视句型分析,发现形式美

反复是儿歌的另一个突出特点。为了让幼儿在阅读中感受到儿歌的反复呈现,教师

在活动设计时需要挖掘儿歌中重复出现的句式,通过反复欣赏、理解排比句式所营造的想象意境。例如,可以用图夹文的形式将反复出现的句式列出来,鼓励幼儿在自由表达时能够使用其中的句式,丰富幼儿的表达方式。

3. 鼓励创意仿编,获得成功

儿歌仿编对幼儿而言是一种语言学习的挑战,要求幼儿对儿歌内容及作品形式都有了解,调动已有的知识经验,否则可能"言之无物"。因此,仿编环节通常在儿歌阅读整个流程的后半部分,也可单独呈现作为第二教时。设计仿编部分时要把握三步走:第一步通过开放式提问帮助幼儿进一步理解儿歌的关键句式部分;第二步就仿编部分作出一定的示范,示范可由老师发出也可由同伴发出;第三步运用图片或实物、动作等直观形象教具启发幼儿,等幼儿理解熟练后由具象向抽象发展,由部分仿编向整体仿编努力。

(三) 散文类图画书的阅读活动设计要点

散文是用比较优美、凝练的语言完成的文学作品,叙事、记人、状物或写景。散文类图画书强调通过具体的形象、画面所抒发的深刻思想和审美体验,营造优美的意境和浓烈的抒情。由于散文呈现的是一种意境、一种感受,语言较为抽象,幼儿要进行运用比较难,一般散文类图画书的阅读应重在欣赏。

1. 创设"听"的环境,欣赏散文

散文类图画书中的语言优美,区别于孩子们常用的口头语言,初步倾听后幼儿只有初浅的印象,因此此类阅读活动应创设良好的"听"的教学环境。教师在朗诵散文时,不仅要带有饱满的情感,更可以音乐为背景,更好地烘托和呈现散文教学素材中蕴含的优美语言及附着的深厚情感。通过反复地、用心地"聆听"和"赏析",幼儿能逐步发现散文所呈现的完整形象,并感受散文素材所带来的美。

2. 创设"读"的环境,欣赏散文

由于散文中词汇的丰富,语言形式相对抽象和概括,对于习惯于口头语言表达的幼儿来说,充分理解其特有的书面语言往往具有一定的难度。因此教师在"听"之后,可创设良好的"读"的教学环境。让孩子们在"读懂"或"解读"中理解散文,从而进一步欣赏散文。另外,要充分发挥散文图画书画面传递的信息,充分阅读,"读懂"散文中丰富词汇的意思。或通过师生间的"问答互动","解读"字面意思、实际含义,帮助幼儿在口语和散文中的书面语言之间建立联系,并理解隐藏在文字后的情感。

二、早期阅读活动的拓展

早期阅读活动是一项整合的活动。在幼儿园一日生活中,宽泛的阅读活动随时随地可出现,因此我们一定要拓展对阅读活动的认知,积极把握机会、创设条件与环境促进幼儿阅读兴趣与能力的提高。

(一) 拓展早期阅读的素材及形式

早期阅读活动是以图画读物为主,以看、听、说有机结合为主要手段的活动。"图画读物"不仅仅局限于图画书,而应该拓展到与幼儿生活相关的、有兴趣关注的材料,如教室里的主题环境墙面、新闻画面、幼儿剪报、画报期刊、幼儿自编图画书,甚至是幼儿喜欢的电影、动画片段等。"看、听、说"不仅仅是集体教学活动,且包括同伴互助式阅读、小组式分享阅读、亲子阅读、幼儿自主阅读等更为丰富的阅读形式。

（二）拓展早期阅读活动

集体阅读活动中的个体差异需要通过后续的拓展活动来帮助其有更多机会迁移运用阅读策略或系统梳理知识经验。

1. 以提升阅读能力为主开展的拓展活动

在一次阅读活动后,教师可以挑选蕴含与读本基本相同的阅读策略的材料,让幼儿通过阅读新材料,迁移运用阅读策略。或者是在以个体探究的区域活动中提供一些阅读素材图片,鼓励幼儿运用这些图片复述故事,边复述边进行排序,以此方式来帮助幼儿巩固与提升。还可以运用图画书情境再现的方式与幼儿的日常游戏整合起来,激发幼儿更多的阅读经验。如中班阅读材料《兔子先生去散步》中有很多生活标识,教师可以根据幼儿的生活经验创设一个生活场景,有马路、房屋、各种设施,并且提供一些故事中、生活中有的标识及角色,吸引幼儿对阅读材料内容再现,并且根据实际内容进行故事续编、创编等活动。

2. 以深化阅读成效为主开展的拓展活动

前面提到一个阅读素材包含的价值点是多样的,在教学时为了突出重点、紧凑有效往往会侧重其中的一个方面。针对这一状况,拓展活动以对阅读素材的再次开发运用为主。例如小班阅读活动《小兔乖乖》,活动中的重点是在熟悉故事情节、分析故事中主要角色的性格特点以及对话初步练习上。但是此阅读材料还有一大特点是非常适合表演,拓展活动就可以通过小舞台的设置,提供相应的表演场景、服装道具、音乐等激发幼儿的肢体表现能力,让此阅读活动走进幼儿的心里及日常表演游戏中。

3. 以丰富阅读材料为主开展的拓展活动

早期阅读活动中的留白留疑部分设计得好,往往能够引发幼儿的共鸣。在实施活动中考虑到时间把控及活动节奏感,有时不得不打断幼儿的积极状态,而是把这一部分留作活动的延伸,这就为拓展活动的开展埋下了伏笔。例如大班阅读材料《魔法奶奶的电话》,幼儿对于魔法奶奶是否具有魔法进行了讨论。因为当时正值《哈利·波特》系列热映,幼儿对与魔法有关的话题都很感兴趣。于是我们进行了有关魔法话题的讨论,幼儿自行设计了各式各样的魔法棒、绘制了图加文的魔法语言以及魔法效果。整个拓展活动幼儿的参与热情高涨,运用符号、语言的能力有了很大提高,也让教师感受到了阅读材料由幼儿所带来的全新生命力。

三、早期阅读空间的创设

图书室,也称阅览室,是幼儿园专门设置的供幼儿借阅图书的教室。图书室可大可小,其空间主要取决于幼儿园的房舍是否充分。如果条件允许,幼儿园专门设置一个独立的图书室,供全园幼儿借阅图书,为全园幼儿服务,为幼儿园的早期阅读活动提供充足的物质保证。图书室的创设因地制宜,建议设置在幼儿园比较安静的教室。在图书室里可以根据幼儿的身高摆放适合幼儿的小桌子、小椅子。书架也尽量不要太高,以幼儿可以踮脚够到为宜。图书室的装饰以简单大方、宁静清新、方便舒适为主。

图 6-1 图书室(一)

图 6-2 图书室(二)

图 6-3 图书室(三)

图书角,又称为阅读区,是设置在幼儿园教室中供幼儿自主阅读图书的专门区域。阅读区的活动可以培养幼儿重要的生成阅读行为:浏览(快速翻书查阅)、安静研究(看图书的插图)以及传统型阅读(认出书上部分词句)。此外,图书区阅读时幼儿将被允许进行自由、轻声地交流,而这种幼儿间的自由交流,对幼儿的语言发展至关重要。每一所幼儿园每一个班级几乎都设有图书角,但是每一图书角的受欢迎程度却有很大差异。为了给幼儿创设适宜的图书角,教师需要精心选择合适的空间和材料布置图书角。

1. 空间选择

我们需要认真考虑图书角空间的位置和大小。许多教师会将图书角设置在墙角,避免和喧闹的积木区及表演区相邻,并且保证其有充足的光源。光源采集最好以自然光为佳,一般靠窗位置更妥。大

图 6-4 图书角(一)

小以容纳 4～5 人为宜，人数过多易形成干扰。

图 6-5 图书角(二)

图 6-6 图书角(三)

2. 环境创设

图书角环境创设以温馨、安静、舒适为主。通常会配备与幼儿身高相适宜的书架和既柔软舒适又鲜艳美观的靠垫及地毯。随着年龄的增长会增加一些适合盘坐在地毯上使用的桌子，满足幼儿的书写、画画需求。有的教师会尽量发挥自己的美术特长为幼儿营造一个既舒适又有趣的阅读环境。舒适有趣的阅读环境能够吸引幼儿参与到图书角，并让幼儿感受到阅读的无穷乐趣，也能延长其持续阅读的时间，增强师生间的互动。另外根据幼儿需求增加一些漂亮的垂挂式布袋，放置一些口袋书或者是剪刀、笔、纸等工具材料，便于修补图书或者是进行故事的续编、仿编和创遍或自制图书。

图 6-7 图书角(四)

图 6-8 图书角(五)

3. 图书投放

图画书都是图书角的主角。图书投放是否适宜是吸引幼儿的一大关键要素。

(1) 数量

幼儿园对于图书的量是有规定的，每班图书量不少于幼儿总人数的 2 倍。图书角中图书数量根据场地大小，尽可能多地提供。不同年龄段，相同的图书数量可以不同。小班同一图书量最好是比本班阅读区限制人数的数量多一本，保证小班幼儿平行阅读需求。中班、大班同一图书量2至3本即可。

案例6-2

图书角里的矛盾

自由活动时间,图书角里总是很热闹,但也矛盾不断。这不西西刚拿起一本图书没看两页,就听到她喊:"老师,他抢我的书!"只见天天牢牢扯住书的一角,任凭西西怎么大喊和用力,就是不撒手。眼看书就要分家,老师连忙上前救火。"不要抢,这里也有一本一样的书。"老师眼明手快找到相同的书递给天天,这才缓解了矛盾。

评析:小班幼儿的阅读与游戏一样处在平行阶段,他们还未能进行分享阅读。天天之所以抢西西的书,可能是他很喜欢这本书但不会自行选取。作为教师首先要理解并尊重天天的阅读需求。其次是要加强对天天阅读活动的个别指导,如学会选取自己喜欢的图书并归还到指定位置,学会看标识,学用语言表达等。最后是培养天天轮流阅读的意识,为其进入图书馆阅读打基础。

（2）书目

图书书目的确立可参考不同体裁图画书的选材。不同类型的图书都可提供,丰富幼儿的阅读体验。值得注意的是,不同年龄段的图书选择存在差异。例如图文比例随幼儿年龄发展稍有提升;科学类、诗歌类、散文类等其他类型图书逐渐添加。

（3）材质

现在早期阅读读物的材质很多,除了我们最常见的图画书之外,还有视频材料、卡片、塑料书,以及最不容易撕坏的布书。幼儿园图书角图书放置一般以单本竖放方式呈现,因此硬面的精装书更加适宜长时间久存,且能够经受幼儿反复地翻阅。

图6-9　布书(一)

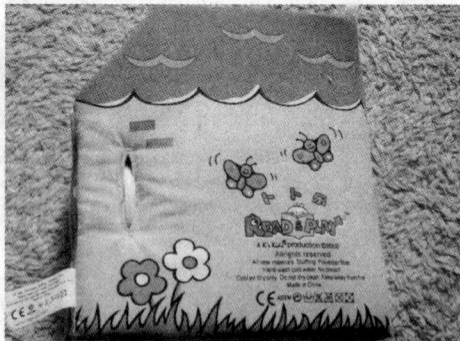

图6-10　布书(二)

（4）标识

图书的取放是幼儿进入图书角最多的动作。为了帮助幼儿养成良好的图书归还和摆放习惯,教师可以制作一些简单、明晰的图书标识或者鼓励幼儿自制简单的图书借阅规则。小班是形象化的书与位置一一对应的标识,如颜色、图形、动物;中、大班可提供数字、符号等,方便幼儿取放。另外,还会提供一些看书规则或习惯的提示小卡,通过标识暗示指导幼儿养成良好的自主阅读习惯。

图6-11 标识(一)

图6-12 标识(二)

值得注意的是,图书角的创设不是一劳永逸的。教师需要根据幼儿的阅读需求与兴趣、阅读活动开展的需要、主题活动开展的需求等等有目的地增加、调整图书角的图书书目及数量,以确保图书角对幼儿的吸引力。

小资料 >>> **图书角需要注意的问题**

(1) 图书角的书要摆放在幼儿拿取方便的地方,以供幼儿任意挑选;

(2) 图书角的书画面要色彩丰富,印刷质量好;种类要多,每本最好有复本。小年龄班级,同一本书可以多准备几本,因为幼儿喜欢相互模仿,共同看同一本书;

(3) 图书角的图书要适合本班幼儿的阅读水平,要及时更换;既要有幼儿读过的旧书,又要有新书;

(4) 教师要及时向幼儿介绍图书角里的新书,激发他们的阅读兴趣;也可以带领幼儿集体阅读图书,教给他们正确的阅读方法;同时还要鼓励幼儿将阅读的内容讲述出来;

(5) 鼓励幼儿与同伴分享自己喜欢的书,可以引导他们自由结合,讨论看过的书,并提出问题;

(6) 在儿童自主阅读过程中,教师不要无故打扰幼儿。幼儿需要帮助时,可以给予适当帮助,并回答幼儿提出的问题。

案例6-3

好饿的小蛇(小班)

一、活动准备

图书PPT、饭团、菠萝、葡萄大操作版面各一、相应的小蛇操作图片人手一份。

二、活动目标

1. 能积极参与图书阅读,预期故事情节,并在配对游戏中,理解故事内容。

2. 在看看、听听、送送中体会故事的幽默有趣,感到快乐。

三、活动过程

(一)看看说说——集体阅读故事第一部分

导语:(出示小图书《好饿的小蛇》)今天我带来一本很有趣的图书。看看书上有什么?书的名字叫《好饿的小蛇》,它说了怎样一个故事呢?让我们一起来看看。

1. 小蛇吃香蕉

(出示图一)看,小蛇发现了什么?猜猜它会怎么做?

(出示图二)小蛇怎么了?为什么小蛇的肚子会变成这样?

小结:原来小蛇吃了什么形状的食物,肚子就会变成什么形状。

2. 小蛇吃苹果

(出示图四)看,小蛇的肚子怎么了?猜猜它吃了什么?(鼓励幼儿大胆想象)

(出示图三)看看小蛇是不是吃了你们猜的这些圆圆的东西?

(二)猜猜送送——预期故事第二部分情节

1. 配对游戏:送小蛇。

(1) 操作提示:小蛇还是觉得好饿,它又扭来扭去在散步了,这次它看到了什么?(出示大操作版面:饭团、菠萝、葡萄,请幼儿说出名称)这次小蛇会吃什么?会变成什么样?请你们来猜一猜。你们觉得小蛇会变成什么样,就把它从卡片上摘下来,轻轻地贴到它吃的食物上,看看谁送得又快又对。

(2) 幼儿游戏操作。

观察要点:

① 幼儿是否能根据食物和小蛇身体变化的形状进行匹配操作。

② 教师注意记录出错较多的幼儿。

2. 共同检验:

(1) 看看大家送的对不对?说说你的理由。(鼓励幼儿描述三种食物的不同形状,以及食物形状之间的差异)

(2) 那究竟对不对,我们一起看看图书里是不是像我们猜的那样。(集体阅读故事的第二部分)

(三)听听想想——完整阅读故事

过渡语:这真是一个有趣的故事。我们自己来看一遍好吗?

1. 幼儿阅读小图书,鼓励幼儿认真倾听,也可共同参与讲述。

2. 鼓励幼儿阅读并猜测故事结尾的内容,发现故事的幽默之处。

思考:这次小蛇想吃什么?它是怎么做的?为什么把嘴张这么大?小蛇在哪里?它

怎么了?

国王生病了(中班)

一、活动目标

1. 理解故事内容,体会故事的幽默与诙谐。

2. 大胆表达自己对画面的观察心得和理解。

二、活动准备

1. 幼儿已有识字经验。

2. 课件、字卡、自制皇冠一顶。

三、活动过程

(一) 设置悬念

1. 教师讲述故事。(讲至 17 页"就这样过了一个月")

——组织幼儿讨论国王的病有没有好转。(幼儿自由猜测)

——提问帮助幼儿回忆故事的主要内容。

师:国王在星期一、星期二、星期三……都做了什么?(通过课件分别出示星期一、星期二……的汉字,幼儿回答后在下面出示相应的词语,如爬山、骑马、游泳等)

——让幼儿模仿国王运动计划中的运动项目。

2. 教师设置悬念,组织幼儿展开想象,进行讨论。

——提示幼儿:国王的身体不但没好,大臣们也病了……为什么会这样呢?

(二) 揭开疑惑

1. 组织幼儿看画面。(看书至 17 页)

——用幻灯的形式将每页画面放大,一幅一幅讲述画面内容,鼓励幼儿细心观察画面,从中找到答案。

2. 讨论看图的结果,引导幼儿说出国王的病为什么没好的真正原因。

师:你们从画面中发现了什么? 你们知道国王的病没好的原因了吗?

——如果幼儿回答不出,教师可以提问帮助幼儿理解。

师:国王是自己爬山、自己骑马吗?

大臣们和王子在打球时,国王在干什么? 慢跑和做体操时,国王在哪里?

3. 揭开疑惑,出现第 18 幅图,对照书中的答案。

师:听听医生是怎样说的,看我们的答案是否和医生一样。

(三) 续编故事

1. 请幼儿尝试续编故事结尾。

师:医生会对国王说些什么呢? 要想病好,国王应怎么做?

2. 出示幻灯(第 21 页、22 页),讲述故事结尾,请幼儿对照是否和自己编的结尾一样。

3. 做总结:生活中有些事情是需要我们亲自去做,不能由别人代劳的。

(四) 做游戏:和国王一起做运动

——教师扮国王和幼儿一起做运动。

案例 6-5

小吊桥(大班)

一、活动目标

1. 能较全面地关注图书的画页,通过观察文字、符号,猜测图意等方法解读游戏的规则。

2. 模仿儿歌游戏中的动作,进行游戏,感受语言游戏的快乐。

3. 尝试和同伴一起合作制订游戏规则,体验共同游戏的快乐。

二、活动准备

图画书、实物投影机、大图若干,计时器一个。

三、活动过程

(一) 导入部分

导语:今天,我带来一本有趣的图书《小吊桥》,里面有好多游戏。这些游戏怎么玩,请你们动动脑筋自己来发现。

(二) 集体解读游戏儿歌《小猴子》

1. 实物投影图画书第 7 页《小猴子》。

2. 提问:

(1) 请你猜一猜,这个游戏是怎么玩的?

(2) 这些文字是怎么念的? 图画是什么意思呢? 它们有什么用呢?

3. 小结:原来这是一首游戏儿歌,根据画面上的文字、图案告诉我们游戏的方法,只有仔细地看明白,才会玩。

4. 邀请幼儿集体尝试。

(三) 幼儿自主解读其他游戏

1. 交待:这本书里还有好几首游戏儿歌,有的可以独自玩,有的可以和朋友合作玩。我把它们的图画放大了,陈列在教室的各个角落。请你们自己去仔细看一看,认真猜一猜,努力试一试。不过只有 5 分钟的时间,预祝你们都能成功。

2. 幼儿自由结伴或独自解读儿歌:《小闹钟》《抓鱼》《小吊桥》《丫头上楼》《放鞭炮》。教师巡回进行指导,鼓励幼儿大胆猜测,合作尝试。

3. 邀请幼儿介绍交流不同的儿歌游戏。

* 看懂并掌握了玩法的小组,在介绍后,可请大家一起玩一玩。

* 遇到了困难的小组,可启发孩子们共同来解决问题。

4. 介绍游戏《小吊桥》(或《丫头上楼》《放鞭炮》)。

5. 提问:

(1) 这首儿歌和刚才的儿歌有什么不一样的地方?

(2) 这些符号表示什么意思?那怎么玩呢?我们来试一试(配上音乐节奏玩)。

6. 小结:原来有的游戏需要边念儿歌边玩,有的需要边模仿动作边玩,还有的需要根据一定的节奏才能玩。

(四) 创编游戏规则(或进入延伸活动)

1. 解析《馒头拳》游戏规则(实物投影第21页《馒头拳》)。

提问:

(1) 这个游戏叫什么?该怎么玩?

(2) 游戏时这三种食物间有什么关系呢?

2. 幼儿尝试游戏。

3. 提示:书上还写着什么话?(引导幼儿注意下面的提示语"编一套汉堡拳")原来游戏的玩法和规则,我们可以自己制订。谁来试一试?

4. 幼儿尝试结伴自编游戏,并用记录纸纪录玩法或儿歌。(引导幼儿尽量将有关联的东西编在一起,并注意环环相扣)

5. 交流小组成果。

📚 项目测试

一、课后练习

1. 解读阅读材料《我的幸运一天》,分析此阅读材料的价值点(包括重点、难点)及适合的年龄段。

2. 除了上述提到的童话类、科学类、儿歌类、散文类图画书,还有哪些其他体裁的图画书?请依据不同体裁图画书,为每种体裁图画书收集整理出2~3本书目。

3. 选取上述提供的一则案例教案,完成相应的准备,以10人一组为单位,推选一名学生担任老师,其他组员扮演幼儿,完成课堂演绎。

二、案例分析

试从阅读材料的选择、过程的设计和教学策略的角度分析下面中班早期阅读活动《兔子先生去散步》。

兔子先生去散步(中班)

一、活动目标

1. 仔细观察图片,尝试进行初浅推想,用较完整的语言表达自己的想法。

2. 感受故事中兔子先生遭遇与标志的联系,了解生活中的常见标志及其意义。

二、活动准备

《兔子先生去散步》PPT、故事中及生活中的常见标识、摸箱一只、背景板一块。

三、活动过程

(一)引发兴趣

1. 导语:你们喜欢散步吗? 为什么?

2. (播放 PPT)瞧,它也很喜欢散步。是谁? 怎样的一只兔子?

3. 过渡:兔子先生散步时会发生什么事情呢? 我们一起来欣赏一个故事,故事的名字叫《兔子先生去散步》。

(二)猜测故事

1. 交待:先让我们一起来看看几幅图片,请你猜猜兔子先生在散步途中路过哪些地方? 又会碰到哪些事情?

2. 播放 PPT,按照兔子先生的行经路线出示标志。

3. (PPT 定格)提问:兔子先生到了哪些地方? 你从哪里看出来的?

过渡:接下来让我们完整欣赏故事《兔子先生去散步》。

(三)完整欣赏故事

1. 提问:请你用一个词来形容一下兔子先生的散步过程。

2. 小结:虽然兔子先生的散步妙趣横生、有惊无险,但如果我们真的碰到这些事情可就不会这么幸运了。因此,看懂标志,遵守标志的提醒,对我们的生活是很有帮助的。

(四)故事拓展

1. 提问:除了故事中出现的标志,你知道我们的生活中有哪些标志很重要?

2. 出示一张标志,进行故事情境拓展(可以老师示范,也可请能力强的幼儿示范)

引导:这是什么标志? 兔子先生散步时碰到这个标志它会怎么做? 会发生怎样的事情?

(五)延伸

将《兔子先生去散步》的图书、教具放置到阅读天地中,激发幼儿的继续阅读的兴趣。

三、实训

请你参考教材中的有关内容,为 9 月份新入园的小班幼儿创设一个图书角,出具一份详细的创设方案。

幼儿园英语教育活动

幼儿园英语教育是随着我国的改革开放而出现并发展起来的,有其存在的必然性。特别是当代联系越来越密切的世界,在有条件的幼儿园开展英语教育,对幼儿的发展是有益的。在此我们将其纳入幼儿园语言教育的范畴,本模块从幼儿园教育活动角度讨论幼儿园英语教育的目标和内容;探讨幼儿园英语教育的途径和方法,重点讨论具体的幼儿园英语主题教育活动的设计和组织。

模块一 幼儿园英语教育活动的认知

引导案例

下面是某城市一幼儿园小班的英语教育活动,其基本步骤是这样的:

1. 学习新内容

老师领读本节课的几个新单词,告诉幼儿英文单词下边的汉语就是这几个英文单词所表示的汉语意思。有时老师为了追求一些直观性,会提前准备好几张卡片对幼儿说:"你们看,这几个动物的图片,他们的英语就是这样说的……"

2. 练习新内容

给幼儿5分钟自由时间去朗读所学的新单词,老师在教室里转几圈,等待读不好的或还不会读的幼儿举手发问,然后再对其进行单独领读,让其跟读到会为止。

3. 巩固新内容

根据在第二步里幼儿所反馈的熟练程度再进行巩固性操练,在这一步里,老师用汉

语提示幼儿:请大家跟我读,记住,我读一遍,大家一起读三遍。紧接着:

老师:dog。

全班:dog,dog,dog。

老师:声音不够大,再大点声。

全班:dog,dog,dog。(声音比之前大了好多)

老师:狗的英语怎么说呀?

全班:do——g。

老师:ok!

思考:如果您是教师,您会怎样进行英语教育活动?

此案例从整个流程来看,采用的是一种典型的汉语式的英语教学方式。由于这种方式所用教学手段、方法较为单一,其对教师的要求也不是很高,所以在中国的许多地区,具有一定程度的普遍性。长期以来,我国的幼儿英语教育获得了很大发展,但同时,"幼儿英语教育的最终目标究竟是什么?"、"幼儿英语教育的价值究竟在哪里?"、"究竟应该怎样来开展幼儿英语教育活动"等问题依然还在给我们带来许多思想上的困惑。因此,幼教工作者全面了解幼儿英语教育的目标、掌握幼儿英语教育的各种方法、科学开展教育活动是十分重要的。

一、幼儿园英语教育活动的内涵

从历史发展来看,幼儿英语教育被确立为独立的教育领域的时间尚短。但幼儿英语教育的内涵十分丰富,正确掌握其内涵是进行幼儿英语教育的前提。在此,我们从课程内容的角度对幼儿英语教育所涉及的若干基本概念进行简要阐述。

(一) 概念解析

母语、外语、英语和第二语言是英语教育中常见的几个概念,现将它们加以简单地阐释或说明。

母语(native language, first language)也被称作第一语言,是指一个人自幼习得的语言,通常是其思维与交流的自然工具。母语的习得不受时间、场合的限制。与母语相对的是外语。

外语(foreign language)是一种非本族语言,是人们用来和外国人进行交际的语言。它与母语是相对的概念。外语往往作为在本族语内部开设的一门学科来被学习,在实际生活中缺乏广泛的交际途径。

英语(English)指的就是英语语言,它像其他语种(比如日语、德语、法语等)一样是人类语言的一种。

第二语言(second language)有广义和狭义之分。广义的第二语言是指在掌握母语以后通过学习而习得的任何一种语言。语言学家 Stern 也指出：第二语言可以用作广义与外语同义替换。狭义的第二语言一般指除母语之外，在官方、商业及社会中广泛应用的语言，它的地位和作用要比外语重要得多，且影响广泛。

近些年来，伴随着全球化趋势的日益发展，伴随着中国各项事业的整体发展和提高以及语言的社会环境和教育环境的巨大改善，国人学习英语的热情空前高涨，英语业已成为影响我们生活的一个重要的组成部分。怎样学好英语是许多人关注的热门话题。现在许多的研究者已把英语作为一种第二语言来看待，并进行研究。这说明我国外语或英语教学已经跨入了一个崭新的阶段。同时，把英语作为第二语言来对待也体现了英语教学的一种发展趋势。因此，幼儿园第二语言教学和外语教学以及英语教学实质上是可以互换使用的。

（二）幼儿英语教育

为了方便理解和运用，依照中华人民共和国教育部 1996 年颁布的《幼儿园工作规程》（简称《规程》）、2001 年颁布的《幼儿园教育指导纲要（试行）》（简称《纲要》）及 2012 年出台的《3～6 岁儿童学习与发展指南》（简称《指南》）等有关文件，充分体现《幼儿园教师专业标准（试行）》中对幼儿教师提出的有关要求，我们将幼儿英语教育定义为：指根据幼儿身心发展特点和语言学习规律，通过创设适宜的环境对幼儿进行英语的启蒙教育，是研究幼儿英语教育全部过程及其规律的一门科学。其基本涵义包括：

1. 英语教育是遵循语言学习规律，促进幼儿全面发展的教育

语言学家指出：幼儿在学习第二语言时，母语与第二语言的转化不是仅仅通过模仿便能达到的，它需要思维、创造，进行相应的智慧运转方式，需要语言与思维的整合，用简单的类比推理不断发展母语与第二语言规则，使幼儿的内化能力得到锻炼，促使幼儿语言思维的双向发展。以单纯模仿和简单记忆为主的英语教学，不符合幼儿的年龄和心理特征，系统性、巩固性和效果性都很差，难以满足幼儿的心理发展需要。所以要特别注重英语学习与思维相结合，处理好相互之间的关系。在教学过程中要充分发挥儿童已经发展或正在发展的思维力、想象力、联想力、观察力，以及理解记忆、整体记忆、形象记忆、情感记忆等非常有效的学习要素。注意在智力因素的充分启动下，非智力因素也同时得到了充分的发挥，让英语教学从热闹的外在的模仿学习转向沉浸的内化的思维学习。

2. 英语教育是通过创设适宜的环境对幼儿进行影响的教育

语言的学习和获得是离不开一定的语言交际环境的。对幼儿学习外语的学习方式来看，"适宜的环境创设"是非常重要的。

幼儿园英语教育是在幼儿园对幼儿开展的正式的、专门的英语语言的教育教学活动。英语是作为一门语言学科、语言课程来教授的。在当前幼儿园不管采用何种形式来进行英语教育，其实质上都是通过环境影响来对幼儿进行语言教育或多元文化教育的。

（三）幼儿英语教育与相关课程领域的关系

幼儿英语教育除了属于幼儿语言教育的重要组成部分之外，它与其他领域的关系也

可谓息息相关、互相促进、互相扶持。其他领域的教育活动虽然不是以语言为主要内容，但都包含着大量的语言教育因素，都离不开语言这一思维工具和交际表达工具，幼儿能在这些领域教育活动中不断地运用语言并获得新的语言经验，因此幼儿在领域教学中具有习得英语的可能性。幼儿园开设英语教育活动应试图摒弃"课堂教学"的组织形式，尝试用课程整合的理念改造英语教育活动，克服英语教学可能增加幼儿的学习负担及幼儿园课程内容超载等弊端，从而促进母语的发展，适宜的幼儿英语教育使得两种语言的发展相得益彰。[1]

二、幼儿园英语教育活动的目标

(一) 幼儿园英语教育的总目标

幼儿园英语教育是一种第二语言的启蒙教育，是为培养幼儿双语能力打基础的，其着眼点应放在幼儿学习英语的兴趣、学习习惯和各种基础能力的培养上，而不是掌握单纯的语言知识。因此，幼儿英语教育的总目标应该包含以下几方面的内容：

1. 激发与培养幼儿学习英语的兴趣

激发与培养幼儿学习英语的兴趣是幼儿园英语教育首要的、基本的目标。兴趣是幼儿学习的前提、保证和动力。只有激发起幼儿对英语学习的兴趣，才能提高英语教育的效果，减轻幼儿的学习负担，使幼儿学而知乐，破除学习英语的畏惧感与神秘感。

众所周知，一方面，语言学习如果操作不当，很容易成为一种较为枯燥的活动，需要大量的模仿、重复使用、记忆等自觉或不自觉的机械练习。另一方面，幼儿的有意注意、

图 7-1 英语趣味游戏(江苏省省级机关第一幼儿园提供)

---

① 石筠弢. 学前教育课程论[M]. 北京:北京师范大学出版社,2007:112.

坚持性及自制力发展又较差。因此,教师要从兴趣入手,善于抓住幼儿的好奇心,调动幼儿的情绪、情感,为幼儿营造轻松、有趣、生动和真实的学习环境,采用直观形象的教具和生动有趣的方法及现代化的教学手段,使幼儿满怀信心,积极投入到英语的学习之中。

下面通过某幼儿园一个"认识自己五官的"的英语活动设计案例,我们可以看到教师是如何激发幼儿学习英语的兴趣的。

案例 7-1

认识自己的五官(小班)

一、活动目标

1. 掌握单词的正确发音。

2. 理解句子的汉语意思并能够听懂。

3. 认识自己的五官。

二、活动准备

1. 小女孩的图片一张,五官的图片各一张。

2. 多媒体。

三、活动过程

1. 热身

问好、听歌做律动《Head, Shoulders, Knees and Toes》

2. 学习新内容

(1) 导入句子

T:小朋友,我们来摸摸自己的小脸蛋儿上都有什么呀?(老师边问边做示范)

C:眼睛,嘴巴,耳朵。

T:Oh,那我们现在一起来说英语吧!眼睛眼睛 Eye。(出示眼睛的图片)

C:Eye。

(2) 同样方法学习 mouth, eye, ear

3. 游戏

(1) "Touch"(摸五官)

① I say, you do。(教师用英语说五官,孩子摸出自己的五官)

游戏:让几个幼儿到教室前面,让他们做"Touch your eye...."游戏,老师对摸对所有五官的孩子奖励贴画。

② I do, you say。(教师指出五官的各个部位,让幼儿来说)

(2) "Stick"(贴五官)

游戏:出示一张小女孩没有五官的脸的图片,让幼儿听着老师的口令,把事先准备好的五官图片贴上去。

（3）Sing a song "Head，Shoulder，Knees and Toes"。（唱身体部位歌曲）

（4）Say goodbye。

这个英语活动设计让幼儿充分体味学习英语的乐趣。好玩是儿童的天性,听歌做律动、摸五官、贴五官是孩子们最愿意做的游戏活动,可以让他们多次去做,这样幼儿很容易就能掌握这些单词,也有利于提高幼儿英语学习的兴趣。幼儿通过摸五官、粘贴五官游戏和唱歌学习感知英语,并把英语与其他学科,如音乐、手工粘贴等有机地整合起来,从而能更好地促进教学目标的实现。

2. 帮助幼儿建立初步的英语语感,增强他们的语音敏感性

人的语音直觉是在学前建立的,幼儿的英语学习应当具有非常鲜明的特点,即引导幼儿在说说、念念、唱唱英语的过程中自然而然地获得英语语感。幼儿园的英语学习不能把词汇、句型放在首位,更不能将国际音标作为硬性的教学任务①。此外,英语与汉语属于不同的语系,英语的一些语音是汉语语音体系中不存在的,英语的发音习惯与汉语也有很大的差别,再加上语音本身的自我调节机制较复杂,它包括言语动觉调节、言语听觉调节和言语视觉调节,即学会观察与模仿口形,分析语音及掌握正确的发音动作等。因此,要发好英语语音,幼儿必须不断地辨别、练习,不断地提高语音的自我调节机制。心理语言学证明,幼儿学习英语的优势在语音。幼儿与成人相比,音域宽,精确区分语音的感受能力及语音的模仿能力与再现能力强,语音的可塑性大、负迁移小,易形成地道的语音、语调。一些实验也证明,六岁前儿童对语言的辨别与认知能力和对语音与语调的领悟能力最强;婴儿语音的分辨能力普遍随年龄增长而递减。由此,在外语学习的起始阶段,打下良好的语音基础是很重要的。

在幼儿园英语教育中,教师要让幼儿通过听说活动,接受大量的语音熏陶,从而逐步学会控制发音器官,分析发音部位、发音方法及舌位,掌握正确的发音,为以后继续学习打下扎实的语音基础。教师要善于引入一些具有代表性的、且与幼儿日常生活有联系的单词、短句,让幼儿辨别、积累与模仿,使幼儿园英语教育真正成为教育学家皮盖特所说的"学习语言的准备阶段"。

3. 以听说为主,培养幼儿初步运用英语进行交际的能力

英语技能是指把外语作为交际工具使用的听、说、读、写与交际的能力,即言语实践或理解别人和表达自己思想的能力。英语技能主要涉及两个方面:言语的理解(听、读)和言语的产生(说、写)。听说技能属于口语方面,认读技能则属于书面语言方面。在幼儿认知发展及小肌肉发育未成熟之前,应以听说口语练习为教育目标。

幼儿园英语教育"听说领先"实质也是"听说为主",它顺乎语言学习和发展的规律。

---

① 周兢. 对我国学前儿童英语教育定位的思考[J]. 学前教育研究,2004(12):4.

结构语言学派认为,语言是口语,不是书面语,语言学家的首要任务是分析语音,教学的重点首先是口语。各种语言都是先有声后有形,即先有语言后有文字。因此,不论哪种语言,儿童的学习都是先声后形、先简单后复杂、先感性后理性、先习得后规则。从个体语言发生的过程来看,幼儿最先掌握的是发音、说话,幼儿感受语言的器官主要是耳朵而不是眼睛,幼儿期正处于口语发展的关键时期。如果幼儿在读写之前,通过口语掌握了音位体系和一些基本词汇,那么他们今后学习英语将会迅速而有效得多。因为从语言学的角度看,书面语言是口头语言的视觉体现,书面语言的表达在口头语言里有相应的语言对象。再者,幼儿听觉敏锐、模仿力强,善于获得具体的语言信息,自身的监控能力低、心理障碍少,只要有一定的环境,幼儿都乐于开口,这样便于幼儿边学边用、学以致用,使所学的语言材料不断得到巩固和提高。而读写技能则是较复杂的技能,它需要识别字符的能力及熟练的小肌肉动作,这不符合幼儿的年龄特征。因此,幼儿英语学习应该遵循语言发展的自然程序——听说领先。

"听说领先、启动开口"更反映了注重语言的作用,即把语言看成是一种交际工具。社会语言学、心理语言学都认为,言语行为和言语活动是满足人们交际的需要,使用语言是一种交际能力,语言功能的主要标志是交际功能。从实践中掌握语言,在真实情境中使用语言,才是学习语言的方法。语言学从强调研究语言体系本身转向强调研究语言的运用,认为儿童是在有目的的活动中、在与他人相互作用的过程中通过运用语言来学习语言的。因此,教师要努力创设用英语交往的环境,培养交际的能力。语言学习是一种能力和技能的培养,幼儿只有在大量的语言实践的基础上才能掌握英语。

4. 加强品德、情感等方面的渗透教育,促进幼儿社会性的发展

(1) 全面发展教育总目标或全面素质教育所要求的,未来社会所需要的人才不仅应拥有丰厚的知识及多方面的能力,而且还要具有良好的品德与情感及健全的个性等。在英语教育中要渗透全面发展的教育或全面素质教育,把英语教育视为实现幼儿全面发展的一个重要途径,而不只是视为一种纯粹语言的教育。

(2) 从幼儿英语教育本身的特点来讲,英语教育中蕴含着丰富的知识、品德、情感等多方面教育的内容,幼儿能从中潜移默化地受到思想品德及情感态度的熏陶。

(3) 爱国主义教育。通过学习英语,让幼儿了解中外风俗文化,如西方国家的圣诞节、母亲节等,中国的春节、国庆节等,引导他们进行中西文化对比,从而增强幼儿对祖国的热爱。

(4) 文明礼貌教育。在幼儿园一日生活中,教师应教会幼儿礼貌用语,如:

Good morning! How are you? How do you do? 等。教师可以引导他们在幼儿园平时的交往中讲文明用语,进行文明礼仪教育。

(5) 爱劳动教育。在中班幼儿英语活动学习"What can you do?"句型时,教师可以教幼儿这些常用短语,如 wash my face, dress myself, brush my teeth 等,这时教师可以

引导幼儿去做力所能及的事情,做一个爱劳动的好孩子。

5. 开阔幼儿的视野,增进对异国文化初步的感知

语言不仅是由语音、词汇和语法规则组成的纯符号系统,它还是民族文化一个重要载体。在英语语言教育实施中,教师应多引导幼儿了解英语国家的语言特点,了解英美文化,树立强烈的文化意识。如充分利用图片、影音资料等,给幼儿介绍英美国家的文化传统、风俗习惯和社交礼仪等,使他们初步了解打招呼、打电话、称谓、握手、接受礼物、致谢道歉等人际交往的常识和习惯,提高幼儿对文化差异的敏感性,增进对英语文化背景的感知。

圣诞节到了,西安市一幼儿园大班通过英语教育活动,增进幼儿对异国文化的初步感知。

案例 7-2

圣诞节(大班)

一、活动目标

1. 学习:Merry Christmas。

2. 让小朋友们感受圣诞节欢乐的气氛,知道圣诞节是外国人的节日,一起欢度圣诞节。

二、活动准备

圣诞老人一个,圣诞帽若干,圣诞树一棵(上面挂满各种礼物)。

三、活动过程

1. 复习 apple, pear, orange 等单词。

2. 激发幼儿参与活动的兴趣。

T:A guest will come here, let's guess who he is.

C(七嘴八舌的):小兔子、小青蛙、圣诞老人……

T(出示圣诞老人):Who is he?

C(兴奋的大声喊):圣诞老人

T:我们看到圣诞老人,应该怎样问候他? 引出 Merry Christmas。

3. 游戏巩固。

(1) 听歌曲巩固:Merry Christmas。

(2) 边放音乐,边让幼儿扮演"圣诞老人"发放礼品,并让孩子说出礼品名称,如:apple, pear, orange 等。

(3) 上台表演"Merry Christmas"。

四、结束

在愉快的情绪中结束活动。

1. 该活动通过学习歌谣增进幼儿对英美文化的了解。语言依存于文化,不能脱离文化而单独存在。学唱 Merry Christmas 歌曲让学生了解圣诞节,孩子唱起这首歌时就会想起西方圣诞节的文化,从而增进对英美文化的了解,为以后与外国人沟通打下良好基础。

2. 通过学唱英语歌谣,幼儿逐渐走出自卑和害羞,建立自信。幼儿对非本国的节日往往比较陌生,学习起来表现得很害羞。英语活动中通过大声地跟着教师一起唱,心中那份害羞和自卑不知不觉地被歌声带走,变得大胆而自信。

(二) 幼儿英语教育各年龄段目标

各年龄段目标是根据幼儿英语教育的总目标,具体落实在小、中、大三个年龄阶段上,是对某一特定的教育阶段所期望的成果。下面从认知、情感与态度和能力与技能三方面来分析各年龄段的具体目标。[①]

1. 小班

(1) 认知目标

① 能区分英语和汉语。

② 懂得要用自然的声音学习英语发音。

③ 初步感受英语语言符号,知道要仔细倾听才能辨别英语的发音。

(2) 情感与态度目标

① 对英语学习产生兴趣,愿意参加英语活动,如英语歌曲、歌谣及儿歌等。

② 愿意倾听和模仿老师及他人说简单的英语。

③ 愿意学习并了解本学期课本上简单的单词和句型。

(3) 能力与技能目标

① 能注意倾听老师的英语发音,能区别英语发音中的一些差别。

② 能听懂教师用英语发出的与生活有关的简单指令。

③ 能听懂并愿意模仿身边最常见物品的英语表达,发音自然。

④ 能自然地表演简单、短小的英语儿歌,愿意参加简单的英语活动。

⑤ 能理解和运用日常生活中简单的英语单词和句子向老师、同伴问好、道别。

⑥ 在学习中逐渐能记住自己的英文名字,能说出同伴的英文名字。

2. 中班

(1) 认知目标

① 初步获得相对独立的英语读音、语调等英语发音系统。

② 初步认识西方儿童的生活习惯和交往规则。

③ 知道要仔细倾听才能辨别英语发音及语气、语调的差别。

---

① 幼儿英语教育活动指导编写组. 幼儿英语教育活动指导[M]. 上海:复旦大学出版社,2012:16.

（2）情感与态度目标

① 产生对英语学习的兴趣和积极性，能有兴趣地倾听老师和他人说英语。

② 喜欢跟老师学说英语、学唱英语儿歌，愿意并能够用英语表达身边最常见物品。

③ 能专注地欣赏各种英语表演，愿意参与英语游戏和简单的角色表演。

（3）能力与技能目标

① 能较专注地倾听老师和同伴的发音，能辨别一些发音和语调的差异。

② 能够对他人简单的英语指令和要求做出动作或语言反应。

③ 能大方地学说英语，发音较清晰、自然。

④ 能大方、自然地演唱英语歌曲，担任一些简单的角色参与表演。

⑤ 能在日常生活中初步运用一些简单的英语句式并理解其意义，能主动用英语向他人问好。

3. 大班

（1）认知目标

① 对英语有初步的认识和了解，培养初步的兴趣。

② 知道英语的不同语音、语调可以表达不同的意思。

③ 知道英语在社会生活中的广泛运用及与自己将来学习、工作的关系。

（2）情感与态度目标

① 充满兴趣地倾听老师及同伴说英语。欣赏生活及媒体中口语和英语表演。

② 积极、主动地学习，感知环境中可理解的英语信息材料。

③ 热情、积极地参与各种英语游戏、英语活动。

④ 积极尝试用英语与他人简单交往。

（3）能力与技能目标

① 认真专注地倾听老师、同伴说英语，对他人发音、语调中的细微差别作出判断。

② 能听懂并愿意模仿教师经常使用的生活用语和教学用语。

③ 能认真地学习英语，发音清晰，语调自然。

④ 能用简单的英语介绍自己和他人。

⑤ 能大方、自然地演唱英语歌曲，能根据故事内容扮演一些不同角色，模仿角色语言及情感表现。

⑥ 能在游戏、日常生活、外出活动的不同场合尝试运用一些简单英语句式与人交流。

（三）制定幼儿英语教育活动目标的立足点

幼儿英语教育活动目标是指某一具体的英语教育活动的目标，其目标表述要具体，具有可操作性。教师能够通过制定具体的活动目标，观察和预测到教育成果。因此，在制定英语教育活动目标时要选择能实现目标的具体内容，要选择与内容相适应的活动方式等。教师应深入、细致、透彻地研究各层次的目标,把握各层次目标的内涵与相互关系,做到有的放矢,增强目标意识。英语教育活动目标的制定应把握以下三个立足点:

1. 了解幼儿现有的发展水平

在制定活动目标时要掌握本班幼儿已有的语言发展水平,这样的设计活动才是有的放矢的活动。根据幼儿原有经验再为幼儿提供一些新的经验,这些新的语言学习经验内容应当建立在幼儿已经获得经验的基础上。因此,新的语言学习经验内容对参与活动的幼儿来说,是"跳一跳,够得着"的果实,有一定的挑战意味。当幼儿积极参与活动时,他们可以通过学习,将这部分的经验内容再次吸收转化为已经获得的经验。

2. 注意英语和其他领域的整合

在语言教育活动中,幼儿学习吸收的主要是语言信息材料,也包括那些与语言有关的其他信息材料。如活动中除了有语言,还可能有音乐、美术、动作等不同发展领域活动因素并存。因此,幼儿英语教育活动目标要注意整合性,要考虑儿童的认知、情感、技能等多方面的整合,要考虑英语学习与其他领域的整合。

3. 关心每个幼儿的发展

在设计英语教育活动时,教师应具有正确的儿童观和教育观,要使设计的活动关注到每个幼儿的发展。既面向幼儿整体,又重视个别差异。面向幼儿整体,是指教师要了解全体参加活动幼儿的需求,站在幼儿的角度去思考这个问题,把握活动设计的尺度,使活动设计能照顾到面。重视个别差异,是指教师对那些有可能超越一般活动要求或有可能在活动中出现困难的幼儿予以及时的帮助。

三、幼儿园英语教育活动的内容

幼儿园英语教育活动的内容是幼儿英语教育的核心问题之一。教育内容是教育目标得以实现的重要载体。它直接关系到教育目标在实际教育过程中的完成程度。我们究竟应该怎样来选择和组织教育内容呢?

(一) 幼儿园英语教育的基本内容

幼儿英语教育基本内容的选择应根据幼儿语言发展的特点、认知水平、兴趣爱好和实际需要,综合当前幼儿英语研究者的观点和各类幼儿英语教材的特点。幼儿英语教育的内容可以从两个不同的角度概括如下:

1. 形式类内容

形式类内容体现的是幼儿英语教育经常采用哪些形式或类型,主要包括故事或儿童剧。例如:

(1) 儿歌:Rain, rain, go away。Come again another day。Little Johnny wants to play。Rain, rain, go away。

(2) 歌曲:Twinkle, twinkle, little star。How I wonder what you are。Up above

the world so high。Like a diamond in the sky。

（3）对话：What's your name? My name is Mary。

（4）故事或儿童剧："Little Red Riding Hood。"

2. 意义类内容

意义类内容体现的是幼儿英语教育经常从哪些方面来进行选材或组织，主要包括：

（1）有关"幼儿自身"的内容。

① 身体部位，如：eye, nose, ear, mouth, hair, hand, finger, arm, leg 等。

身高，如：short, tall 等。

胖瘦，如：strong, thin 等。

性别，如：I'm a boy/girl 等。

② 幼儿的生日，如：cake, candle, my birthday 等。

I am five。My birthday is...等。

③ 幼儿的动作，如：walk, run, hop, fly, throw, kick, crawl, climb, swim, sing, dance, play, watch, listen to, turn on/off 等。

④ 幼儿的情感和愿望，如：happy, angry, sad, I like myself 等。

I want some water。

⑤ 日常生活，如：brush my teeth, wash my face, dress myself 等。

I drink water。

⑥ 幼儿的能力，如：I can do many things。

I help my parents。

⑦ 自我介绍，如：My name is... I'm Chinese。I'm five。I live in Beijing。

（2）有关"幼儿园"的内容。

① 幼儿园名称 kindergarten 和教学工作人员，如：teacher, director 等。

② 区角名称，如：Housekeeping, Dramatic, Play Corner, Books, Language, Library, Water Pool, Sand, Pit, Blocks, Art, Science, Computer, Woodworking Fine Motor, Gross Motor 等。

③ 玩具名称，如：室内小型玩具 housekeeping toys, dolls, dress-up clothes, blokes, puzzles, beads, art 等。室外大型玩具 seesaw, swing, slide 等。

④ 一日活动各环节名称，如：Indoor Activities, Outdoor Activities, Clean Up, Snack, Free Play, Lunch, Nap Time, Wake Up, Learning Centers, Quiet Activity 等。

⑤ 日常用语，如：礼貌用语 Thank you。You are welcome 等。

常规习语 Sit down, please。Stand up, please 等。

（3）有关"家庭"的内容。

① 家庭成员的称谓,如:father, mother, sister, brother 等。

② 家庭餐具的名称,如:bowl, spoon 等。

③ 家具的名称,如 sofa, chair, table 等。

④ 家用电器的名称,如 radio, television, refrigerator, telephone, computer 等。

⑤ 居室房间的名称,如:house, home, room, kitchen, bathroom, living room 等。

⑥ 生活用品的名称,如:cup, pen, knife, book, scissors, mirror, desk 等。

(4) 有关"社区"的内容。

① 餐饮场所及人员,如:restaurant, waiter, waitress, cook, menu 等。

② 游乐场所及人员,如:park, zoo, zookeeper 等。

③ 购物场所及人员,如:shop, market, supermarket, shop assistant, cashier 等。

④ 健康机构及人员,如:hospital, clinic, doctor, nurse 等。

⑤ 安全机构及人员,如:police station, fire station, custom, police, firefighter, custom officer 等。

⑥ 学习场所及人员,如:school, pupil, university, student, library, librarian, director 等。

⑦ 通讯机构及人员,如:Post Office 与 postman, Newspaper office 与 editor, reporter 等。

⑧ 交通场所及人员,如:bus, ship, plane, train station, driver, conductor, captain, airport, pilot, gas station, attendant 等。

⑨ 金融、艺术场所,如 Bank, Theater, Museum 等。

(5) 有关"节日"的内容。

① 中国节日,如:Spring Festival, Lantern Festival, Dragon-Boat Festival, The Moon Festival, National Day 等。

② 外国节日,如:Valentine's Day, April Fool's Day, Mother's Day（I love my mother）, Father's Day（I love my father）, Thanksgiving Day, Christmas Day, Easter 等。

③ 国际节日,如:New Year's Day, International Women's Day, Labor Day, International Children's Day 等。

(6) 有关"季节"和"天气"的内容。

① 四季名称,如:spring, summer, autumn, winter。

② 四季服饰,如:冬天的 glove, scarf,夏天的 dress, T-shirt 等。

③ 四季特点,如:春天的五颜六色 red, green, yellow, blue, black, white 等。句子如:What color is it? It's red.

④ 天气,如:cold, hot, wind, snow, cloudy 等。

（7）有关"自然现象"的内容。

① 太空和宇宙，如：sun，star，moon，space 等。

② 天气现象，如：rain，rainbow，thunder，sunshine，windy，sunny，cloudy，snowy 等。

③ 自然环境，如：river，sea，mountain，tree，flower，grass 等。

④ 动物，如：tiger，lion，pig，cat，dog，rabbit，turtle，monkey 等。

（8）有关"饮食"的内容。

① 水果，如：apple，banana，orange，pear，peach 等。

菠萝
pineapple
[ˈpainæp(ə)l]

柠檬
lemon
[ˈlemən]

梨子
pear
[peə]

橘子
orange
[ˈɔːrindʒ]

香蕉
banana
[bəˈnɑːnə]

桃子
peach
[piːtʃ]

草莓
strawberry
[ˈstrɔːbəri]

石榴
pomegranate
[ˈpɔmigrænit]

樱桃
cherry
[ˈtʃeri]

荔枝
litchi
[ˈliːtʃiː]

葡萄
grape
[greip]

西瓜
watermelon
[ˈwɔːtəmelən]

苹果
apple
[ˈæp(ə)l]

猕猴桃
kiwi fruit
[ˈkiwi][fruːt]

椰子
coconut
[ˈkəukənʌt]

图7-2　水果家族

② 蔬菜，如：carrot，tomato，potato 等。

③ 饮食，如：egg，bread，rice，fish，chicken，milk，tea 等。

（二）选择和组织教育内容的基本思路

1. 遵循幼儿年龄特征，重视内容的整合

当前较为合理的内容组织方式是采用综合型主题式，把幼儿的生活和学习整合在相关的单元里，来开展英语教育活动。例如，教师根据幼儿的认知习惯，把每个年龄段的教学内容大致分为若干个主题，如：greeting，my family，my body，my house，food，clothes，traffic，my school，in the zoo（in the park or on the farm）and seasons 等。当然，这些单元组织的顺序不是一成不变的，教师可根据需要进行调整。

2. 发展听说能力为主，密切与幼儿生活的联系

幼儿英语教育内容的选择要以能发展幼儿的听说能力为主，坚持听说领先。同时，幼儿所学的词汇、句子、情景最好是生活中常见的东西，做到学用结合。

例如：幼儿学习了"hello"，"Good morning"，就要经常用英语向爸爸妈妈问好，与老师、同伴打招呼，以便能自然地在日常生活中加以运用。幼儿英语的教育内容尽量不要选择远离生活的内容，此外，幼儿英语教育内容还不宜过早出现单词拼写、语法知识的词汇或句子。

3. 提高英语内容的复现率，加强幼儿的记忆

幼儿的记忆能力虽然较强，但理解力处于弱势，因此对新学的知识遗忘率较高。教育内容的编排应提高所学单词、句子的复现率。在学习新单词和新句型时，最好覆盖前一单元所学内容，使新旧知识发生联系，产生交互作用，从而使幼儿的英语学习过程成为一个螺旋式上升的过程。例如：幼儿学习完有关水果方面的词汇后，应及时在后面的活动中，通过不同的句型或练习方式让幼儿持续不断地去使用这些词汇，加强幼儿对所学英语的保持。

4. 增强英文表达，弱化汉语支撑

在选择或编排幼儿英语教育内容时，要选择用英语来表达的教学材料。特别要避免掺杂中英文的语言材料，如有些教材中的游戏这样编排：

apple 蹲，apple 蹲，apple 蹲完 pear 蹲……

这样的内容不利于幼儿的英语学习，影响幼儿对于英语的整体语音和语感。

5. 采用多种形式，激发幼儿学习兴趣

幼儿英语内容的编排不仅要重视内容的选取、编排和衔接，还要重视内容形式的变换。可以采取英语儿歌、童谣等多种形式，真正起到激发幼儿学习英语的兴趣。教育内容与形式应是多样性的，不单单是死板的学习单词和句子。

6. 创设交际情景，提升运用英语的能力

幼儿英语教育的内容应根据实际生活的需要，编排一些幼儿日常生活中常常会碰到的交际情景，幼儿学习了这些内容后，可以在自己的日常生活中运用英语表达他们的意愿，并且能与他人进行交流，从而达到学以致用的目的。

模块二　幼儿园英语教育活动的途径与方法

引导案例

办公室里,教师们在讨论如何进行幼儿园英语教育。李老师说:"幼儿英语教育就应该像我们小时候那样学,通过正规的集体教学活动来进行。"王老师说:"语言是习得的。幼儿英语教育不仅要重视集体教学活动,同时也要重视在日常生活中进行渗透式的幼儿英语教育。"

思考:您同意哪位教师的观点?

一、幼儿园英语教育的途径

(一)专门的幼儿园英语教育

专门的幼儿园英语教育是教师有目的、有计划、有组织地开展以英语为教学内容的,旨在激发幼儿对英语的兴趣,发展儿童英语口语表达能力的集中教育活动。在幼儿园英语教学实践中具体包含以下几种活动:

1. 英语教学游戏

英语教学游戏是以游戏为主要组织形式的专门英语教学活动,即把枯燥的学习内容和机械操练变成了充满趣味性的各种活动,从而有效地达到教学目标。游戏教学法大大地改变了以往课堂无聊的教学模式,将娱乐活动融于英语学习中,培养了幼儿学习英语的兴趣。

2. 英语儿歌、歌谣教学活动

这是通过聆听和吟唱英语儿歌、童谣来学习英语的专门教学活动。儿歌、童谣、歌曲是幼儿最喜闻乐见的学习内容,很容易激发幼儿的学习兴趣。首先,极富特色的韵诗、歌谣及儿歌,韵律好听,简单易学,既能吸引儿童的注意,又能配合儿童的喜好,用一种有节奏的方式来呈现语言,更增加它的多样化和新鲜感,带给孩子一种活泼愉快的语言接受环境。其次,因为歌曲童谣大都可以配合手指及肢体动作,不但增加趣味性,也符合孩子好动及爱玩的心理。更重要的是这些肢体动作可以帮助孩子记忆和理解,同时放松紧张的情绪,对语言学习有事半功倍的效果。

3. 英语故事教学活动

"故事教学法"对于幼儿园大班幼儿英语学习来讲是一个行之有效的方法。幼儿通过听故事、讲故事、演故事等一系列的活动,全面提升了听、说的能力,很好地培养了幼儿对英语的兴趣,增强了幼儿说英语的自信心。

4. **英语短剧表演活动**

英语短剧表演活动是以人物角色形象的英语对话配合动作、表情等手段,反映幼儿现实生活内容或文学作品内容的一种戏剧艺术。其特点是:结构短小、内容浅显、情节夸张幽默、富有儿童情趣,以台词、动作为主。幼儿英语短剧包括:童话剧、神话剧、民间故事剧、寓言故事剧、科幻剧、歌舞剧、木偶剧和戏剧等。

5. **英语主题教育活动**

英语主题教育活动指在一段时间内围绕一个中心内容(即主题)来组织英语教育教学活动,是幼儿园的一种主要的课程模式。其特点是综合运用各种教学形式和方法,围绕一个"主题",有机结合幼儿英语学习多方面内容,获得综合性英语训练,实施对专门性英语教育活动和渗透性英语教育活动的综合性运用,打破学科界限,将各种经验综合在一起。

(二) 渗透式的幼儿英语教育

渗透式的幼儿英语教育不直接以英语为教育内容,而是以英语为教育媒介语言,进行日常生活组织活动、各领域教育活动、各游戏教育活动、区域活动以及家庭中的生活交流等,提供给幼儿运用英语这一工具与人交流及学习其他方面知识和能力的机会,从而促进幼儿英语倾听、理解和表达能力的提高。在渗透式的英语教育中,英语不是学习的目的,而是生活中的交流语言。

幼儿园英语渗透活动的形式主要有以下几种:

1. **倾听与欣赏**

指在饭前饭后、午睡前后、离园前等生活环节中,让幼儿倾听、欣赏优美的英文儿歌、有趣的英语故事等。在组织此类活动时,教师应该注意:

(1) 选择的儿歌、故事等是幼儿根据已有的经验能大概理解的或者是早已熟悉的。

(2) 要在不同的时间点多次重复同一内容,让幼儿熟悉。不宜提出过多的问题,应把重点放在他们听的兴趣上,对内容的理解放在次要地位。

2. **交流与交际**

是指利用一日生活中的各种等待或过渡环节,给幼儿提供说英语的机会。在组织此类活动时,教师应该注意:

(1) 不宜过多地关注幼儿的语言形式,而应更多地关注其讲述的内容。

(2) 多支持、鼓励和引导幼儿,特别是那些胆小、平时言语不多的幼儿与教师或同伴进行个别交流,使每一个幼儿都有自我表现的机会。

3. **游戏与体验**

是指在幼儿午睡起床后或其他等待环节,让幼儿按照一定的规则进行语言操作游戏,边玩边说,充分体验游戏的乐趣,使他们在玩的过程中充分练习、巩固和扩展已经获

得的语言经验。在组织此类活动时,教师应该注意:

（1）游戏本身是这类活动的重点,语言目标蕴含在其中。

（2）在玩的过程中,教师需要调动幼儿各种感官的参与,也需要调动其非语言经验的参与,使他们的语言经验和其他领域的经验发生互动。

二、幼儿园英语教育的方法

英语教学的方法历史悠久,种类繁多,但在我国,幼儿英语教育起步较晚,还没有形成完整的方法体系。现在介绍一些常见的在我国广大幼儿园或幼教机构中被广泛使用的幼儿英语教育的具体方法:

（一）形象直观法(Visual Intuitive Method)

形象直观法是根据幼儿认知发展具体形象的特点,广泛运用直观教具,如实物、图片、动作、墙饰、玩具、操作材料以及多媒体技术手段等,充分调动幼儿看、听、闻、摸等多种感觉器官参与活动的一种方法。它使具体感知与英语发音相结合,在语音和所表达的事物之间建立起直接联系,以减少幼儿掌握抽象语言的困难,激发幼儿学习的兴趣和积极性。

运用形象直观法的基本要求是:

（1）直观教具和多媒体技术手段应围绕教学重点,服务于教学目标,不偏移重心,不单纯停留于表面化的直观生动,不哗众取宠。

（2）直观教具或手段应贴近幼儿的生活实际,符合幼儿的认知特点,并能给幼儿带来新鲜感,有利激发幼儿活动的积极性。

（3）充分调动幼儿各感官参与活动,尽量使幼儿通过看看、说说、闻闻、尝尝、摸摸、想想、玩玩等各种活动,全方位多角度地感知、理解英语,加强各感知通道的联系,强化语感培养,加深对英语的理解和记忆。

（二）示范模仿法(Demonstration and Simulation Method)

示范模仿法是教师通过规范化的英语,为幼儿提供英语学习的范本和样例,让幼儿始终在良好纯正的英语环境中自然地模仿学习的一种方法。它可以是教师自身示范、幼儿示范、原声英文磁带或录像带、原版英文电影等的示范,以供幼儿进行模仿学习。

示范模仿法给幼儿提供了良好的英语语言环境,符合幼儿语言学习特点,是幼儿学习英语的重要手段和方法。

案例 7-3

英语活动"rabbit"活动片段(小班)

教师利用多媒体课件演示小动物,引出小白兔 rabbit,教师边讲解示范,边引导幼儿模仿说动物的名称,Some animals are coming now。Monkey, rabbit, tiger, frog。There are many rabbits, rabbits, rabbits, rabbits。Jump like a rabbit。并强化 rabbit 的读音。在

后面 Say and Do 活动中,教师提问:What can a rabbit do? (Jump)后引导幼儿边说边模仿小动物不同的跳跃动作:Jump like a monkey。Jump like a rabbit。Jump like a tiger。

评析:

教师通过语音、动作示范,引导幼儿模仿练习 rabbit 的发音和动态,在反复的模仿中幼儿很快就学会了新单词 rabbit。

运用示范模仿法的基本要求是:

(1) 英语的示范模仿法应规范和准确。教师的英语语音、语感和口语表达的音量、语调、速度以及相应的表情、手势等都应合乎规范,纯正地道,富有表现力和感染力,能成为幼儿模仿学习的典范。

(2) 把握好示范的时机和力度。英语教育中的新授内容、重点难点之处,教师要反复地重点示范,提醒幼儿有意识地模仿学习。

(3) 恰当运用"显性示范"和"隐性示范"的手段。注意示范形式的多样化。除了教师的语言示范外,还要灵活恰当地运用录音磁带、录像光盘、电视电影等的英语示范;要在日常生活、家庭生活、幼儿同伴、各种教育活动中发挥"隐性示范"的教育作用,使幼儿时时处处能进行有意识或无意识的模仿。

(4) 仔细观察幼儿的语言表现,积极地运用正强化。对幼儿的语言错误要及时引导,给予正确的示范,避免错误定势,产生不良的语言习惯。

(三) 游戏激趣法(Game Arousing Method)

游戏激趣法是教师运用游戏形式激发儿童的学习兴趣,组织儿童进行英语学习活动,训练儿童正确发音,丰富儿童词汇和学习句型的一种方法。游戏激趣法的突出特点是游戏性和趣味性。在设计和组织游戏时,教师根据幼儿年龄特点,选择适合于他们的游戏活动。比如小班的游戏活动规则不宜太复杂,教师的游戏规则讲解要简单易懂,并借助大量的直观教具帮助幼儿理解游戏过程与规则。大班和中班的游戏活动可以适当提高游戏规则的难度。

案例 7-4

猜谜游戏

(一) Magic Bag(中班)

教师准备好一些单词图片或实物放入一只不透明的袋子里。游戏开始后,教师先进行介绍:袋子里装的是许多宝物,请同学们轮流上来摸宝。幼儿根据所摸到的图片或实物说出英文单词。

(二) Where is Lily? (大班)

教师在黑板上张贴几幅幼儿学过的单词图片,找一名幼儿,请她记好黑板上所有图片中的单词,然后背对黑板,教师取走其中1～2张图片,要求幼儿转身看黑板,并用英语猜出什么不见了。

评析:

在充满趣味的气氛中边猜边练习说英语单词,幼儿的兴致会很高。游戏不仅活跃了课堂,而且在游戏中也培养了幼儿的观察力、想象力,学习效果显著。

运用游戏激趣法的基本要求是:

(1) 教师应了解游戏所体现的知识特点,熟知游戏活动想要达到的目标。

(2) 教师了解幼儿的特点和对游戏的适应程度、在游戏活动中可能会出现的问题和困难,以及解决方法等,突出游戏的趣味性。

(3) 游戏须形式多样。可以采用各种游戏化的活动,如:英语智力游戏、英语儿歌游戏、英语音乐游戏、英语体育游戏、英语故事或短剧表演游戏、英语情景游戏、英语民间游戏等。

(四) 活动训练法(Activities-training Method)

活动训练法是教师通过有目的、有计划地组织各种活动训练幼儿多种技能的一种方法。如多次练习同一个语言因素(如语音、词汇、句型等)或训练儿童某方面口语技能。在活动训练中,英语活动与观察、操作、体育、音乐、绘画等活动有机地结合起来,为幼儿创造了充分的交往和活动机会,有效促进了幼儿积极、主动地学习。

案例 7-5

英语活动:Wolf, wolf, what can you do?(中班)

Teacher:(用手偶协助讲解规则)Now, it's the game time. I am the wolf. You are a little lamb.

You ask me:"Wolf, wolf, what can you do?"

The wolf will say "I can eat". Then you will run, and I run after you. If I catch you, you will be the wolf.

Teacher:Who wants to be the wolf first?

然后,交换角色,被抓到的幼儿做老狼。在游戏的过程中,依据幼儿的语言反馈情况,练习动词:jump/run。

幼儿在他们原有的游戏经验的基础上,轻松愉快地习得了英语,学会了句型 What can you do? I can jump/run...

评析:

本活动采用的是幼儿熟悉而喜欢的活动形式来开展的。在活动中,幼儿英语听说能力得到了锻炼,在玩中学习,并且情感、态度目标得到发展。在这种情况下幼儿觉得学习英语好玩、有趣,幼儿乐意参加英语语言活动,从而为往后的学习打下了良好的基础。

运用活动训练法的基本要求是:

(1) 教师在运用活动练习法时应该遵循由易到难、循序渐进的原则。应明确练习的重点,逐步提高练习的要求。

(2) 教师应注意在幼儿理解内容的基础上进行练习,避免机械重复,死记硬背和简单、枯燥的练习。

(3) 活动练习法应以调动幼儿练习的积极主动性为主要目的。活动练习的形式可以多样化、生动化。例如:绘画、游戏、表演、参观、观察、操作、庆祝、音乐、户外体育活动等形式,都可以使练习活动开展得丰富多彩。

(五) 角色表演法(Role-playing Method)

角色表演法是教师把幼儿作为教学主体,通过组织幼儿扮演各种角色表演英语儿歌、歌曲、故事、短剧等内容,进行英语学习,提高英语口语表现力的一种方法。角色表演法是幼儿的一种艺术创造活动,其突出的特点是模拟性和表演性。

教师在英语教学中,可以请幼儿分别扮演故事中的各个人物,用他们自己的表达方法,将所听过的故事表演出来。例如在学习《The three little pigs》时,老师可以制作一些小猪的卡通头饰及相关的道具,邀请小朋友分别扮演故事中的角色。通过表演的形式不但使幼儿加深了对该故事的理解,也激发了他们的表演欲望。又如下面的案例:

案例 7-6

Tiger or Cat(大班)

Teacher:Now it's story time. Look at the picture and listen to the story.

It's sunny today. Daddy and Tommy go hunting in the forest.

They walk and walk. Suddenly Tom finds an animal under the tree. He asks, "What's this, Daddy?"

"It's a cat," Daddy answers.

Tom goes to touch it and asks, "Is this a cat?" Then it stands up.

Daddy cries, "Oh, no, it isn't. It's a tiger. "

They run and run away.

Teacher:Now the story is finished. Do you like the story?

在幼儿理解故事内容之后,教师可运用角色表演法,组织幼儿扮演"Daddy,Tom,cat,tiger"等角色,边做动作边进行对话,表演故事的内容。

Teacher:Yes. Let's act the story out. Who wants to be Tommy? Who wants to be Daddy?

这样,幼儿会沉醉于角色扮演中,通过不同神态、语调和动作,大胆想象和创造,将故事内容表演得惟妙惟肖。在这个过程中幼儿不断受到故事中规范语言的感染,自然地练习了 tiger,hunting 的发音,巩固了"No,it isn't. It's a..."的句型运用。

评析:

角色表演法深受幼儿的喜爱,能够满足幼儿好模仿、好表现、好活动和自娱自乐的需要,加上表演作品(儿歌、歌曲、故事、短剧等)的语言规范、精美,富有感染力和表现力,能够吸引幼儿、打动幼儿,引发幼儿不断反复学说、复述及反复表演的热情,从而有效促进幼儿英语思维和口语能力的发展。

运用角色表演法的基本要求是:

(1)教师应选择适合于幼儿表演的语言材料,例如,故事情节简单生动,角色个性鲜明等。

(2)教师应提供角色表演的教学环境,鼓励幼儿参与的主动性,维护好幼儿思维的活跃状态。

(3)教师要与幼儿共同表演。

(六)情景交际法(Situational Communicative Approach)

情景交际法是教师利用生活中自然的情景或有意识地创设特定的情景,引导儿童进行交往交际,练习英语对话,提高口语水平的一种方法。情景交际教学法是英国语言学家们在直接法和听说法的基础上探索建立起来的一种教学方法。情景交际法强调情景性和交际性。其主要目的是为儿童提供场景和适当的道具,创设一个宽松自由的、轻松愉快的、利于交往表达的语言情景,使儿童在良好的语言环境中触景生情、有感而发,促使他们想说、敢说,有机会说并能得到他人的积极应答。

运用情景交际法的基本要求是:

(1)教师应充分利用自然环境,创设英语交际的情景。鼓励幼儿在愉悦的人际交往环境里乐意交流并能大胆表达。

(2)教师应充分利用现代化教学手段,有意识地创设英语交际的环境。

(3)教师应具有较高的英语口语表达的能力。

(七)全身反应法(Total Physical Response)

全身反应法(Total Physical Response,简称 TPR),由美国心理学家詹姆士·阿歇尔(James Asher)于 20 世纪 60 年代提出,它是一种通过语言与行为的协调来教语言的教学方法。[1] 这种方法主要是以身体动作对听说的英语作出反应,并通过师生肢体的相互交流、表现,帮助幼儿理解英语所表达的意思,提高幼儿的英语能力。

TPR 教学模式最典型的特征是以"听—做动作"为主要教学组织形式,具体教学步骤

---

[1] Marianne Celce-Murcia. Teaching English as a Second or Foreign Language [M]. Original Language Published by Thomson Learning, 2001:107.

是：教师用祈使句的语言形式发出指令并示范动作；教师边发指令边做动作，并要求幼儿跟着做；反复熟悉后，教师只发指令幼儿按教师指令做动作；幼儿边发指令边做动作。全身反应法的具体特点是：

1. 理解先于开口

从发展心理学的角度出发，Asher 提出，针对小孩的语言大多是命令句，小孩一般先用身体反应，而后再学会用语言进行反应。他主张先让幼儿用动作媒介来理解、加工语言，先训练听的技能。听在前，理解先于开口，说在后，不强行要求幼儿使用语言，等到"说"的心理准备达到一定程度，幼儿自然会说出大量的语言。如，开展小班儿歌"Cry and Smile"活动，教师先用自己哭和笑的脸部动作引导幼儿理解"Cry"和"Smile"各表示的意思，然后用"Yes or No"的游戏让幼儿观察教师的动作来判断对错，以此巩固对所学内容的理解和认识。活动中首先培训幼儿的听力和理解力，然后要求幼儿用口语表达。

2. 听—做动作

这是全身反应法最显著的特点，也是教学的主要组织形式。在教学过程中，教师用目标语发出指令，先自己做，等幼儿理解后，让幼儿完成动作。如，Touch my face, Close my eyes, Shake my hands, Open my mouth! 教师边说边做动作：摸摸脸蛋、闭上双眼、摇摇双手、张开嘴巴，引导幼儿边听边做相应的动作。

3. 教授的语言多以祈使句为主

听—做动作的身体反应是幼儿根据教师的指令做出相应的动作，从而感知并理解掌握语言，它是由教师使用有计划的指令—祈使句来控制的，其他句型的出现只能服从于祈使句的使用。如，新授 angry 时，教师说："Tommy, hit me on the head. Look, I'm angry. Tommy, when Peter hits you, be angry. Get the picture of the angry man and give it to me."

全身反应法特别适合低幼幼儿学习英语。这种方法充分利用了幼儿活泼好动的特点，在激发幼儿学习英语的兴趣方面起到了很好的作用，而且这种方法对于幼儿的即时语言表达不作严格要求，并能使幼儿的视觉、听觉、触觉等多感官积极参与，可以减轻幼儿学习英语的负担，有效培养他们愉快的学习情绪，提高学习的效率。例如：

> One Two Three, Play the ball with me
> "One, two, three, play the ball with me.
> Four, five, six, pick up he sticks.
> Seven, eight, nine, walk in a line.
> Ten, eleven, twelve, go fishing ourselves."

在学习过程中，教师准备了皮球、小拐杖、钓鱼竿，先让幼儿做"say and do"的游戏，教师发命令，幼儿根据命令做相应的动作："Play the ball"，"Pick up the stick"，"Walk in a line"，"Go fishing"。

运用全身反应法的基本要求是：

（1）教师要在幼儿理解的基础上进行互动。

（2）教学情景要真实自然，重视语言运用及表达能力的培养。

（3）教学过程中，教师应和幼儿一起进行动作的反应。

（八）浸入式教学法（Immersion Method）

浸入式教学法起源于 20 世纪 60 年代的加拿大。浸入式（Immersion）是指用外语或者第二语言作为教学语言，即儿童在园的全部或一段时间内，被"浸泡"在一种语言环境中。采用浸入式教学，英语作为教学语言始终贯穿于各类学科活动之中，使幼儿接触英语的机会大大增多。英语浸入式教学注重创设和丰富语言环境，使幼儿每天有固定的时间段处于英语环境中，将英语生活情境贯穿于幼儿一日生活之中，把幼儿学英语变成自然的、无意识的潜移默化的习得过程。

运用浸入式教学法的基本要求是：

（1）教师应具备很高的英语水平，是一个出色的双语幼儿教育工作者。

（2）英语是学习的对象，同时也是学习的工具。

（3）师幼互动是在一种类似"母语习得"的环境下进行的。

（4）英语学习应给幼儿带来成功和愉快的情感体验。

总之，教学有法，但无定法。随着英语教育教学理论、语言学、心理科学的进一步发展，幼儿英语教育的方法也在不断更新和发展。我们应该汲取百家之长，综合运用多种适合幼儿学习的方式和方法，促进幼儿英语教育的科学化发展。

模块三　幼儿园英语教育活动的设计与实施

引导案例

办公室里，小班的幼儿教师正在进行英语教研活动。经过讨论，教师们确定以"我自己"为主题进行英语教育活动。

思考：如果您是教师，如何以"我自己"为主题设计小班的英语教育活动？

一、幼儿园英语主题教育活动的确立

（一）幼儿英语主题教育

幼儿英语教育作为一种非母语教育，实施的教育环境具有非常重要的地位。最有效的幼儿英语教育往往采用主题教育活动模式，这种模式更倾向于将幼儿的学习内容和个体发展通过主题综合起来，以主题的形式编排内容来开展系列教育活动。

具体来说,幼儿英语主题教育活动是在一段时间内围绕一个中心内容(即主题)来组织的英语教育教学活动。它的主要特点是综合运用各种教学形式和方法,围绕一个"中心",如 Summer Holidays 或某一英语儿歌、歌曲、故事等,将幼儿英语学习的几方面内容(倾听、理解、运用表达)有机地连接起来,让幼儿通过主题活动获得综合性的英语训练。

英语主题活动可以将专门性的英语教育活动和渗透性的英语教育活动综合在一起,开展跨领域的综合主题活动,打破各学科、各领域之间的界限,以英语这一主要学习内容为中心,将各种经验综合在一起。如:主题 Summer Holidays 由 3 个单元组成,分别为 Unit 1 Rainbow, Unit 2 I Am Wearing a Green Shirt, Unit 3 At The Beach,将科学活动、游戏、绘画、儿歌、歌曲、故事欣赏等各种活动形式和方法结合一起,共同为实现主题活动目标而开展主题教育活动。

(二)幼儿英语主题教育的价值

为什么在幼儿园英语教育中要使用内容丰富的主题教育活动? 这是因为丰富多彩的主题教育活动可以吸引孩子们的注意力、在教室里创设兴奋点、鼓励幼儿用新词汇进行讨论、在一个有趣的情景中提供机会教授技能。通过英语主题系列活动可以使儿童在多种有趣的活动中,反复地感知理解英语词汇的发音和含义,反复吟唱儿歌,扩展词汇量,练习英语口语表达,能取得良好的教育效果。

幼儿英语主题教育活动有益之处在于可以鼓励幼儿在以下方面得到发展:

(1) 学习新信息。

(2) 分享他们就某一主题已经获得的知识和经验。

(3) 对新观点和新事情产生极大的热情。

(4) 享受对世界的探索。

(5) 提出问题和探究所提出的问题。

当孩子听到已知的概念在不同的学科领域被提到、被重复、被联系时,这会使孩子们非常兴奋。当然,只要有可能,教师最好选择真实的东西作为幼儿园主题,比如一个常见的主题"食物链",就可以带幼儿访问树林,并带回蜗牛,观察一天,让孩子们讨论蜗牛吃什么,蜗牛会被什么吃掉。如果让孩子们面对书籍和录像来学习"食物链"知识,孩子就不会有这么专注、细心。如果他们可以使用他们的感官来了解它的话,他们将完全被主题活动所吸引。幼儿英语主题活动的魅力就在于此。

(三)幼儿英语主题教育课程总体要求

英语主题课程不仅在纵向上具有时间上的连续性,即主题活动短则几天,长则几个星期,小班"食物"的主题还会在中班、大班出现。而且横向上也具有主题间的关联性,即后面的主题要建立在前面已开展的主题所获得的经验的基础上。同时英语主题课程还具有领域间的渗透性,即同一主题,会在各个领域中展开活动,如"春天来了"这一主题,会在语言领域、艺术领域、科学领域、健康领域、社会领域进行。

二、小班主题活动案例设计

根据小班幼儿英语教育的目标,可以将主题定在了解自我、食物、颜色、小动物等。下面是以"Myself(我自己)"为例的一个主题活动设计案例,本主题设计为一个单元,包括三个活动。

Unit one　Myself

表 7-1　Activity 1　Eyes Nose Mouth

活动班级		小　　　　班
活动目标	认知目标	幼儿能听懂眼睛、鼻子、嘴巴的英文名称(eye,nose,mouth)。
	情感与态度目标	幼儿喜欢参与英语活动。
	能力与技能目标	幼儿了解各器官的作用和功能,并说出眼睛、鼻子、嘴巴的英文名称。
活动准备	经验准备	知道五官的中文说法。
	物质准备	字卡:eye 眼睛　nose 鼻子　mouth 嘴巴 粘贴若干,音乐、彩笔、纸。
活动内容	重　点	眼睛、鼻子、嘴巴的说法。
	难　点	发音准确。
活动过程 procedures	热身 warming up	英语问候。 英文歌曲《Head Shoulder Knees and Toes》。
	呈现 presentation	1. 学习单词:eye,nose,mouth。 (师):我们每个人都有一张"Face",在我们的"Face"上长有器官,谁能告诉我这些器官的名称。 2. 小朋友边说边在纸上画五官。 (师):eye, two eyes,nose, mouth。 3. 幼儿练习"eyes,nose, mouth"时按五官的上下顺序,同时注意幼儿发音是否规范。
	练习 practice	游戏: 摸五官(摸对者奖励小红花): 师:touch your eyes, one,two,three。 幼:(手指眼睛)here,here,here。 师:touch your nose, one,two,three。 幼:(手指鼻子)here,here, here。 师:touch your mouth, one, two,three。 幼:(手指嘴边)here, here, here。
	延伸 extention	方法:小朋友每三人一组,给缺少五官的脸谱添画 eye、nose、mouth,在添画时告诉大家你画的是什么。 和老师一起做"五官操",自然结束。

表 7-2　Activity 2　My Body

活动班级		小　　　班
活动目标	认知目标	1. 复习单词：eyes，mouth，nose。 2. 学习单词：head，shoulders，knees，toes。
	情感与态度目标	幼儿感受到学习英语的快乐，萌发对自己身体的各个部位的英语表达兴趣。
	能力与技能目标	能够指认并说出身体各部位的名称。 能够听指令做动作。
活动准备	经验准备	知道自己身体的中文名称。
	物质准备	脸部图，人体模型板，单词卡片、小鼓。
活动内容	重　点	能正确发音。
	难　点	能注意到单复数的不同表达。
活动过程 procedures	热身 warming up	1. 英文问候。 2. Song（*Good morning*）
	呈现 presentation	1. 复习单词：eye, mouth, nose。 老师来说，请小朋友来做出相应的动作。英文儿歌 *eyes*。 2. 学习新单词：Head, shoulders, knees, toes。 出示一个缺了头、肩膀、膝盖和脚指的娃娃。根据幼儿的回答来分别教授单词的读音。 A. 开火车：一个一个轮流来念，保证每个孩子都能够发音正确。 B. 看谁的眼睛最亮：把头、肩膀、膝盖和脚指分别用很快的速度在幼儿的眼睛前面晃一下，请幼儿来说一说看到的是什么，并用英文说出来。 C. 老师出示人体模型板指出任意部位，请小朋友来说英文。 3. Have a rest（休息一下）English song： Pat pat, pat your head as slowly as you can. Touch touch, touch your shoulder as slowly as you can. Pound pound, pound your knees as slowly as you can. Wiggle wiggle, wiggle your toes as slowly as you can. 4. Play a game. 幼儿之间的互动游戏：请一个小朋友来说，另一个小朋友来做相应的动作，其他的小朋友来做裁判，看他们两个人说的好不好，做的对不对。对的要说 YES，不对的要说 NO。并且指出他们哪里说的不对，应该怎么改正。
	练习 practice	5. Play a game. 击鼓传花：随着鼓声的停止，拿到花的小朋友向全班小朋友发出指令：touch your head，shoulders，knees，toes。 其余小朋友做相应动作，反复进行。
	延伸 extention	Song（*Head Shoulder Knees and Toes*）。

表 7-3　Activity 3　My Family

活动班级		小　　班
活动目标	认知目标	1. 单词:mummy, daddy, grandma, grandpa。 2. 句型:It's...
	情感与态度目标	幼儿感受到学习英语的快乐,萌发对家人的英语表达兴趣。
	能力与技能目标	掌握家庭成员的英文说法。
活动准备	经验准备	知道自己的家人。
	物质准备	1. 幼儿每人带一张全家福照片。 2. 小熊一家的图片及头饰。
活动内容	重　点	能正确发音并确切地用这些词称呼长辈。
	难　点	会用 It's...句型介绍自己的 mummy, daddy, grandma, grandpa。
活动过程 procedures	热身 warming up	英文问候。 Song(*Hello Song*)。
	呈现 presentation	My Family: 1. Look! (show the photos)What are these? (photos) 2. Who is he(she)? 3. 师生一起边指边说:mummy, daddy, grandma, grandpa。 4. 引导幼儿用 It's...介绍自己的 mummy、daddy、grandma、grandpa。 5. Introduce your family to your friends. (幼儿与同伴交流)
	练习 practice	Bear's family: (出示小熊一家图片)Who are they? (Bear's family) Who is she? Who is he? (幼儿练习用 it's...作答) 教师说出家庭成员的名字 mummy, daddy, grandma, grandpa,幼儿指出图上相应的人物。 重复几次。
	延伸 extention	Song(*Finger's Family*)。 请小朋友在画纸上画出自己的家人,如:爸爸、妈妈、爷爷、奶奶。

三、中班主题活动案例设计

中班幼儿英语教育的目标是:通过主题教育活动使幼儿在小班基础上,认知水平和语言能力上有进一步发展,不断地熟悉语言,理解更多的句子,并能够用英语进行简单的交际,培养幼儿使用英语表意的愿望和建立良好的语言习惯。下面是中班的一个主题活动"Colorful world(多彩的世界)"。从案例中我们可以看到,从内容、活动设计到实施上都体现了螺旋上升的趋势,为幼儿创设了"最近发展区"。更为突出的特点是将英语语言领域的教育与其他领域的教育进行了有机的渗透和整合。本主题设计为一个单元,包括三个活动。

Unit one Colorful world

表 7-4 Activity 1 Different colors

活动班级		中　　班	
活动目标	认知目标	认识并区分多种颜色:红、黄、蓝、绿、橘、紫。	
	情感与态度目标	能积极投入英语活动,激发幼儿对色彩的兴趣。	
	能力与技能目标	1. 掌握英语表达方式:red, yellow, blue, green, orange, purple。尝试运用各种颜色形容不同的事物。 2. 能运用句型 This... is red,来表达自己看到的事物。	
活动准备	经验准备	幼儿认识几种水果、蔬菜或图形,掌握其英语表达方式。	
	物质准备	各种颜色的蔬菜、水果图片,颜色卡片,教师自制彩条变变变等。	
活动内容	重　点	认识并区分多种颜色:红、黄、蓝、绿、橘、紫,并掌握英语表达方式,red, yellow, blue, green, orange, purple。尝试运用各种颜色形容不同的事物。	
	难　点	能运用句型 This... is red,来表达自己看到的事物。	
活动过程 procedures	热身 warming up	教师与幼儿亲切问候,鼓励幼儿大胆互动。 T: Good morning, boys and girls. What's the weather like today? 歌曲:who is wearing red today? 教师与幼儿边唱歌,边复习幼儿认识的颜色,如:red, yellow, blue,鼓励幼儿结合自己衣服的颜色,按歌曲指令做相应的动作。	
	呈现 presentation	1. 认识颜色。教师出示彩虹,引导幼儿学说单词:green, orange, purple。 T: Look at this rainbow, who can tell me how many colors there are? What color is it? 2. 出示各种蔬菜和水果的图片及实物,引导幼儿运用颜色形容不同的物品。 T: What's this? C: This is a cucumber. T: What color is it? C: It's green. T: This cucumber is green.	
	练习 practice	游戏 1:彩条变变变。 教师提供自制的彩条变变变(将不同颜色的皱纹纸剪成宽条,并连接在一起;在一个纸盒的一侧开一个小孔,将皱纹纸条放在纸盒中,并从小孔将纸条取出。)一边抽取彩色纸条,一边引导幼儿学说相应颜色的单词。 T:Look here. This is a magic box. There are many different colors in it. 教师用较慢的速度拉出不同颜色的纸条,引导幼儿模仿教师发音,并鼓励幼儿独立表达。 游戏 2: Passing down. 教师将事先准备好的水果、蔬菜的教具装在一个袋子中,幼儿围坐成圆形,边说歌谣边传袋子,音乐停止,拿到袋子的幼儿从中取出一件,尝试运用"The... is red."表达。 T:Passing down,passing down,passing,passing down.	
	延伸 extension	利用环节过渡的时间引导幼儿说一说活动室中各种玩具、物品的颜色等。在美工区开展色彩游戏活动,满足幼儿需求。	

表 7-5　**Activity 2　Changable Colours**

活动班级		中　　　班
活动目标	认知目标	复习颜色的单词,感知三原色与三间色的关系,了解颜色调和会发生变化。
	情感与态度目标	喜欢参与英语活动,能大胆地使用操作材料进行游戏。
	能力与技能目标	会运用各种操作材料,并了解颜色的配色方案。
活动准备	经验准备	幼儿对各种颜色有基本的认识。
	物质准备	三原色的颜料、调色盘、毛笔、记录表格等人手一份。
活动内容	重　点	复习颜色的单词,感知三原色与三间色的关系,了解颜色调和会发生变化。
	难　点	会运用各种操作材料,并了解颜色的配色方案。
活动过程 procedures	热身 warming up	教师与幼儿相互问候,调动幼儿参与活动的积极性。 出示不同颜色的颜料,请幼儿说说这些都是什么颜色。 T：Look here! There are some paints here. What color is it?
	呈现 presentation	1. 教师利用彩色水瓶变魔术,激发幼儿的好奇心。 教师事先在塑料瓶盖上涂上水粉颜料,通过摇水瓶使水瓶中的水变色。如:在红色水瓶的瓶盖上涂上黄色,通过摇水瓶使水变成橘色。 2. 请幼儿猜想,红色是怎样变成橘色的,蓝色是怎样变成紫色的,黄色是怎样变成绿色的。 T：Please guess how to change the red water to orange water? 3. 教师将幼儿的猜想记录在表格中。
	练习 practice	1. 幼儿操作 将幼儿分组,每组提供红、黄、蓝三种颜色,引导幼儿利用调色盘、毛笔等尝试调配出橘色、紫色和绿色。 T：Please try to mix 2 colors, and get the orange, purple and green. 2. 分享经验 请幼儿将自己的发现分享给同伴。 T：Please share your findings with your friends. 3. 教师总结 教师帮助幼儿梳理三原色与三间色的关系。 Red plus yellow equals orange. Blue plus red equals purple. Yellow plus blue equals green.
	延伸 extension	将颜料投放在活动区中,鼓励幼儿在日常游戏中进一步尝试。

表 7-6　Activity 3　Brown Bear, Brown Bear, What Do You See?

活动班级		中　　班	
活动目标	认知目标	理解故事内容,学说句子。What do you see? I see a ... looking at me. 认识各种颜色,感知用颜色(形容词)修饰动物(名词)的短语。	
	情感与态度目标	喜欢参与英文活动,愿意与老师一起听故事,做游戏。	
	能力与技能目标	尝试借助故事中的重复结构,大胆地学说句子。	
活动准备	经验准备	认识几种常见的动物及颜色,了解其英文名称。	
	材料准备	音乐、图片、故事书、动物头饰等。	
活动内容	重　点	理解故事内容,学说句子。What do you see? I see a ... looking at me.	
	难　点	认识各种颜色,感知用颜色(形容词)修饰动物(名词)的短语。	
活动过程 procedures	热　身 warming up	教师与幼儿问候,引入互动主题。 Step1: 教师与幼儿进行问候,并一起演唱歌曲 Go to the zoo。 Step2: Do you like animals? What do you like? 鼓励幼儿说出自己喜欢的动物。	
	呈现 presentation	1. 出示动物的图片,初步感知颜色与动物名称的短语。 ① 以变魔术的形式引出 brown bear, red bird, blue horse 等。 ② 引导幼儿模仿各种动物的动作,大家一起来做。 2. 通过观看故事书,理解故事内容,并学说句子。 观看故事书,brown bear, brown bear, what do you see. 引导幼儿学说,what do you see? I see a ... looking at me. 在讲故事的过程中,鼓励幼儿通过观察图画中的部分画面进行判断——看到的是什么动物。	
	练习 practice	1. 讲故事,做游戏。 2. 提供故事中出现的动物头饰等,请幼儿扮演故事中的角色,鼓励幼儿和老师一起用简单的语言讲述故事。	
	延伸 extension	在初步理解故事内容的基础上,鼓励幼儿继续创编故事的情节,丰富更多的动物和颜色,引导幼儿将颜色与动物的短语进行灵活地运用。	

四、大班主题活动案例设计

大班幼儿英语教育的目标是:通过主题教育活动使幼儿在中班发展的基础上,进一步熟悉语言,在一定文化情景中理解更多的句子,并能够用英语进行较复杂的交际,培养幼儿英语表达能力和建立良好的语感。下面是大班的一个主题活动"Transportation(交通工具)"。从案例中我们可以感受到大班主题的丰富性和社会性,以促进幼儿的全面发展、语言与文化同时习得。同时,在活动方法设计上也更加多样、更加灵活。本主题设计为一个单元,包括三个活动。

Unit One　Transportation

表 7-7　**Activity 1　Traffic Lights**

活动班级		大　　　班
活动目标	认知目标	学习单词：red light，yellow light，green light，go，wait，stop。 学习句型：Green light，green light，go go go. 　　　　　　Yellow light，yellow light，wait wait wait. 　　　　　　Red light，red light，stop stop stop.
	情感与态度目标	喜欢参加英文活动，对英文学习感兴趣。
	能力与技能目标	了解交通规则，养成遵守交通规则的好习惯。
活动准备	经验准备	了解基本的交通规则。
	材料准备	设置一个马路的场景、三种交通信号灯的图片、警察服装等。
活动内容	重　点	掌握单词及句型。
	难　点	在情境游戏中能用所学到的英文单词及句型进行交流。
活动过程 procedures	热身 Warming up	——Greeting： Good morning. How are you? I am fine，thank you. What is the weather like today? Today is a ____. Which kindergarten do you come from? I come from _____. ——Sing the song：〈the wheels on the bus〉
	呈现 Presentation	——出示交通信号灯，学习它们的英文名称。 ——教师以警察的形象出现在幼儿面前，讲解交通规则。 ——教师出示绿灯，教授 green light。 ——教师告诉幼儿绿灯的时候可以穿过马路并学习它的英文说法 Green light，green light，go，go，go。 ——教师用同样的方法介绍红灯、黄灯。
	练习 Practice	——Game 1："红绿灯"。教师扮演警察手执红绿黄灯指挥交通，幼儿扮演小汽车看信号灯或走或停或等待，同时说英文 Green light，green light，go go go. Yellow light，yellow light，wait wait wait. Red light，red light，stop stop stop. ——Game 2："我是小警察"。教师邀请一名幼儿做警察，请他为大家指挥交通。教师在旁边帮助这个小警察并提示其他幼儿注意看这位"小警察"出示的信号，说英文句子。 ——Game 3："寻找礼物盒"。教师和幼儿一起开着小汽车通过马路上的交通信号灯，找到礼物。
	延伸 Extension	在日常生活中引导幼儿用英文表达交通规则。

表 7-8 **Activity 2 Vehicles**

活动班级		大　　班
活动目标	认知目标	1. 知道 train，helicopter，ship 的含义，并能正确发音。 2. 了解有关交通工具的常识。
	情感与态度目标	能积极参与英文游戏。
	能力与技能目标	在游戏活动中能听懂教师的问句 What can you see on the road/in the sky/in the sea? 做出回答 I can see ＿ on the road/ in the sky/ in the sea.
活动准备	经验准备	熟悉交通工具的名称。
	物质准备	交通工具的图片、train，helicopter，ship 的声音、音乐。
活动内容	重　点	知道 train，helicopter，ship 的含义，并能正确发音。
	难　点	在游戏活动中能听懂教师的问句 What can you see on the road，in the sky，in the sea? 做出回答 I can see ＿ on the road/ in the sky/ in the sea.
活动过程 procedures	热身 Warming up	——Greeting： Good morning. How are you? I am fine, thank you. What is the weather like today? Today is a ＿＿. Which kindergarten do you come from? I come from ＿＿＿＿. ——Sing the song：〈*What do you like？*〉
	呈现 Presentation	——教师播放关于交通工具的声音，幼儿听声音进行猜想，引入主题。 ——教师出示交通工具的图片，学习单词 train，helicopter，ship。 ——教师出示大背景图，提出问题：What can you see on the road/ in the sky/ in the sea? 做出回答 I can see ＿ on the road/ in the sky/ in the sea.
	练习 Practice	——game 1：blow wind blow 教师将若干 train/helicopter/ship 卡片给每位幼儿，教师说：blow blow blow wind blow 幼儿回答：blow what? 教师说："blow train"。所有手持 train 卡片的幼儿交换座位，教师随机观察幼儿是否正确。 ——game 2：教师将幼儿分成人数相等的 2～4 组，教师把三个单词依次摆放成单词桥，每组经过单词桥并说出单词名称，用时最短的该组幼儿即为获胜，游戏后教师随机提问题：What can you see... ——game 3：每位幼儿分别手持 train，helicopter，ship，road，sky，sea 单词卡片，教师带领幼儿一起提出问题：What can you see on the road? 手持 road 卡片幼儿就要去找手持 train 卡片的幼儿，两人站在一起共同回答问题，以此类推。
	延伸 extension	在活动区游戏中，教师可为幼儿提供交通工具卡片及相对应地点的卡片，幼儿可以进行配对游戏。

表 7-9　Activity 3　Fair Engine Is Coming

活动班级		大　　　班	
活动目标	认知目标	知道 police-station, hospital, fire station 的含义及发音,学说句型 I can see … in the … .
	情感与态度目标	喜欢参加英语活动,对英文学习感兴趣。
	能力与技能目标	在游戏中运用所学到的单词及句型进行交流。
活动准备	经验准备	了解 police-station, hospital, fire station 三个地方的用途,掌握单词 police car, ambulance, fire engine。
	物质准备	图片、police-station, hospital, fire station 的单词图片、创设情境。
活动内容	重　点	知道 police-station, hospital, fire station 的含义及发音,学说句型 I can see … in the … .
	难　点	在游戏中运用所学到的单词及句型进行交流。
活动过程 procedures	热身 Warming up	——Greeting: Good morning. How are you? I am fine, thank you. What is the weather like today? Today is a ____. Which kindergarten do you come from? I come from _____. ——Sing the song:〈the Wheels on the bus〉
	呈现 Presentation	——听各种不同车的声音(陆续播放各种车辆的声音,请幼儿猜一猜它们是什么车发出的?)复习单词。 ——依次出示 police-station, hospital, fire station 图片,学习新单词。 ——出示马路背景图,学习句型:What can you see in the ____? I can see the ____ in the ____.
	练习 Practice	Game 1:What's missing 教师遮盖或藏起一张卡片,请幼儿说出单词。 Game 2:部分幼儿扮演不同车辆,在创设的马路上行驶,教师扮演警察指挥交通,复习:red light 等交通灯表达方式。通过交通信号灯的指示,不同车辆行驶进入 police-station, hospital, fire station,教师提问 What can you see in the ____? 幼儿回答 I can see the ____ in the ____.
	延伸 Extension	在日常生活中,教师引导幼儿注意观察特殊交通工具的特殊停放地点。

项目测试

一、课后练习

1. 幼儿园小、中、大班英语教育的目标分别有哪些?

2. 举例说明幼儿英语教育有哪些常见方法。

3. 渗透的幼儿园英语教育包括哪些形式?

二、案例分析

请根据教材内容,分析大班英语主题系列活动"Colours"中都使用了哪些英语教育方法?

表 7-10　　Colours

	活动形式
活动一	变魔术、玩魔水、唱歌曲:Colours
活动二	玩"看谁赢得多"游戏
活动三	唱歌曲:Yellow Bananas
活动四	做角色游戏:At the Fruit Shop 听听画画:The Sky Is Blue

三、实训

请参照中班英语教育的目标,以"Animals"为主题,设计一个中班英语主题教育活动。

项目八

幼儿园语言教育活动的说课和评课

学习目标

● 了解幼儿园语言教育说课和评课的概念与意义
● 熟悉幼儿园语言教育说课和评课的原则
● 学习并实施幼儿园语言教育的说课与评课

　　说课和评课是幼儿园重要的教学活动,是幼儿园考核教师素质,开展教研活动的重要方法。幼儿园语言教育说课和评课不仅能够帮助教师反思自己语言教育活动的设计和组织,同时还可以促使教师深入思考如何根据幼儿语言发展特点,选择合适的语言教育内容,使用合适的语言教育方法,结合幼儿园语言教育的基本观念,对幼儿开展语言教育活动。本项目主要介绍了学前儿童语言教育评课和说课的概念、意义、原则和模式,帮助学习者把幼儿园语言教育的相关理论和实践相结合,学习幼儿园语言教育的说课和评课。

模块一　幼儿园语言教育活动的说课

引导案例

　　大家好！我是《春天是一本书》的教学老师××。现在,我从三个方面对我的教学进行说课:

　　第一、活动内容和幼儿的"学情"分析:

　　1. 春天是万物复苏、情趣盎然的季节,是孩子们欢呼雀跃、与大自然亲密接吻的天地。诗歌将春天隐喻作"书"——"彩色、会笑、会唱的书"从而引发孩子们对春天更多的猜测、想象和体验。围绕诗歌进行感受,能够引发幼儿对大自然美好的向往和探究,激发幼儿求真、求美的情趣。同时,诗歌工整、重复的结构让幼儿读起来朗朗上口。

　　2. 诗歌中的语言具有"音乐性和文化意涵"。对幼儿来说接受起来有一定的难度。

为使活动有利于幼儿主动地学习,活动中教师始终引导着幼儿围绕着"为什么说春天是一本彩色的、会笑的、会唱的书"对作品进行充分地感知、理解和质疑。诗歌教学的特点,在感知的过程中需要记忆。因此在这一教学活动中,教师将必要的记忆与"记忆策略"自然整合起来,不断让幼儿发现"我是用什么样的记忆方式记住这首诗歌的?"从而使教师的"教"在三个环节的发展过程中层层递进为幼儿的"学"的过程。

3. 由此,我设定了本次教学的活动目标:(1)学习诗歌《春天是一本书》。丰富相应的词汇:酒窝、咧嘴等。(2)通过有重点的提问、讨论,感知理解诗歌的内容和结构。(3)萌发对春天(色彩、声音等)美的情感体验。

第二、活动重点难点

1. 根据大班幼儿学习的特点(形象性,表征能力,有一定的逻辑推理能力)和本次活动目标,只要突破了"春天是什么(春天的形象标志)"就能真正走进诗歌的学习中去。

2. 教师自然运用了美术活动中的绘画,与幼儿在提取自己对"春天是什么"中画画、说说、议议,拉近幼儿与春天之间的距离,激活了幼儿已有的知识经验;接着,又通过简单、形象、生动的三张图画教具将幼儿从生活拉进诗歌中;然后,又通过趣味的遮图(部分遮挡、全部遮挡、幼儿参与遮挡)层层递进的记忆策略帮助幼儿学习了诗歌;最后,当幼儿已经调动起了对春天"我要了解,我能读懂"的激情后,教师再让幼儿运用绘画的方式(变式练习)再次表达自己对"春天"的美好向往。从教育理念到具体的一节教学活动,"让学习者主动探究和学习"才是最关键的策略。怎样引导幼儿主动地学习诗歌? 通过创设环境,感受诗歌的"优美",是这节教学活动的灵魂。

第三、教学活动结束后的反思

计划中的预期更多放在了对教学活动"认知"方面。活动过程中幼儿的反应让我对激发幼儿认知有了更多的思考:

1. 运用优美的语言配合着轻柔的背景音乐一遍遍朗诵诗歌,从幼儿一双双专注、欣喜的眼睛中老师读出——幼儿从教室走进了春天的花园。

2. 有意识引领幼儿围绕"春天是一本书"进行争论是教学成功的关键之一。因为"争"的行为让幼儿"争"进学习的氛围中。明明说"红色是梅花",小菊说"不对,我看到的红色是桃花",花花说"桃花是桃红色的。"大家一齐说"还是红色呀!"

3. 引发幼儿在教学中说出自己的疑惑是将"教"与"学"达到一种自然融合、师幼真正互动的策略。教师在朗诵完诗歌后不是接着提问,而是在幼儿真正从音乐、诗歌中慢慢走出来后自然询问"对于这首诗歌,你有什么不懂的地方吗?"幼儿自然开始了对诗歌的"回顾"中……,豆豆说"老师,您再念一下,我再听一听。"

<h2 style="text-align:center">诗歌:《春天是一本书》</h2>

春天是一本彩色的书,
红的是桃花,绿的是柳叶,黄的是迎春花,白的是梨花。
春天是一本会笑的书,
小池塘笑了,酒窝圆又大;小朋友笑了,咧开了大嘴巴。
春天是一本会唱的书,
春雷轰隆隆,春雨滴滴答,小燕子唧唧唧,小青蛙呱呱呱。

思考:如果你是教师,组织实施语言教育活动《春天是一本书》,你会怎样设计活动过程? 你会怎样说课?

说课就是教师以教育理论、教学大纲、教材为依据,针对某一教学活动自身的特点,结合教育对象的实际情况,主要用口头表述该教学活动的具体设想、设计及其理论依据,是全面阐述和完善教学设计的过程。简单讲即说清:教什么、怎么教、为什么这么教,重点是要说出"为什么"。教师在"说"的过程中,不仅要将书面的教学设计方案说出来,更要将隐含在教育方案后面的设计思想、教育理念和依据以及本次活动的特色说出来。

说课形成于教学实践,它实用有效、针对性强、易于开展,适于推广。在实践中,它所适用的范围在不断扩大,从最初作为单一的教研活动的一种形式,发展到今天招聘教师、考核教师素质,开展教研活动、进行教学比赛的一种重要方式方法。

一、幼儿园语言教育活动说课的概念与意义

幼儿园语言教育活动说课是幼儿教师以学前教育基本理论为依据,结合不同年龄阶段幼儿语言、认知等身心发展特点和具体的语言教育活动特点,主要采用口头表述的形式阐述自己教学设计的过程。在这一过程中,教师不仅要把自己的具体语言教育活动过程"说"清楚,更重要的是要将隐含在具体活动中的设计理念、理论依据等清楚完善地表达出来。

简单来说,"说"自己设计组织的教学活动,谈论自己教学行为的看法,想法就是"说课"。但是,作为教师主动发起的教育教学活动的说课,不是随便说说,而是有计划性和目标性的。说课需要对照教学活动的目标,对教师本人和幼儿在活动及由这些活动所引起的变化进行梳理,反思,分析,进行价值判断。"说课"的目的不是为了"平铺直叙"教学的过程,而是为了"反思"。反思我们教学活动中的目标与过程;反思教师的教与幼儿的学;反思理念与实践之间的辩证关系。幼儿园语言教育活动说课的意义主要体现在以下三个方面:

(一)说课能调动教师自我反思教育教学设计和组织的能力

通过说课,教师能够在自我经验与教学理论之间找到一定的联系,帮助和引领教师

不断同化和顺应自己的教学经验,提高教师的教育教学水平,在"内化"的进程中改进语言领域的教学实践,形成自己的教学风格。

(二)说课可以增强幼儿园教师设计和组织教育活动的目的性和自觉性

通过说课,教师不断反思和总结自己的所学理论和教学实践之间的差距,调整自己的教学内容和教学方法。教学更加具有目的性。无论设计还是组织幼儿园语言教育活动,教师都能够自觉地从实际出发,确定活动目标,设计、组织和实施教学过程

(三)说课帮助教师进一步理解幼儿的语言发展、语言教育内容以及语言教育理念

说课的过程既是教师反思自己的过程,也是教师重新认识幼儿的过程。在说课过程中,教师不断重新认识施教的幼儿,了解他们不同年龄阶段的语言发展水平,以及各个幼儿的语言发展差异,反思自己选择的语言教育内容是否适合,思考维果茨基的"最近发展区"理论如何结合完整语言教育观、整合教育观和活动教育观具体落实到语言教育活动中。

二、幼儿园语言教育活动说课的原则

幼儿园语言教育活动说课与科学、健康、社会、艺术等领域的教育活动说课既有相同之处,又有不同之处,主要有以下四个原则:

(一)说课要坚持"以幼儿的发展为本"

说课要从幼儿全面发展的需要出发,注重幼儿年龄特点和已有经验,活动过程中注重发挥幼儿的主体地位和体现幼儿的主体作用,关注发现、探究与质疑,在一次次教学活动中从"小节、细节"出发关注幼儿教学过程中的收获,培养幼儿的创新精神和实践能力。

(二)说课首先要说教学目标

全面、具体、适宜的教学目标是说课的重要组成部分。说课过程中说教学目标并不是"说"教学目标都有哪些,而是要重点说出"为什么"制定这样的教学目标,重点要说出教学目标制定的依据来。这是说课中"说教学目标"的重点。

(三)说课要说学科特点和教学内容

教学目标是建立在具体的内容基础上的。因此,说出本次教学活动中的内容和特点,并围绕着内容和学科特点设计相应的教学策略。幼儿园语言教育活动要说出语言领域的学科特点,本次活动所选择的语言教学内容是什么?诗歌、散文、故事、谜语、古诗都各自有各自的特点。这些特点决定了教师在教学过程中采用何种教学手段和教学方法。

(四)说课要坚持说学与说教相结合

教师要把说课的重点放在"说学"上面,从"说学"出发转到"说教"。以此促进教师转变观念,改进教学。教师要把说课的关注点,从幼儿有效学习出发转到教师如何进行有效教学上面,根据幼儿的学决定教师如何教。

（五）说课要结合幼儿园语言教育活动的基本理念

2001 年教育部颁布《幼儿园教育指导纲要》(试行)在语言领域的指导要点中明确提出:语言能力是在运用的过程中发展起来的。……发展幼儿语言的重要途径是通过互相渗透的各领域的教育,在丰富多彩的活动中去扩展幼儿的经验,提供促进语言发展的条件。2012 年教育部颁布《3～6 岁儿童学习与发展指南》在语言领域明确指出:应为幼儿创设自由、宽松的语言交往环境,鼓励和支持幼儿与成人、同伴交流,让幼儿想说、敢说、喜欢说并能得到积极回应。……幼儿的语言学习需要相应的社会经验支持,应通过多种活动扩展幼儿的生活经验,丰富语言的内容,增强理解和表达能力。在幼儿园语言教育活动说课中,必须遵循《幼儿园教育指导纲要》和《3～6 岁儿童学习与发展指南》中语言领域的教育理念,结合完整语言教育观、整合教育观和活动教育观进行阐述。

三、幼儿园语言教育活动说课的实施

经过长期的实践,教育工作者总结了说课的基本模式,方便教师交流。幼儿园说课的基本模式如下:

说教材——说幼儿——说活动目标——说活动重点、难点——说教法、学法——说活动过程。这是幼儿园说课的一般程序,也是幼儿园语言教育活动说课的一般模式。以教材、幼儿作为目标的"达成";活动的目标为考量的工具;活动重点和难点、教师的教法和幼儿的学法为"摆渡"。教师在说课的过程中要将这几个关系自然理顺到具体的教学活动中去。在说课的过程中,必须说出:

(1) 教材的特点和幼儿学习的特质。即教师选择的活动内容可以给予幼儿哪些核心经验以及幼儿现阶段已有的经验都有哪些。

(2) 教学目标的设定依据。教师需要说清楚自己怎样依据教材特点和幼儿学习特质的活动制定的活动目标。活动目标主要包括学科的知识、认知的能力和情感习惯要求。

(3) 分析所有教学元素后预设的"活动重点和难点、教法和学法"。

(4) 教学活动进行后教师的反思。

说课,是教学活动进行后执教的教师对自己教学实践的一次梳理、一次展示。每个教师具有不同的个性特点,就像每位幼儿都有不同的特质一样,创新不同模式的说课,可以使"说课"更生动、有趣、说出教师的个性、特色。在此基础上,幼儿园语言教育活动说课的实施模式主要有以下四种。我们以大班诗歌教学《春天是一本书》作为教学活动案例,举例说明这四种模式。

模式一:说课——猜测式

顾名思义,"猜测"式说课一定要给听课者一定的"不确定性",以此引发大家倾听的兴趣和探究的好奇。在说课教师的带动下,让所有的听课者(评课者)都能主动参与到教学研究中来。

◎ 猜,猜教具——怎样利用教具突破重难点?

教具一

图 8-1　教具一

教具二

图 8-2　教具二

教师说课时可提出以下问题请听课教师"猜测",利用这些问题激发听课教师的兴趣,吸引听课的教师参与到活动中来。通过猜测问题,引发听课教师的思考,获得他们的赞赏和肯定。

◎ 猜,猜"遮挡"——怎样利用"遮挡"促进幼儿记忆策略的学习?

◎ 猜,猜"提问"——怎样的"问"和接过幼儿的"答"可以有效学习?

◎ 猜,猜"绘画"——美术教学策略在语言教学活动中运用的意义?

模式二:说课——目标引领式

具体的教学目标有三个。第一,学科知识目标(今天学什么?);第二,方法策略目标(怎么学?);第三,情感、习惯、社会性目标(更多的学?)。把目标与教学行为相结合进行说课,能使教师对目标怎样落实到幼儿的学习行为中有更深入的理解。

◎ 目标一:学习诗歌《春天是一本书》。丰富相应的词汇:酒窝、咧嘴等。在活动的哪几个环节中落实? 怎样与幼儿互动的?

◎ 目标二:通过有重点的提问、讨论,感知理解诗歌的内容,结构。在活动的哪几个环节中落实?怎样与幼儿互动的?

◎ 目标三:萌发对春天(色彩、声音等)美的情感体验。在活动的哪几个环节中落实?怎样与幼儿互动的?

模式三:说课——特点带动式

"特点"就是本次教学活动最有特色的地方。将这一特点"拎"出来,与大家互动,不仅可以让更多的教师看到它,而且还能引发听课教师更多的想象和思考。比如"这一特点可以运用到其他活动中去吗?""这样的特点与目标有关系吗?""这一特点我可以在我的教学过程中使用吗?"教师带着这些问题进入说课情境,可以时教研活动真正发挥作用,使教学创新成为"习惯"。

◎ 特点一:为什么要用绘画引出诗歌学习?

◎ 特点二:为什么要让幼儿说出自己的疑惑?

◎ 特点三:质疑式学习。

模式四:说课——儿童行为思考式

每一次活动中都能看到不同行为"呈现"的幼儿。怎样抓住这些个性化的"反应"深入地说课,才能真正体现"教"的最终意义——"学"。

◎【当老师朗诵完诗歌问"哪里不懂?"豆豆说"老师,你再念一下,我再听一听。"】对教学策略改进有哪些意义?

需要特别说明的是,教师抓住了以上几个特点进行说课以后,还需按照"说教材——说幼儿——说活动目标——说活动重点、难点——说教法、学法——说活动过程"这样的程序再次梳理说课稿。这样做能让评课者和自己更清楚、深入的理解本次教学活动的意义、教学活动的一般流程以及怎样不断设计、组织更有个性、创意教学活动的"元素"的根据。

案例 8—1

春天是一本书(大班)

一、教材和学情简析

1. 春天是万物复苏、情趣盎然的季节,是孩子们欢呼雀跃、与大自然亲密接吻的天地。作品将春天隐喻作"书""彩色、会笑、会唱的书"可以引发孩子们对春天、诗歌更多的猜测、想象和体验。围绕它进行感受,能够引发幼儿对大自然美好的向往和探究。激活幼儿求美、求真的情趣。

2. 为使活动有利于幼儿主动地提出问题、解决问题,活动中教师始终引导着幼儿围绕着"为什么说春天是一本彩色的、会笑的、会唱的书?"对作品进行感受。同时,在这一活动中注重了"记忆策略"怎样从教师的"教",逐步转变为幼儿的"学"的过程。

3. 我们在教学过程中先让幼儿通过对"教具的主动探究",自己寻找出诗歌的段意——春天是一本彩色的书;春天是一本会笑的书;春天是一本会唱的书。然后又引导幼儿对自己的答案进行质疑——为什么说春天是一本彩色、会笑的、会唱的书呢? 由此不断地引发幼儿将生活、诗歌、日常概念、审美情趣进行自然地整合,将成人的预期逐步地转化为儿童的"童心",在愉悦的情趣中师幼共同享受了"学习、记忆诗歌的乐趣"。

二、活动的重点

怎样围绕问题"春天是什么? 为什么说春天是一本彩色的、会笑的、会唱的书?"引导幼儿主动地学习诗歌? 怎样通过环境的创设,感受诗歌的"优美"。

表 8-1　《春天是一本书》(大班)

教学案例	设计意图
活动目标 1. 学习诗歌《春天是一本书》。丰富相应的词汇:酒窝、咧嘴等。 2. 通过有重点的提问、讨论,感知理解诗歌的内容、结构。 3. 萌发对春天(色彩、声音等)美的情感体验。	
活动准备 大图片——"书型"三张,小图片若干张。 音乐磁带《托赛利小夜曲》	
活动过程 一、创设诗歌情景、引出诗歌 1. 教师出示画有空心汉字"春"的画纸。 老师:你认为春天是什么? 在幼儿表达中,教师随手将幼儿的表述画在画纸的四周。 2. 出示三张"书型"大图片。 提问:今天我们要学习诗歌《春天是一本书》,又把春天比作了什么? 引导幼儿观察"书型"大图片。 提问:春天是一本什么样的书? 为什么说是彩色的,会笑的、会唱的的书呢?(丰富相应的词汇,纠正不正确的发音,理顺语句。)	● 引起注意 出示画有空心汉字"春"的画纸 ● 激发幼儿对"已有的陈述性知识"的回忆、再感受。 教师画出孩子心目中的概念.春天是什么? ● 激活幼儿对"程序性知识(策略性知识)"的认知 出示三张"书型"大图片 提问。感知"春天是一本书"
二、有趣感知理解诗歌 1. 配乐,老师有表情地朗诵诗歌两遍。(第一遍:边摆小图片与"图形"中边念;第二遍:用教鞭边指边启迪幼儿跟诵。) 2. 帮助幼儿理解诗歌。师:小朋友,对这首诗歌,你们有哪些地方不懂、不理解,还有些什么问题要问老师的吗?(在幼儿充分提问的基础上老师运用幼儿教幼儿的方式进行)那么老师要考考你们,为什么说"春天是一本会笑的书"? 3. 引导幼儿整体跟诵诗歌。 4. 帮助幼儿有效地记忆诗歌。 师:真想一回家就把诗歌朗诵给爸爸妈妈听,怎样才能不看图片就记住诗歌呢? 第一段——老师用身体遮住图片,引导幼儿边轻声背诵边通过老师的指示:红、绿、黄、白(按每句开头一字)记忆。 第二段——老师用体态动作表示"酒窝""咧开嘴",引导幼儿记忆。(翻过图片) 第三段——老师引导幼儿自己去寻求记忆的策略:你是怎么记住这段诗歌的?(遮住图片) 将三张图片全部翻去,让幼儿有兴趣地背诵。	● 呈现"本活动的新知识"信息 老师有表情地朗诵诗歌。知道今天要学习的诗歌 ● 阐明新旧知识的关系。促进理解 1. 了解孩子的"不懂"。 2. 记忆诗歌的策略的学习、交流。

续表 8-1

教学案例	设计意图
三、自然快乐迁移诗歌 1. 初步拓展诗歌的内容。 师:春天的红色(绿、黄、白)还有哪些?春天到了除了小池塘会笑,还有谁会笑?…… 2. 结束活动。 全体幼儿起身,配乐朗诵诗歌《春天》。	● 提供新情景进行变式练习 交流、迁移生活中更多的有关春天的内容,引发孩子再次感知表达的兴趣和热情。

四、反思

1. 教师在活动中示范性的配乐朗诵。要注意运用优美的语言进行审美气氛的渲染,达到让幼儿与大自然"亲和"的情感作用。

2. 围绕诗歌中的"书"进行有重点的提问,引发幼儿围绕"书"进行质疑,师幼共同围绕"书"进行争论是教学成功的关键。因此,教师在活动中可通过引发幼儿感知、记忆、表述的动机来达到教师的目标。

3. 引发孩子在教学中说出自己的疑惑是将"教"与"学"达到一种自然融合、师幼真正互动;将人类的知识、书本的知识真正变为幼儿个体知识的一项重要的教学策略。

表 8-2　绘画活动:《春天是一本书》教案(大班)

教学案例	设计意图
活动目标 1. 绘画《春天是一本书》。将自己对春天更多的感受通过各种造型和色彩进行呈现,撑足画面。 2. 运用直线、曲线、色彩的合适组合进行表达。 3. 萌发对春天(色彩、形象等)美的情感体验。	
活动准备 1. 活动《诗歌:春天》的范样若干张。 2. 每位幼儿一张图画纸(上面有空心的汉字"春")、水笔、油画棒。 3. 音乐磁带《托赛利小夜曲》	
活动过程 一、创设春天的情景、引出绘画 出示诗歌春天的范样,启迪幼儿将刚刚学习过的诗歌《春天是一本书》按照范样上的内容进行置换朗诵。如,春天是彩色的,红色是苹果,绿色是毛衣;黄色是落叶……	● 引起注意 出示诗歌《春天是一本书》的范样。 ● 激发幼儿对"已有的陈述性知识"的回忆、再感受。 按照范样上的内容进行置换朗诵,用语言引发幼儿更多的对春天的形象感受。

教学案例	设计意图
二、幼儿学习作画《春天是一本书》 (一)示范绘画 1. 出示一系列的范样,引发幼儿的思考:怎样可以画出你心中的春天? 2. 幼儿说,教师画;幼儿说,幼儿画(个别幼儿上来绘画)教师引领幼儿尝试将画面撑足。 (二)自己作画 1. 每位幼儿一张画有空心汉字"春"的画纸。 2. 幼儿用自己喜欢的水彩笔、油画棒在上面进行绘画。 3. 教师来到幼儿的身边,边与幼儿进行交谈:春天是什么?哦,春天是绿色呀?绿色的是……边观看孩子用画笔是怎样表现自己心中的春天的。 4. 教师不时将一些有创意的孩子的作品拿出来,向全班孩子传递各种能激发更多"点子"的信息。如,呀,这位小朋友的春天是小鸡……	● 呈现"本活动的新知识"信息 1. 出示一系列的范样,引发幼儿的思考 2. 示范绘画《春天》 ● 阐明新旧知识的关系,促进理解 1. 幼儿自己动手绘画。 2. 教师来到幼儿身边,了解幼儿。
三、自然快乐地呈现自己心中的《春天是一本书》 1. 请幼儿将自己的作品呈现在大画板上。 2. 大家一边观察,一边请小作者说说自己的春天。教师自然引领幼儿将图画《春天》编成诗歌进行朗诵。如,春天是红色的……春天是绿色的…… 3. 在音乐声中朗诵自己的诗歌《春天是一本书》。(可能声音有点乱,但可是孩子的春天呢!)	● 提供新情景进行变式练习 1. 将自己的作品呈现在大画板上。 2. 再次仿编诗歌《春天是一本书》。
四、反思	

小资料8-1 >>>

学前教育专业学生说课要点

1. 精心准备说课稿:弄清每个说课稿的具体活动过程。说课时能清楚说出"教什么"——活动内容、活动目标、活动重点难点、活动准备和活动过程,"怎样教"——教法、学法,特别需要重点说出"为什么这么教"——教育学心理学的理论依据。作为学前教育专业的学生,需要熟练掌握并运用《幼儿园教育指导纲要》和《3～6岁儿童发展与教育指南》中与说课相关的五大领域的内容。

2. 幼儿园说课稿一般主要包括以下几点:说教材(活动内容、幼儿、活动准备等)——说活动目标(包括说活动重点难点)——说教法——说学法——说活动过程——说教具或课件(说特色)。

3. 说课重在"说",核心重在说明活动过程每一步的原因,即"为什么要这么做"。

4. 建议说课时语速放慢,各个环节要紧凑连贯,在适当情况下可以有效使用多媒体。

5. 注意说课过程中体态语言的使用。仪态宜自然大方。说课以口头表述为主,有时也可以适当辅以动作。但注意不要出现动作太大,喧宾夺主的现象。

6. 如果说课过程中出现暂时遗忘的现象,不要紧张。想一想自己刚才讲到哪一部分,下面将要讲哪一部分,机智冷静地继续说下去。

模块二　幼儿园语言教育活动的评课

引导案例

教师与孩子读起了图画书《在家里》(作者:雅克什)。先读封面(图书的名称:在家里)。教师引领着幼儿看着封面上小鸡:小鸡的家在哪里呀? 幼儿:在鸡窝里(农场里;巢里)。再读封面,小明:在小鸡的脚上(封面的鸡一只脚上套着一座楼房)。接着,大家仔细读扉页(教师慢慢地将书的扉页转向每一个孩子——希望大家都能读到)。小苗(君君、丫丫):鸡的家在头上(肚子上;屁股上;旁边)(这一年龄段<中班>的孩子关注到了图书的各个细节)。

接着读下去"如果我的家在别的地方,这个叫做家的地方看上去会是怎样的?"教师让孩子读书中的图"书房子",又将书搭在每一个孩子的头上做成书状。边做边说:如果我在读书,书就是我的家。师:如果我去旅游——佳佳:书包就是我的家。师:如果我早晨吃大饼——甜甜抢着说:大饼就是我的家。随后的餐后散步时间,孩子一直围绕着这一"家的主题"说个不停。搬椅子,椅子是我的家;下楼,扶梯是手的家;牵手,手是两个人的家……当小明与君君打架时,师:拳头是魔鬼的家。立即收起手来不打了。小明转过来问:如果我不打人了,拳头是谁的家? 师:是——天使的家呀。呵呵呵呵! 大家一起哈哈大笑了起来。

思考:如果你是听课教师,你会怎样评价这部分课堂教学?

说课就是听课教师以教育理论、教学大纲、教材为依据,针对某一教学活动的特点,结合教育对象的实际情况,主要用口头评价此教学活动的过程。即听课教师对照教学活动的目标,对教师和幼儿在活动及由这些活动所引起的变化进行价值判断。简单来说,"评说"别的教师的教学活动,谈论自己对他人教学行为的"看法,想法"就是"评课"。作为教师主动发起的教育教学活动,评课一定是有目的、有计划的,因此,同"说课"一样,"评课"不同于茶余饭后的闲聊,是有一定的目的和要求的。评价的目的不是为了证明或者区分优劣,而是为了改进。改进我们教学活动中的目标与过程;改进教师的教与幼儿的学;改进理念与实践之间的辩证关系。同说课一样,评课也是形成于教学实践,适用的范围不断扩大。而今,说课已经成为招聘教师、考核教师素质,开展教研活动的一种重要方式方法。

一、幼儿园语言教育活动评课的概念与意义

语言作为学前教育课程中的一个重要领域,有其独特的逻辑结构和教育功能,不同年龄阶段幼儿的语言学习也有其特殊的规律。因此,我们在进行幼儿园语言教育活动评课时必须充分考虑语言的学科特点,不同年龄阶阶段幼儿的语言发展特点,尊重幼儿学习语言的规律,结合不同类型语言教育活动对幼儿的教育功能和价值,对幼儿园语言教育活动进行体现语言领域特点的评价。幼儿园语言教育活动评课是听课教师以学前教育基本理论为依据,结合不同年龄阶段幼儿语言、认知等身心发展特点和具体的语言教育活动特点,采用口头表述的形式评价他人语言教学活动的过程。幼儿园语言教育活动评课的意义主要体现在以下四个方面:

(一) 调动教师进行语言教育活动的积极性和主动性

幼儿园语言教育活动评课帮助和指导教师不断总结针对不同年龄阶段幼儿和不同类型语言教育活动的教学经验,提高幼儿园语言教育活动教学水平,提升教师的幼儿园语言教育活动的教学素养。

(二) 促进教师改进幼儿园语言教育教学实践

幼儿园语言教育活动评课能使教师从不同的教师的评课中多渠道获取信息,不断提高自己进行幼儿园语言教育的教学水平,转变教师的语言教育观念,调整自己的幼儿园语言教育教学行为。

(三) 促使教师调整教学方法

幼儿园语言教育活动评课能使教师在评课中互相学习,取他人之长,补己之短,生动活泼地进行幼儿园语言教育的教学。在教学过程中从幼儿出发,逐渐形成自己独特的教学风格。

(四) 加深教师对幼儿的语言发展、语言教育内容以及语言教育理念的理解

评课的过程既是教师评价别人教学活动的过程,也是教师重新认识自己的教育观念和行为的过程。在幼儿园语言教育活动说课过程中,教师需要深入了解幼儿不同年龄阶段的语言发展特点,反思自己选择的语言教育内容,加深对完整语言教育观、整合教育观和活动教育观的理解。

二、幼儿园语言教育活动评课的原则

幼儿园语言、科学、健康、社会、艺术五大领域评课既有相同之处,也有具有领域特点的不同之处。幼儿园语言教育活动评课主要有以下六个原则:

(一) 评课要坚持"以幼儿的发展为本"。评课同说课一样,首先也要"以幼儿的发展

为本",注重幼儿的学习状态和情感体验,注重活动过程中体现幼儿的主体地位,发挥幼儿的主体作用,强调尊重幼儿的人格和个性,鼓励发现、探究与质疑,以利培养幼儿的创新精神和实践能力。

(二)评课首先要评教学目标。教学目标是教学的出发点和归宿,它的正确制订和达成,是衡量一次活动好坏的主要尺度。首先,从教学目标制订来看,要看是否全面、具体、适宜。全面,指能从知识、能力、思想情感等几个方面来确定;具体,指知识目标要有量化要求,能力、思想情感目标要有明确要求,体现学科特点;适宜,指确定的教学目标,能以《指南》为指导,体现幼儿年龄、学科、课程特点,符合幼儿年龄特点和认知规律,难易适度。其次,从目标达成来看,要看教学目标是不是明确地体现在每一教学的环节中,教学手段和策略是否都紧密地围绕着目标,为实现目标服务。

(三)评课的重点在于评学。评课要从有利于对活动的诊断和正确的导向出发。教学是一个准备——实施——目标达成的完整过程,是一个复杂多变的系统,要全面反映这个过程需要考察相当多的因素。评课要坚持评教与评学相结合,把评课的重点放在"评学"上面。要把评课的关注点,从教师传递知识转到幼儿有效学习方向上面,转到如何针对幼儿的特点进行有效教学上来。

(四)评课要提倡创新,培育个性。教学活动具有丰富的内涵,学科(主题)、幼儿、教师、教学条件诸方面的不同,使教学活动情况千变万化。正确地评价一次教学活动时,既要体现教学活动的一般特征,又要提倡创新,鼓励个性化教学。

(五)评课必须从实际出发,从观察到的、感受到的、测量到的情况出发,不能想当然。评价的内容和要点必须是可观察、可感受、可测量的,以实际情况进行判断;评价要注重质性评价和综合判断。

(六)评课要评出幼儿园语言教育活动的特点。

在幼儿园语言教育活动评课中,教师必须遵循《幼儿园教育指导纲要》中语言领域的教育理念,参考《3~6岁儿童学习与发展指南》中3~4岁、4~5岁、5~6岁三个年龄段幼儿倾听和表达以及阅读与书写准备的目标和教育建议,结合幼儿园语言教育活动的基本观念进行评课。幼儿园语言教育活动的评课不能和其他领域活动一样,需要凸显出语言教育的领域特点。

三、幼儿园语言教育活动评课的实施

经过长期的实践,教育工作者总结了评课的具体操作模式,以方便教师交流。幼儿园语言教育活动评课需要寻找评课概念的关键词,抓住关键词进行具体的评课。

将"评课认知"中的关键词——诊断、导向、目标、过程、发展、教、学、测量、观察、感受、创新、个性——找出来,尝试将它们的关系从"我怎么评一次教学活动"的操作性、实用性的角度进行排序,可以看到这样的循环的关系式:

目标(测量)——过程【教、学(观察、感受)】——诊断(创新、个性)——发展(继续循环下去)。

这是评课的基本程序。以教学的目标为活动中测量的工具,观察、评价教学的过程与目标的达成,并关注教学过程中教师与幼儿在情感和认知互动中的整体感受进行诊断、评析,了解在具体的语言教学活动中是否体现了观念和实践;预成和生成;计划设计到现场实施之间的良性互动,从而评价这次语言教学活动是否有效。例如,我们在这里对项目五的"项目测试"中的案例分析《"没长耳朵"的小老虎》的案例进行评析。

《幼儿园教育指导纲要》中明确指出:"引导幼儿接触优秀的儿童文学作品,使之感受语言的丰富和优美,并通过多种活动帮助幼儿加深对作品的体验和理解",其中特别强调"幼儿语言的发展与其情感、经验、思维、社会交往能力等其他方面的发展密切相关"。幼儿园的文学活动是指围绕一个具体的文学作品教学,开展一系列相关活动,帮助幼儿理解文学作品所展示的丰富而有趣的生活,体会语言艺术的美,为幼儿提供全面的语言学习机会。

本活动所选择的题材类型为生活故事,其内容取材于社会现实生活,以叙述事件为主反映幼儿熟悉的生活内容,向幼儿讲述经过提炼概括或虚构的"真人真事"。整个故事背景是一个过生日的场景,其中的动物也是孩子们熟悉的,幼儿有一定的生活经验。而且活动中教师营造一种宽松、愉快的氛围如布置了过生日时的场景,给幼儿创设更逼真、生动的情境,让幼儿获得更直观的经验,同时让作品与活动教具结合、与表演游戏相结合,更加能够让孩子们理解故事的内涵。

但是整个活动中教师占据了主导地位,问题步步紧逼,看似环环相扣,其实是为了控制活动的整个流程与走向,幼儿没有过多的思考和语言表达机会。语言活动中教师可多采用开放式提问方式,适当运用讨论法,鼓励幼儿自己提出问题。这样不仅可以充分发挥幼儿的主动性,让幼儿主动去理解故事,而且提供了更多语言表达和交流的机会。如故事讲完后,教师可以提出问题"你有问题要问老师吗?""你哪里没听明白?"幼儿提出问题后,教师可以多多鼓励其他幼儿思考回答,并尝试解决问题。这样不仅能让孩子充满信心地、大胆地进行表述,而且在活动中能主动、积极地与同伴、老师进行交流。

小资料8-2>>>

表8-3 某市幼儿园语言教育活动评价标准及评分表

序号	项目	分值	评分标准	得分
1	活动目标	10	(1) 依据《纲要》的规定。(5分) (2) 切合幼儿的实际、目的明确。(5分)	
2	教学内容	30	(1) 选材符合《纲要》的要求。(5分) (2) 容量适当,难易适度,重点突出。(10分) (3) 内容正确,安排符合幼儿认识规律。(10分) (4) 寓德于教,自然贴切。(5分)	

序号	项目	分值	评分标准	得分
3	教学方法	30	(1) 运用启发式原则,方法灵活多样。(10分) (2) 积极引导幼儿参与教学活动。(10分) (3) 指导幼儿学法,培养良好习惯。(5分) (4) 教学手段运用合理有效。(5分)	
4	教学功底	15	(1) 语言准确、生动、严谨。(5分) (2) 板书工整、规范、绘图正确。(5分) (3) 知识面宽、教态亲切、应变自如。(5分)	
5	教学效果	15	(1) 幼儿思维活跃,语言表述完整、连贯。(5分) (2) 及时反馈,有效回授。(5分) (3) 目标测试达成率高。(5分)	
总评	定性评价:			总分	

四、归纳他人教学过程与目标——将听课与评课相结合

幼儿园评课活动的实质是关注教师在面对具体的教育教学活动时,是否能从容地捕捉到活动中教师的教与幼儿的学,并尝试将这些行为进行融合、提升为有目的、内容的教育能力(设计、组织教学)来分析、评价。评课活动除了对教学评价能力的提升有帮助之外,还能发展教师归纳和演绎的能力。教案中的目标既是对幼儿园课程大纲的演绎,又是对教学过程、环节和教学策略、行为的归纳。

在幼儿园教育教学活动中还有一种情境:没有教案提供,在即时的"看课"中进行的评课。这就需要首先会听课和记录教学活动中的各个环节中教与学的行为,然后进行部分到整体的"整理归纳"后再评课。这样的"先记录＋整理归纳＋评课"也是一种需要学习的评课方式。

"先记录＋整理归纳＋评课"模式:

第一步:记录上课教师的所有的教学行为。并在表格的右栏随时写下自己的感受或评价。记住,每书写一行都要空一行。备注:活动目标、活动准备、活动过程都要写,留下空格和空行。

第二步:从如下维度将活动的"开始部分""基本部分""结束部分"进行"分类"。并写出每一环节的"意义、内容"。

开始部分:引起注意;激活幼儿的已有知识经验(陈述性知识—是什么的知识经验;程序性知识——方法策略的知识经验。与本次活动要获得的"新知识经验相关的")

基本部分:呈现新的知识经验;阐明新、已有知识经验的关系;促进理解。

结束部分:变式练习;知识技能在新的情景中运用。

第三步:将每一环节再次归纳,梳理出"活动目标"并按"模块一"的程序评课。

案例8-2

古诗《村居》课堂教学实录(中班)

这是一次中班古诗《村居》的教学活动。在这次活动前,刚刚进行了诗歌《我家门前小池塘》的学习。(主题《我家和我家附近》中的活动)教师一进入活动就用询问的口吻了解"听说,你们昨天刚刚从张老师那里学习了一首诗歌。叫——"幼儿纷纷抢着回答"《我家门前小池塘》!"师:"哦,你家门前还有小池塘吗? 能念出来欣赏欣赏吗?"于是,一场诗歌朗诵会采用一组一组上来表演,老师换位充当观众的方式进行了起来。教师坐在幼儿小椅子上耐心倾听着,不时提出自己的"不懂":"小池塘是什么东西?""池塘怎么能抱着月亮?""小鱼和星星一个在水里,一个在天上。相隔那么远,怎么能捉迷藏?"在与幼儿进行了快乐的一问一答的游戏后,师:今天,我也带来了一首诗歌,大家仔细听一听,听完了也请你说说你的"不懂"哦。接着,老师用清诵、配乐诵、动作加配乐诵等方法一次次,一遍遍朗诵着古诗《村居》。老师每朗诵完一遍后的问题都是"你听了以后有什么不懂?"幼儿回答,教师回应。直到倾听了5遍以后,教师的提问才改为"再听一遍,听一听,你听懂了什么? 但是,请不用嘴巴回答,用笔画出来你的'懂'。"教师(朗诵):"草长——"天天:"我懂了。是——"师:"请画出来——"天天用粉笔在黑板上画出了一根小草。佳佳举手,在黑板上画出了更长的"草"。师:"你画的是什么?"佳佳:"草不是长了吗,我画出了草从小长到了大。"教师(继续朗诵):"莺飞——"幼儿的手举成了一片小树林"我懂了,我懂了!"师:"上来用画的方式说说你的'懂'。"小明在"小草上面"画出了"小鸟"。教师(继续着朗诵):"莺飞二月天。"刚刚用粉笔添加出"天上的云彩和太阳"。还要了黄色的笔将太阳轮廓上添上一圈。"为什么?""我知道二月已经是春天了,太阳应该暖和一点了。"教师(完善着古诗的朗诵):"拂堤杨柳醉春烟——"幼儿:"'杨柳'我懂,'拂堤'是不是和尚?"师:"就将你的'懂'画出来吧。"……就这样,教师与幼儿用这样的"听,说,聊,画"在互动中初步,有兴趣地感知了古诗《村居》。接着,幼儿用包装纸和包装绳制作了自己喜爱的风筝。(制作的过程中一直伴随着配乐的古诗的朗诵)。最后,在春风中,大家一起到户外放飞了自己的风筝。不时的,都能听到幼儿在朗诵着《村居》呢!

请你根据中班古诗《村居》课堂教学实录,用如下的表格练习"先记录+整理归纳+评课"的评课方式。

表 8-4　某市幼儿园语言教育活动课堂教学记录表

教学活动方案	设计意图
活动目标： 1. 2. 3.	
活动准备：	
活动过程：	
一、开始部分（这一部分的达成是……）	● 引起注意 ● 激发幼儿对"已有的陈述性知识"的回忆、再感受。 ● 激活幼儿对"程序性知识（策略性知识）"的认知）
二、基本部分（这一部分的达成是……）	● 呈现"本活动的新知识"信息 ● 阐明新旧知识的关系。促进理解
三、结束部分（这一部分的达成是……）	● 提供新情景进行变式练习
评课：你的看法和建议	

小资料8-3 >>>

表8-5　某市语言教研组听课、评课工作表

活动课题：	活动班级：	活动时间：
执教教师：	活动起始时间：	

我的记录（活动简案）	小组的讨论和思考
活动目标	
活动准备	
活动过程 一、复习旧知识	
二、学习新知识	● 呈现"本活动的新知识"信息 T:这种"呈现"的方法好（不好），为什么要这样做？ ● 阐明新旧知识的关系。促进理解 T:这种"联系新旧知识关系"的方法好（不好），为什么要这样做？
三、习得新知识（迁移）	
我的反思和再思考：	

● 备注：

1. 表格的左栏是听课教师将听课的过程按"开始、基本、结束"进行简化的记录。

2. 表格的右栏是听课教师对小组讨论的记录。

1) 请教师也将小组对教学的讨论分成"开始、基本、结束"部分进行记录；

2) 对"基本部分"的记录能按"● 呈现"本活动的新知识"信息；● 阐明新旧知识的关系。促进理解"再详细分类记录。

3. 表格的最后一栏是听课教师对教学活动的整体思考。请您在整合小组讨论、自己的经验基础上进行的填写。

项目测试

一、课后练习

1. 请用自己的语言分别说说"说课的概念"和"评课的概念"。

2. 说课的基本结构和实施模式有哪些?

3. 评课的基本程序包括哪些内容?

二、案例分析

童话《小蝌蚪找妈妈》教案(大班)

一、教材与学情简析

1. 这篇童话作品情节生动,矛盾一波三折,能够激发幼儿边争论边欣赏,尝试探究式学习故事的目的。

2. 为使作品内容有利于幼儿学习运用类推的方法对故事的内容进行合理有趣的"预期",从而达到探究性进行语言学习的目的,本教案设计运用"对话标记""绘画图示"将故事的内容设计成线索、框架。

3. 我们在教学过程中先运用手偶青蛙,与幼儿玩"猜猜我是谁"的游戏。玩这一游戏的目的一方面是为了引起幼儿将有意注意转移到活动中来,另一方面更是想通过幼儿在游戏活动中的感受"因为我看见了白肚子(绿衣服、大眼睛、四条腿……),所以它是青蛙。"让幼儿充分体验活动的重、难点。

二、教材(省略)

三、活动重点:幼儿能够在教师、教具的暗示下,自己复述、表演童话。

表 8-4　童话《小蝌蚪找妈妈》教案(大班)

活动设计	设计意图
活动目标 1. 感知童话中"小蝌蚪找妈妈"的情节、内容,丰富相应的词汇:阔嘴巴。 2. 运用"形象线索推理";"情节纠偏",理解感知故事。 3. 感受孩子与妈妈之间爱的情感。	
活动准备 1. 大挂图三张。 2. 手饰:小青蛙、小蝌蚪各一 3. 表示"对话意义"的小图片四张;表示"青蛙(两张)、鸭、金鱼、龟、鹅各一。 4. 头饰:青蛙、金鱼、龟、鹅各一(挂在小椅子上)	

活动设计	设计意图
活动过程 一、引起幼儿对童话中"小青蛙"的认识、注意 1. 老师将带有手饰的"小青蛙"飞快地在幼儿面前一现,又藏起来:这是什么?再次在幼儿面前一现又藏起来:你为什么知道这是青蛙? 2. 注意倾听幼儿对青蛙的描述,同时不断用错误的语言导向引起幼儿纠偏的兴趣。为童话学习的"预期""质疑"做好激活、摸底。	● 引起幼儿注意 将带有手饰的"小青蛙"飞快地在幼儿面前一现,又藏起来:这是什么?引发孩子的有意注意。 ● 激发幼儿对"已有的陈述性知识"的回忆、再感受。 教师不断用错误的语言导向引起幼儿纠偏的兴趣。为童话学习的"预期""质疑"做好激活、摸底。
二、运用"形象线索推理""预期"感知童话 1. 出示大图,再出示"对话意义"的小图片。 老师有表情地朗诵童话的开始部分及"小蝌蚪找鸭妈妈"的情节 2. 引导幼儿根据鸭妈妈所说的"大眼睛、阔嘴巴"去探寻"小蝌蚪又找到了谁?谁又说了什么?小蝌蚪又据此找到了谁?" (在对"找妈妈"这一情节的探寻过程中,可运用问题情境,引发幼儿的"预期"。同时不断启迪幼儿对同伴、老师的表述进行反驳、争论,进而达到不断丰富、探索童话情节的目的) 3. 师幼边讨论、边讲述童话故事	● 呈现"本活动的新知识"信息 出示大图 1. 出示"对话意义"的小图片 2. 讲述故事 ● 阐明新旧知识的关系,促进幼儿理解 1. 创设问题情境,引发幼儿对故事情节"蝌蚪找妈妈"的"预期"。 2. 不断启迪幼儿对同伴、老师的表述进行反驳、争论,进而达到不断丰富、探索童话情节的目的 3. 师幼边讨论、边讲述童话故事。
三、集体表演,进一步理解童话 1. 将挂有动物头饰的椅子分别放在幼儿面前,表示他们表演的角色。老师表演小蝌蚪(手上套上蝌蚪标志) 2. 师幼共同表演童话 3. 师:假如,蝌蚪找妈妈时一开始遇到的是鹅,这个故事又该怎样讲?如果,先遇到其他动物,这个故事又怎样讲? 4. 幼儿上来,将图片按情节的变化调换位置,师、幼继续表演。 5. 师:假如,想把故事变的长长的、短短的、假如… 老师让幼儿充分地讨论、争论。	● 提供新情景进行变式练习 1. 通过争论,为故事设置长长的,短短的"找妈妈的情节"。 2. 扮演"可能的情节"。

请按照"评课模式图"进行评课。

1. 找出活动的目标,并将目标书写下来。

2. 围绕着目标寻找过程与目标之间的关系:在活动中的每一个环节,过程是怎样为目标服务的?哪个环节对应着哪条目标?

3. 活动中关注了学科知识、能力培养、社会性和情感的发展了吗?关注了幼儿的年龄特点和个别差异了吗?

4. 您有什么更好的建议?

三、实训

请去幼儿园听一节语言教育课堂教学活动,尝试进行说课。

《幼儿园教育指导纲要(试行)》(节选)

第二部分　教育目标与内容要求

幼儿园的教育内容是全面的、启蒙性的,可以相对划分为健康、语言、社会、科学、艺术等五个领域,也可作其他不同的划分。各领域的内容相互渗透,从不同的角度促进幼儿情感、态度、能力、知识、技能等方面的发展。

一、健康(略)

二、语言

(一)目标

1. 乐意与人交谈,讲话礼貌。

2. 注意倾听对方讲话,能理解日常用语。

3. 能清楚地说出自己想说的事。

4. 喜欢听故事、看图书。

5. 能听懂和会说普通话。

(二)内容与要求

1. 创造一个自由、宽松的语言交往环境,支持、鼓励、吸引幼儿与教师、同伴或其他人交谈,体验语言交流的乐趣,学习使用适当的、礼貌的语言交往。

2. 养成幼儿注意倾听的习惯,发展语言理解能力。

3. 鼓励幼儿大胆、清楚地表达自己的想法和感受,尝试说明、描述简单的事物或过程,发展语言表达能力和思维能力。

4. 引导幼儿接触优秀的儿童文学作品,使之感受语言的丰富和优美,并通过多种活动帮助幼儿加深对作品的体验和理解。

5. 培养幼儿对生活中常见的简单标记和文字符号的兴趣。

6. 利用图书、绘画和其他多种方式,引发幼儿对书籍、阅读和书写的兴趣,培养前阅读和前书写技能。

7. 提供普通话的语言环境,帮助幼儿熟悉、听懂并学说普通话。少数民族地区还应帮助幼儿学习本民族语言。

(三) 指导要点

1. 语言能力是在运用的过程中发展起来的,发展幼儿语言的关键是创设一个能使他们想说、敢说、喜欢说、有机会说并能得到积极应答的环境。

2. 幼儿语言的发展与其情感、经验、思维、社会交往能力等其他方面的发展密切相关,因此,发展幼儿语言的重要途径是通过互相渗透的各领域的教育,在丰富多彩的活动中去扩展幼儿的经验,提供促进语言发展的条件。

3. 幼儿的语言学习具有个别化的特点,教师与幼儿的个别交流、幼儿之间的自由交谈等,对幼儿语言发展具有特殊意义。

4. 对有语言障碍的儿童要给予特别关注,要与家长和有关方面密切配合,积极地帮助他们提高语言能力。

附录 2

《3～6岁儿童学习与发展指南》(节选)

说　明

一、为深入贯彻《国家中长期教育改革和发展规划纲要(2010—2020年)》和《国务院关于当前发展学前教育的若干意见》(国发〔2010〕41号),指导幼儿园和家庭实施科学的保育和教育,促进幼儿身心全面和谐发展,制定《3～6岁儿童学习与发展指南》(以下简称《指南》)。

二、《指南》以为幼儿后继学习和终身发展奠定良好素质基础为目标,以促进幼儿体、智、德、美各方面的协调发展为核心,通过提出3～6岁各年龄段儿童学习与发展目标和相应的教育建议,帮助幼儿园教师和家长了解3～6岁幼儿学习与发展的基本规律和特点,建立对幼儿发展的合理期望,实施科学的保育和教育,让幼儿度过快乐而有意义的童年。

三、《指南》从健康、语言、社会、科学、艺术五个领域描述幼儿的学习与发展。每个领域按照幼儿学习与发展最基本、最重要的内容划分为若干方面。每个方面由学习与发展目标和教育建议两部分组成。

目标部分分别对3～4岁、4～5岁、5～6岁三个年龄段末期幼儿应该知道什么、能做什么,大致可以达到什么发展水平提出了合理期望,指明了幼儿学习与发展的具体方向;教育建议部分列举了一些能够有效帮助和促进幼儿学习与发展的教育途径与方法。

四、实施《指南》应把握以下几个方面:

1. 关注幼儿学习与发展的整体性。儿童的发展是一个整体,要注重领域之间、目标之间的相互渗透和整合,促进幼儿身心全面协调发展,而不应片面追求某一方面或几方面的发展。

2. 尊重幼儿发展的个体差异。幼儿的发展是一个持续、渐进的过程,同时也表现出一定的阶段性特征。每个幼儿在沿着相似进程发展的过程中,各自的发展速度和到达某一水平的时间不完全相同。要充分理解和尊重幼儿发展进程中的个别差异,支持和引导他们从原有水平向更高水平发展,按照自身的速度和方式到达《指南》所呈现的发展"阶梯",切忌用一把"尺子"衡量所有幼儿。

3. 理解幼儿的学习方式和特点。幼儿的学习是以直接经验为基础,在游戏和日常生活中进行的。要珍视游戏和生活的独特价值,创设丰富的教育环境,合理安排一日生活,最大限度地支持和满足幼儿通过直接感知、实际操作和亲身体验获取经验的需要,严禁"拔苗助长"式的超前教育和强化训练。

4. 重视幼儿的学习品质。幼儿在活动过程中表现出的积极态度和良好行为倾向是终身学习与发展所必需的宝贵品质。要充分尊重和保护幼儿的好奇心和学习兴趣,帮助幼儿逐步养成积极主动、认真专注、不怕困难、敢于探究和尝试、乐于想象和创造等良好学习品质。忽视幼儿学习品质培养,单纯追求知识技能学习的做法是短视而有害的。

一、健康(略)

二、语言

语言是交流和思维的工具。幼儿期是语言发展,特别是口语发展的重要时期。幼儿语言的发展贯穿于各个领域,也对其他领域的学习与发展有着重要的影响:幼儿在运用语言进行交流的同时,也在发展着人际交往能力、理解他人和判断交往情境的能力、组织自己思想的能力。通过语言获取信息,幼儿的学习逐步超越个体的直接感知。

幼儿的语言能力是在交流和运用的过程中发展起来的。应为幼儿创设自由、宽松的语言交往环境,鼓励和支持幼儿与成人、同伴交流,让幼儿想说、敢说、喜欢说并能得到积极回应。为幼儿提供丰富、适宜的低幼读物,经常和幼儿一起看图书、讲故事,丰富其语言表达能力,培养阅读兴趣和良好的阅读习惯,进一步拓展学习经验。

幼儿的语言学习需要相应的社会经验支持,应通过多种活动扩展幼儿的生活经验,丰富语言的内容,增强理解和表达能力。应在生活情境和阅读活动中引导幼儿自然而然地产生对文字的兴趣,用机械记忆和强化训练的方式让幼儿过早识字不符合其学习特点和接受能力。

(一) 倾听与表达

表附 2-1 认真听并能听懂常用语言

3～4 岁	4～5 岁	5～6 岁
1. 别人对自己说话时能注意听并做出回应。 2. 能听懂日常会话。	1. 在群体中能有意识地听与自己有关的信息。 2. 能结合情境感受到不同语气、语调所表达的不同意思。 3. 方言地区和少数民族幼儿能基本听懂普通话。	1. 在集体中能注意听老师或其他人讲话。 2. 听不懂或有疑问时能主动提问。 3. 能结合情境理解一些表示因果、假设等相对复杂的句子。

教育建议:

1. 多给幼儿提供倾听和交谈的机会。如:经常和幼儿一起谈论他感兴趣的话题,或一起看图书、讲故事。

2. 引导幼儿学会认真倾听。如：

■ 成人要耐心倾听别人（包括幼儿）的讲话，等别人讲完再表达自己的观点。

■ 与幼儿交谈时，要用幼儿能听得懂的语言。

■ 对幼儿提要求和布置任务时要求他注意听，鼓励他主动提问。

3. 对幼儿讲话时，注意结合情境使用丰富的语言，以便于幼儿理解。如：

■ 说话时注意语气、语调，让幼儿感受语气、语调的作用。如对幼儿的不合理要求以比较坚定的语气表示不同意；讲故事时，尽量把故事人物高兴、悲伤的心情用不同的语气、语调表现出来。

■ 根据幼儿的理解水平有意识地使用一些反映因果、假设、条件等关系的句子。

表附 2-2　愿意讲话并能清楚地表达

3～4 岁	4～5 岁	5～6 岁
1. 愿意在熟悉的人面前说话，能大方地与人打招呼。 2. 基本会说本民族或本地区的语言。 3. 愿意表达自己的需要和想法，必要时能配以手势动作。 4. 能口齿清楚地说儿歌、童谣或复述简短的故事。	1. 愿意与他人交谈，喜欢谈论自己感兴趣的话题。 2. 会说本民族或本地区的语言，基本会说普通话。少数民族聚居地区幼儿会用普通话进行日常会话。 3. 能基本完整地讲述自己的所见所闻和经历的事情。 4. 讲述比较连贯。	1. 愿意与他人讨论问题，敢在众人面前说话。 2. 会说本民族或本地区的语言和普通话，发音正确清晰。少数民族聚居地区幼儿基本会说普通话。 3. 能有序、连贯、清楚地讲述一件事情。 4. 讲述时能使用常见的形容词、同义词等，语言比较生动。

教育建议：

1. 为幼儿创造说话的机会并体验语言交往的乐趣。

■ 每天有足够的时间与幼儿交谈。如谈论他感兴趣的话题，询问和听取他对自己事情的意见等。

■ 尊重和接纳幼儿的说话方式，无论幼儿的表达水平如何，都应认真地倾听并给予积极的回应。

■ 鼓励和支持幼儿与同伴一起玩耍、交谈，相互讲述见闻、趣事或看过的图书、动画片等。

■ 方言和少数民族地区应积极为幼儿创设用普通话交流的语言环境。

2. 引导幼儿清楚地表达。如：

■ 和幼儿讲话时，成人自身的语言要清楚、简洁。

■ 当幼儿因为急于表达而说不清楚的时候，提醒他不要着急，慢慢说；同时要耐心倾听，给予必要的补充，帮助他理清思路并清晰地说出来。

表附 2-3 具有文明的语言习惯

3～4 岁	4～5 岁	5～6 岁
1. 与别人讲话时知道眼睛要看着对方。 2. 说话自然,声音大小适中。 3. 能在成人的提醒下使用恰当的礼貌用语。	1. 别人对自己讲话时能回应。 2. 能根据场合调节自己说话声音的大小。 3. 能主动使用礼貌用语,不说脏话、粗话。	1. 别人讲话时能积极主动地回应。 2. 能根据谈话对象和需要,调整说话的语气。 3. 懂得按次序轮流讲话,不随意打断别人。 4. 能依据所处情境使用恰当的语言。如在别人难过时会用恰当的语言表示安慰。

教育建议:

1. 成人注意语言文明,为幼儿做出表率。如:

■ 与他人交谈时,认真倾听,使用礼貌用语。

■ 在公共场合不大声说话,不说脏话、粗话。

■ 幼儿表达意见时,成人可蹲下来,眼睛平视幼儿,耐心听他把话说完。

2. 帮助幼儿养成良好的语言行为习惯。如:

■ 结合情境提醒幼儿一些必要的交流礼节。如对长辈说话要有礼貌,客人来访时要打招呼,得到帮助时要说谢谢等。

■ 提醒幼儿遵守集体生活的语言规则,如轮流发言,不随意打断别人讲话等。

■ 提醒幼儿注意公共场所的语言文明,如不大声喧哗。

(二) 阅读与书写准备

表附 2-4 喜欢听故事,看图书

3～4 岁	4～5 岁	5～6 岁
1. 主动要求成人讲故事、读图书。 2. 喜欢跟读韵律感强的儿歌、童谣。 3. 爱护图书,不乱撕、乱扔。	1. 反复看自己喜欢的图书。 2. 喜欢把听过的故事或看过的图书讲给别人听。 3. 对生活中常见的标识、符号感兴趣,知道它们表示一定的意义。	1. 专注地阅读图书。 2. 喜欢与他人一起谈论图书和故事的有关内容。 3. 对图书和生活情境中的文字符号感兴趣,知道文字表示一定的意义。

教育建议:

1. 为幼儿提供良好的阅读环境和条件。如:

■ 提供一定数量、符合幼儿年龄特点、富有童趣的图画书。

■ 提供相对安静的地方,尽量减少干扰,保证幼儿自主阅读。

2. 激发幼儿的阅读兴趣,培养阅读习惯。如:

■ 经常抽时间与幼儿一起看图书、讲故事。

■ 提供童谣、故事和诗歌等不同体裁的儿童文学作品,让幼儿自主选择和阅读。

■ 当幼儿遇到感兴趣的事物或问题时,和他一起查阅图书资料,让他感受图书的作用,体会通过阅读获取信息的乐趣。

3. 引导幼儿体会标识、文字符号的用途。如:

■ 向幼儿介绍医院、公用电话等生活中的常见标识,让他知道标识可以代表具体事物。

■ 结合生活实际,帮助幼儿体会文字的用途。如买来新玩具时,把说明书上的文字念给幼儿听,了解玩具的玩法。

表附 2-5　具有初步的阅读理解能力

3~4 岁	4~5 岁	5~6 岁
1. 能听懂短小的儿歌或故事。 2. 会看画面,能根据画面说出图中有什么,发生了什么事等。 3. 能理解图书上的文字是和画面对应的,是用来表达画面意义的。	1. 能大体讲出所听故事的主要内容。 2. 能根据连续画面提供的信息,大致说出故事的情节。 3. 能随着作品的展开产生喜悦、担忧等相应的情绪反应,体会作品所表达的情绪情感。	1. 能说出所阅读的幼儿文学作品的主要内容。 2. 能根据故事的部分情节或图书画面的线索猜想故事情节的发展,或续编、创编故事。 3. 对看过的图书、听过的故事能说出自己的看法。 4. 能初步感受文学语言的美。

教育建议:

1. 经常和幼儿一起阅读,引导他以自己的经验为基础理解图书的内容。如:

■ 引导幼儿仔细观察画面,结合画面讨论故事内容,学习建立画面与故事内容的联系。

■ 和幼儿一起讨论或回忆书中的故事情节,引导他有条理地说出故事的大致内容。

■ 在给幼儿读书或讲故事时,可先不告诉名字,让幼儿听完后自己命名,并说出这样命名的理由。

■ 鼓励幼儿自主阅读,并与他人讨论自己在阅读中的发现、体会和想法。

2. 在阅读中发展幼儿的想象和创造能力。如:

■ 鼓励幼儿依据画面线索讲述故事,大胆推测、想象故事情节的发展,改编故事部分情节或续编故事结尾。

■ 鼓励幼儿用故事表演、绘画等不同的方式表达自己对图书和故事的理解。

■ 鼓励和支持幼儿自编故事,并为自编的故事配上图画,制成图画书。

3. 引导幼儿感受文学作品的美。如:

■ 有意识地引导幼儿欣赏或模仿文学作品的语言节奏和韵律。

■ 给幼儿读书时,通过表情、动作和抑扬顿挫的声音传达书中的情绪情感,让幼儿体会作品的感染力和表现力。

表附 2-6　具有书面表达的愿望和初步技能

3~4 岁	4~5 岁	5~6 岁
喜欢用涂涂画画表达一定的意思。	1. 愿意用图画和符号表达自己的愿望和想法。 2. 在成人提醒下，写写画画时姿势正确。	1. 愿意用图画和符号表现事物或故事。 2. 会正确书写自己的名字。 3. 写画时姿势正确。

教育建议：

1. 让幼儿在写写画画的过程中体验文字符号的功能，培养书写兴趣。如：

■ 准备供幼儿随时取放的纸、笔等材料，也可利用沙地、树枝等自然材料，满足幼儿自由涂画的需要。

■ 鼓励幼儿将自己感兴趣的事情或故事画下来并讲给别人听，让幼儿体会写写画画的方式可以表达自己的想法和情感。

■ 把幼儿讲过的事情用文字记录下来，并念给他听，使幼儿知道说的话可以用文字记录下来，从中体会文字的用途。

2. 在绘画和游戏中做必要的书写准备，如：

■ 通过把虚线画出的图形轮廓连成实线等游戏，促进手眼协调，同时帮助幼儿学习由上至下、由左至右的运笔技能。

■ 鼓励幼儿学习书写自己的名字。

■ 提醒幼儿写画时保持正确姿势。

参 考 文 献

1. 周兢,余珍有. 幼儿园语言教育[M]. 北京:人民教育出版社,2004.

2. 周兢. 幼儿园语言教育活动设计与组织[M]. 北京:人民教育出版社,1996.

3. 张明红. 学前儿童语言教育[M]. 上海:华东师范大学出版社,2009.

4. 张明红. 给幼儿园教师的 101 条建议——语言教育[M]. 南京:南京师范大学出版社,2007.

5. Jeanne M. Machado. 幼儿语言教育(第 7 版)[M]. 王懿颖,等译. 北京:北京师范大学出版社,2012.

6. 肯·古德曼. 全语言的全 全在哪里[M]. 李连珠,译. 南京:南京师范大学出版社,2005.

7. 周淑惠. 幼儿教材教法:整合性课程取向[M]. 南京:南京师范大学出版社,2006.

8. 张明红. 幼儿园语言教育与活动设计[M]. 北京:高等教育出版社,2010.

9. 周兢,陈娟娟. 幼儿园活动整合课程指导[M]. 南京:南京师范大学出版社,2003.

10. 陈丽君. 蒙台梭利幼儿语言教育[M]. 上海:第二军医大学出版社,2004.

11. 尹坚勤. 幼儿园教育活动案例精选[M]. 南京:南京师范大学出版社,2002.

12. 教育部教育管理信息中心. 全国优秀幼儿语言教育活动课例评析[M]. 重庆:西南师范大学出版社,2011.

13. 两岸三地幼儿教育整体观与幼儿园课程实施学术研讨会会议手册[M]. 南京:南京师范大学出版社,2007.

14. 宁谊幼儿教育研究中心. 走进整合课程教室:幼儿园活动整合课程优秀案例选辑[M]. 南京:南京师范大学出版社,2007.

15. 冯婉桢. 学前儿童语言教育[M]. 郑州:郑州大学出版社,2013.

16. 何芙蓉,胡陵. 学前儿童语言教育[M]. 成都:西南交通大学出版社,2013.

17. 张加蓉,卢伟. 学前儿童语言教育活动指导[M]. 上海:复旦大学出版社,2011.

18. 朱海琳. 学前儿童语言教育[M]. 北京:科学出版社,2013.

19. 刘晓东,卢乐珍,等. 学前教育学[M]. 南京:江苏教育出版社,2011.

20. 刘金花. 儿童发展心理学[M]. 上海:华东师范大学出版社,2011.

21. 周兢. 幼儿园语言文学教育活动[M]. 北京:中国广播电视出版社,1992.

22. 沈柏梅,陶慧玲. 学前教育课程研究[M]. 上海:上海大学出版社,2000.

23. 列维·谢苗诺维奇·维果茨基. 思维与语言[M]. 杭州:浙江教育出版社,1997.

24. 周兢,余珍有,温碧珠,等. 幼儿园整合课程状态下的语言教育[J]. 幼儿教育,2006(23):4-8.

25. 小精灵儿童网站. 生活经验讲述:购物[EB/OL]. (2008-10-21). http://new. 060s. com/article/2008/10/21/118685. htm.

26. 妈咪爱婴网. 幼儿园大班情景讲述教案:学当小导游[EB/OL]. (2012-11-21). http://www.

baby611. com/jiaoan/db/yy/201211/2196559. html.

27. 许洁. 实物讲述:我的文具盒(大班)[EB/OL]. (2010-06-05). http://blog. sina. com. cn/s/blog_535db0670100itqi. html.

28. 百度文库. 幼儿园《粽子里的故事》应彩云公开课教案[EB/OL]. (2012-08-05). http://wenku. baidu. com/view/a71a39110b4e767f5acfce5b. html.

29. 沈静. 幼儿园中班讲述活动:逛三园[EB/OL]. (2013-11-11). http://www. yejs. com. cn/Jiaoan/article/id/45961. htm.

30. 百度文库. 早期阅读:《一座房子和一块砖》[EB/OL]. (2010-11-11). http://wenku. baidu. com/link? url = 9YjmxbaWVbvfO9PYpZQu18zV1xCxIqiDBf63nGn1ci84nMHAJDa5Izjh_r0L2OXu_O_5tLT2zxnEfswa1SmbtL1B_u-k0FrZTG7XMJWBpGm.

31. 妈咪爱婴网. 幼儿园大班语言活动设计《仓颉造字》[EB/OL]. (2013-05-22). http://www. baby611. com/jiaoan/db/yy/201305/22110033. html.

32. 豆丁网. 幼儿园中班讲述活动:娃娃[EB/OL]. http://www. docin. com/p-380295599. html.

33. 江西省大余县水城幼儿园网站. 大班语言活动——超级模仿秀[EB/OL]. (2011-01-10). http://jxdyyey. jxedu. gov. cn/read. php?id=7050;;573179.

34. 浙江学前教育网. 幼儿园中班语言活动设计:小鸭的一家[EB/OL]. (2011-01-06). http://www. 06abc. com/topic/20110106/54820. html.

35. 妈咪爱婴网. 幼儿园小班看图讲述活动《小老鼠运鸡蛋》[EB/OL]. (2013-09-06). http://www. baby611. com/jiaoan/xb/yuy/201309/06115642. html.

36. 妈咪爱婴网. 幼儿园中班看图讲述活动《送小鸟回家》[EB/OL]. (2013-09-06). http://www. baby611. com/jiaoan/zb/yyan/201309/06115641. html.

37. 豆丁网. 大班看图讲述活动《快乐的野餐》[EB/OL]. http://www. docin. com/p-697640063. html.

38. 郑荔. 儿童文学[M]. 南京:江苏教育出版社,2009:172.

39. 童趣出版有限公司. 小熊维尼快乐大礼盒[M]. 北京:人民邮电出版社,2010.

40. 成田雅子. 神奇的蓝色水桶[M]. 北京:北京少年儿童出版社,2004.

41. 江苏省南通市市级机关第一幼儿园网站. 诗歌《春天是一本书》[EB/OL]. (2013-03-15). http://www. ntsjjgyy. com/Article/20130315154629. html.

42. 都昌县金阳光幼儿园——陶金丽工作室网站. 没牙的老虎[EB/OL]. (2012-06-04). http://www. jxteacher. com/jinyg/column25362/98a11b61-0780-4d27-9576-d90ead06fd3f. html.

43. 柯三苗. 大班故事教案《高老鼠和矮老鼠》[EB/OL]. http://www. chinajiaoan. cn/you3/onews4. asp?id=4415.

44. 唐武英. 以《小熊醒来吧》为例 谈小班文学作品教学细节的设计[EB/OL]. http://www. sjedu. cn/sjjyzz/2012/201202/201204/t20120424_97832. htm.

45. 曾雪. 让心在多元情境中"灵动"起来——小班散文诗欣赏活动《白白的雪,白白的猫》教学案例[EB/OL]. (2012-11-23). http://essay. cnsece. com/article/6657. html.

46. 小精灵儿童网站. 大班语言教案:有趣的象形字[EB/OL]. (2012-04-24). http://new. 060s. com/article/2012/04/24/558762. htm.

47. 仙游县实验幼儿园的博客.大班语言活动"猜谜编谜游戏"(听说活动)[EB/OL].（2012-07-06）. http://kt.fjcet.com/Blog/ContentDetail.aspx?Id=2112&blognumber=10140.

48. 城厢镇幼教中心梅园幼儿园双周组.大班绕口令活动《虎和兔》课例研讨[EB/OL].（2010-04-30）. http://myyey.news.tcedu.com.cn/art/2010/4/30/art_11635_64536.html.

49. 儿童资源网."没长耳朵"的小老虎[EB/OL].（2011-10-15）. http://www.tom61.com/ertongwenxue/yizhigushi/2011-10-15/23893.html.

50. 李季湄,冯晓霞.3～6岁儿童学习与发展指南解读[M].北京:人民教育出版社,2013.

51. 石筠弢.学前教育课程理论[M].北京:北京师范大学出版社,2007.

52. 周兢.对我国学前儿童英语教育定位的思考[J].学前教育研究,2004(12):4.

53. 幼儿英语教育活动指导编写组.幼儿英语教育活动指导[M].上海:复旦大学出版社,2012.

54. Marianne Celce-Murcia. Teaching English as a Second or Foreign Language[M]. Original Language Published by Thomson Learning,2001:107.